톰 라이트와 함께하는

기독교 여행

김재영 옮김

**Ivp**

IVP(InterVarsity Press)는
캠퍼스와 세상 속의 하나님 나라 운동을 지향하는
IVF(InterVarsity Christian Fellowship)의 출판부로
생각하는 그리스도인을 위한 문서 운동을 실천합니다.

**Simply Christian**
Copyright ⓒ 2006 by Nicholas Thomas Wright
Published by Society for Promoting Christian Knowledge
36 Causton Street, London SW1P 4ST, U. K.
All rights reserved.

Translated and used by permission of SPCK
through the arrangement of rMaeng2, Seoul, Korea.

Korean Edition ⓒ 2007 by Korea InterVarsity Press
156-10 Donggyo-ro, Mapo-gu, Seoul 04031, Republic of Korea.

이 한국어판의 저작권은 알맹2를 통하여
SPCK와 독점 계약한 IVP에 있습니다.
신 저작권법에 의하여 한국 내에서 보호받는 저작물이므로
무단 전재와 무단 복제를 금합니다.

# Simply Christian

Tom Wright

# CONTENTS

들어가는 말 7

## 제1부 한 목소리의 메아리들

제1장　세상을 바로잡는 일　15

제2장　숨겨진 샘　37

제3장　서로를 위해 태어나다　53

제4장　세상의 아름다움을 위해　67

## 제2부  태양을 응시하기

제5장  하나님  89
제6장  이스라엘  113
제7장  예수와 하나님 나라의 도래  141
제8장  예수: 구원과 갱신  161
제9장  하나님의 생명의 숨  185
제10장  성령을 의지하는 삶  199


## 제3부  그분의 형상대로

제11장  예배  217
제12장  기도  241
제13장  하나님의 숨으로 만든 책  263
제14장  이야기와 임무  281
제15장  믿는다는 것과 속한다는 것  301
제16장  새 창조의 시작  327


몇 걸음 더 나아가려면…  359
색인  362

# 들어가는 말

여행을 하는 사람들은 두 부류로 나뉩니다. 첫 번째 부류는 목적지로 가는 방향만 대충 알아놓고, 길을 가면서 살펴보고, 표지판을 확인하고, 어느 쪽으로 가야 하는지를 물으면서 그럭저럭 찾아가기를 좋아합니다. 두 번째 부류는 그 가는 길이 어떤지, 어디서부터 시골길이 혼잡한 고속도로로 바뀌는지, 모든 구간을 다 지나기까지 얼마나 걸리는지를 미리 알고 싶어 합니다.

연주회에 가는 사람들도 흔히 그처럼 두 부류로 나눌 수 있습니다. 어떤 감상자들은 음악이 주는 느낌을 그대로 받아들이면서 그 다음이 어떻게 전개될지 모르는 채 악장이 이어지는 대로 그대로 따라갑니다. 다른 부류의 감상자들은 연주가 어떻게 진행될지 예상할 수 있도록, 프로그램에 적혀 있는 정보를 미리 읽고 각 악장이 전개될 때마다 마음속으로 전체 그림을 그리면서 음악을 더욱 즐기려고 합니다.

책을 읽는 사람들도 이와 비슷한 유형으로 나뉩니다. 첫 번째 유형의 독자는 아마도 이 글을 생략하고 곧바로 첫 장으로 직행할 것입니다. 두 번째 유형의 독자는 목적지가 어디인지, 그 음악이 어떤 식으로 만들어져 있는지를 다소간에 미리 알고 싶어 할 것입니다. 이 들어가는 말은 그러한 사람들을 위해 쓰인 것입니다.

이 책의 목적은 신앙을 갖지 않은 사람들에게 기독교를 추천하고 또한 신앙을 가진 사람들에게 기독교를 설명하기 위해 기독교라는 것이 과연 무엇인가를 그려 보려는 데 있습니다. 이것은 엄청난 작업입니다. 그래서 저는 제가 기독교의 모든 것을 다 다루었다거나 사람들이 이런 종류의 책에서 기대할 만한 모든 질문을 짐짓 다 다루는 척하지 않습니다. 이 책을 통해 제가 하고자 했던 바는 약간 독특하게 그 주제를 다뤄 보려는 것이었습니다. 그래서 이 책은 삼중 구조를 취하게 되었습니다.

첫째로, 저는 네 가지 영역—정의에 대한 갈망, 영성에 대한 탐구, 친밀한 관계에 대한 주림, 아름다움에 대한 환희—을 탐구했습니다. 이 영역들은 오늘의 세계에서 '한 목소리가 퍼져나가 만들어 내는 여러 메아리'(echoes of a voice)라 해석될 수 있습니다. 저는 이 각각의 영역이 그 자체 너머의 세계를 가리킨다고 봅니다. 물론 그 자체만으로는 그 너머의 세계에 대해 알 수 있는 바가 그리 많지 않습니다. 다만 그 세계가 낯선 세계라는 것 그리고 마음 설레게 하는 곳이라는 점은 제외하고 말입니다. 이 책의 제1부는 네 장으로 되어 있는데, 교향곡의 첫 악장과 같은 역할을 합니다. 일단 이 주제들을 들으면, 두 번째와 세 번째 악장을 듣는 동안에도 머릿속에서 그 주제들이 떠나지 않게 됩니다. 제2악장과 제3악장의 사뭇 다른 멜로디들이 점차적으로 서서히 제1악장의 주제들과 만나면서 다른 종류의 메아리를 낳습니다. 다시 말해서, 제1부는 몇 가지 문제를 제기합니다. 이 문제들은 이어지는 내용 중에 조금씩 조금씩 다시 제기되며, 꼭 직접적으로 다루어지지는 않지만 적어도 부분적으로는 답변합니다. 다만 이 책이 어떤 식으로 마무리지을지를 기대하면서 제2부와 제3부가 전개되는 동안 독자 여러분이 기다려 주시기를 부탁드립니다.

제2부는 하나님에 대한 기독교 신앙의 핵심 사항을 제시합니다. 그리스도인들은 참되시며 살아 계신 한 분 하나님의 존재를 믿습니다. 그리고 예수 안에서 활발하게 계시되신 이 하나님이 바로 유대 백성을 자신의 일꾼으로 불러내어 자신이 지은 창조 세계를 구해 내고 재형성할 계획을 진행하게 하신 그 하나님이라고 믿습니다. 그러므로 우리는 예수에 대해 두 장을, 성령에 대해 두 장을 할애하기에 앞서, 한 장(제6장)을 다 할애해서 옛 이스라엘의 이야기와 그들의 소망을 살펴볼 것입니다. 제2부가 전개되면서 점차적으로 우리는 제1부에서 듣기 시작했던 그 목소리를 인식할 수 있게 됩니다. 자신의 세계를 바로잡으시려는 창조주 하나님에 대해 성찰하면서, 하나님 나라를 선포하시고 십자가에서 죽으셨다가 다시 사신 예수라 불리는 인물에 대해 숙고하면서 그리고 이 세상과 인간의 삶에서 강풍처럼 부는 성령에 대해 숙고하면서 그 목소리를 인식할 수 있게 됩니다.

이렇게 해서 우리는 자연스럽게 제3부로 들어갑니다. 제3부에서는 실제로 이 예수를 따르고, 이 성령에 의해 권능을 받고, 무엇보다도 이 창조주 하나님의 계획을 진척한다는 것이 무엇인지를 설명합니다. 예배와 기도와 성경은 '교회'를 건물이나 제도가 아니라 우리가 예수 안에서 목격한 그 하나님을 믿고, 예수를 따르고자 힘쓰는 사람의 무리로 생각하게 만듭니다.

특히, 저는 교회의 존재 **이유**를 탐구합니다. 예수를 따르는 일의 핵심은 단순히 사후에 더 좋은 곳으로 가게 될 것을 확신하기 위해서가 아닙니다. 죽음 이후의 미래는 엄청나게 중요합니다. 그러나 그리스도인의 소망은 오히려 현재의 삶에서 역할을 합니다. 우리는 지금 여기에서 하나님의 새 창조 세계, 바로잡힌 세상의 도구들이 되라는 부름을 받았습니다. 이 새 창조 세계는 이미 예수 안에서 시작되었습니다. 그리고 예수를 따르는 이들은 단순히 그 창조 세계의 수혜자들이 아니라 그 세계의 일꾼들이 되어야 합니다. 이 사실은 기도와 그리스도인의 행위를 비롯하여, 다양한 주제를 새롭게 바라볼 수 있게 해줍니다. 그리고 이 사실은 이 책의 결론부에 도달하면서 다시금 되살아 제1부의 '메아리들'이 우리가 알아야 할 어떤 신에 대한 암시로서가 아니라, 세상에서 하나님의 나라를 위해 일하라는 그리스도인의 소명의 핵심 요소임을 발견할 수 있게 해줍니다.

이 책을 쓰는 작업은 신나는 일이었습니다. 이 일이 상당히 개인적이기 때문만이 아니라, 맨 처음으로 되돌아온 것 같기 때문이었습니다. 평생 동안 저는 예배드리고, 기도하고, 성경을 읽는 그리스도인이었습니다(물론 종종 헤매고 제대로 하지 못할 때도 있었지만,

그래도 계속 해 왔습니다). 그래서 어떤 점에서 제3부는 제가 시작했던 바로 그 자리입니다. 저는 직업상 많은 시간을 역사적으로 그리고 신학적으로 예수를 연구하는 일에 보냈으며, 개인적으로 예수를 따르고자 노력해 왔습니다. 그리고 제2부는 그 노력을 여러 면으로 담고 있습니다. 그러나 그렇게 하면서 제1부에 언급한 내용이 더욱 현저하고 중요한 이슈로 부상하게 되었습니다. 우선 그리고 가장 분명한 예를 들자면, 예수에 대해 더 배우면 배울수록, 세상을 바로잡는 일에 대한 하나님의 열심에 대해 더 많이 발견하게 되었다는 것입니다. 그리고 그 점에서 저는 또한 예수에 대한 저의 연구가 제게 가리키는 것들—제1부의 '한 목소리의 메아리들'—이 포스트모던 세계, 기독교 이후의 세계 그리고 갈수록 세속화 이후의 세계로 변모하는 현대 세계가 피할 수 없는 질문들임을 발견했습니다. 그것들은 현대 문화의 지평 너머 미지의 세계를 가리키는 생경한 표지판입니다.

이 책에서는 다양한 형태의 기독교를 세분화하려고 하지 않고, 그 중에서 모두에게 가장 공통적인 부분에 대해서만 언급하고자 했습니다. 이 책은 '성공회'도, '로마 가톨릭 교회'도, '개신교'도, '정교회'도 아닌 순전한 기독교를 다룹니다. 그리고 할 수 있는 한, 단도직입적이고 명확하게 말하려고 했습니다. 그래서 이 주제를 처음 접하는 사람들도 전문적인 용어의 정글에 갇히는 일은 없을 것입니다. 오늘의 세계에서 그리스도인이 된다는 것은 결코 간단하지 않은 일입니다. 그러나 그것이 도대체 무엇인지에 대해 가능한 간단하게 말하려고 해야 할 때가 있는데, 이번이 바로 제게는 그런 때인 것 같습니다.

    이 책의 초고를 쓰고 출간을 준비하는 동안에, 두 명의 손자 손녀가 세상에 나오는 경사를 맞이했습니다. 그 손자 손녀와 그들의 세대가 제1부에서 우리가 추적하는 그 울려나오는 메아리들의 소리를 듣고, 제2부에서 우리가 만나는 그 예수를 알고, 제3부에서 우리가 탐구하는 새 창조 세계에서 그 세계를 위해 살아가기를 바라고 기도하면서 이 책을 조셉(Joseph)과 엘라-룻(Ella-Ruth)에게 헌정합니다.

# 제1부
# 한 목소리의 메아리들

1장  세상을 바로잡는 일

2장  숨겨진 샘

3장  서로를 위해 태어나다

4장  세상의 아름다움을 위해

## 제1장

## 세상을 바로잡는 일

어느 날 꿈을 꾸었습니다. 강렬하고 흥미로운 꿈이었습니다. 그런데 아주 당혹스럽게도 그 꿈이 무슨 내용이었는지 도무지 기억할 수가 없었습니다. 잠에서 깨어났을 때는 그 꿈이 대단히 특별했고 의미 있었다고 생각할 정도의 느낌은 있었지만, 그 내용은 전혀 알 수가 없었습니다. 그래서, 물론 다른 문맥의 얘기지만, 엘리어트(T. S. Eliot)의 말을 인용하자면, 의미는 얻었지만 경험은 놓쳐 버렸던 것입니다.

정의(正義)에 대한 우리의 열정이 종종 그런 경우라 여겨집니다. 우리는 정의에 대한 꿈을 꿉니다. 우리는 잠시 동안이나마 하나가 된 세계, 바로잡힌 세계, 제대로 굴러가는 세계, 건전하게 기능하는 사회로 구성된 세계, 사람들이 해야 할 바를 알 뿐만 아니라 실제로 행하는 세계를 바랍니다. 그리고 그런 다음에 정신을 다시 차리고, 현실로 돌아옵니다. 그렇지만 그 꿈을 꾸는 동안 우리는 무슨 소리를 듣는 것일까요?

그것은 마치 어떤 목소리 그 자체가 아니라 그 목소리의 메아리만을 듣는 것과 같습니다. 차분하지만 치유하는 권위를 가지고 말하는 목소리, 정의에 대해 말하는 목소리, 올바르게 바로잡는 일과 모두를 위한 평화와 소망과 번영에 대해 말하는 목소리 말입니다. 그 목소리는 우리의 상상과 잠재 의식에 계속해서 메아리를 남깁니다. 사람들은 다시 가서 그 목소리를 듣고 싶어 합니다. 그러나 깨어난 다음에는 다시 그 꿈속으로 돌아갈 수 없습니다. 어떤 사람들은 그게 환상이었을 뿐이라고 말합니다. 그리고 우리는 그들의 말을 반쯤은 믿는 쪽으로 기울어집니다. 물론 그런 태도는 우리를 냉소적으로 만들 수밖에 없습니다.

그러나 그 목소리는 계속해서 우리를 부르고 손짓하면서, 비록 뜬구름 잡는 식이더라도 정의와 같은 것이 있을 것이라고, 세상이 바로잡힐 날이 있을 것이라고 생각하도록 우리를 유혹합니다. 우리는 마치 달까지 날아가려는 나방과 같습니다. 정의라고 일컫는 것이 있다는 사실은 알지만, 거기에 도달할 수는 없습니다.

이 사실은 쉽게 알아 볼 수 있습니다. 서로 대화를 나눌 수 있을 만큼 성장한 어린아이들이 있는 학교나 놀이터에 가 보십시오. 가서 아이들이 하는 얘기에 귀기울여 보십시오. 그러면, 얼마 지나지 않아서 한 아이가 다른 아이나 선생님에게, **"불공평해!"** 라고 말하는 것을 들을 수 있을 것입니다.

자녀들에게 공평이나 불공평에 대해 가르칠 필요가 없습니다. 정의에 대한 감각과 의식은 사람이라는 것 속에 함께 딸려 들어오는 것입니다. 말하자면, 우리는 뼛속 깊은 데서부터 그 사실을 압니다.

자전거를 타다가 넘어져서 다리가 부러지면, 병원에 가서 다리를 고칩니다. 그리고 한동안은 목발에 의지해서 기우뚱거리며 걷습니다. 그런 다음에 상당히 조심스럽게 다시 정상적으로 걷기를 시작하고, 얼마 지나지 않아서 그 모든 일은 까맣게 잊어버립니다. 다시 정상으로 되돌아온 것입니다. 이처럼 바로잡거나 다시 올바른 궤도에 올려놓거나 고치는 일이 진짜 있습니다. 부러진 다리, 고장난 장난감, 고장난 텔레비전을 고칠 수가 있습니다.

그렇다면, 어째서 불의(injustice)는 고칠 수 없을까요?

고치려는 노력이 부족해서가 아닙니다. 인간 세상에는 법원도, 관리도, 재판장도, 변호사도 흘러넘칩니다. 저는 런던의 한 지역에서 살았는데, 그 지역은 골치 아플 정도로 정의 문제가 많이 다루어지는 곳이었습니다. 거기는 법을 제정하는 하원의원들과 법을 집행하는 경찰들, 대법관, 경찰청이 있었고, 불과 3-4킬로미터쯤 떨어져서 함대를 이룰 만큼 엄청난 수의 변호사들이 있었습니다. (그 변호사들이 모두 자기가 옳다고 주장한다면, 그 전함이 어디로 향할지 결정을 내리지 못하고 뱅글뱅글 돌기만 하겠지만 말입니다.) 다른 나라들도 마찬가지로 법을 제정하고 그 법을 집행하도록 마련된 중량급 조직들을 가지고 있습니다.

그럼에도 불구하고, 우리는 정의라는 것이 손가락 사이로 술

술 빠져나간다고 느낍니다. 때로는 정의가 이루어지지만, 흔히는 그렇지 않습니다. 무고한 사람들이 유죄 선고를 받고, 죄를 진 사람들이 죗값을 받지 않고 빠져나갑니다. 약자를 괴롭히는 악인들과 뇌물을 주고 곤란한 형편에서 빠져나올 수 있는 사람들이—언제나 그런 것은 아니지만, 우리 눈에 띄게 그리고 어떻게 해서 그런 일이 벌어질 수 있는가 의아해 할 수밖에 없을 만큼—잘못을 저지르고도 빠져나갑니다. 다른 사람들에게 심한 피해를 준 사람들이 웃으면서 유유히 걸어 나갑니다. 피해자들이 항상 보상을 받는 것은 아닙니다. 때때로 피해자들은 남은 평생을 슬픔과 상처와 쓰라림을 안고 살아가기도 합니다.

이와 똑같은 일이 더 넓은 세상에서 일어납니다. 나라들이 다른 나라들을 침략하고도 아무런 일을 당하지 않고 빠져나갑니다. 부자들은 돈의 힘을 이용해서 더 부자가 되고, 어떻게 해 볼 도리가 없는 가난한 자들은 더 가난해집니다. 우리는 대부분 머리를 긁적이면서 그 이유가 뭔지 궁금해 하다가, 외출하여 그 부자 회사에게 이윤을 안겨 주는 상품을 구매합니다.

너무 비관적이기를 원치는 않습니다. 과연 정의라는 것이 있기는 합니다. 때로 정의는 맨 윗자리에 자리잡기도 합니다. 잔인한 독재 정권들이 전복되고, 지혜롭고 창조적인 지도자들이 등장하고, 백성들은 그 지도자를 따라 선하고 의로운 행동을 하기도 합니다. 중범죄자들이 체포되어 재판에 회부되고 선고를 받아 처벌을 받기도 합니다. 사회의 심각한 잘못들이 아주 멋지게 바로잡히기도 합니다. 새로운 프로젝트들은 가난한 사람들에게 희망을 줍니다. 외교관들이 튼튼하고 지속적인 평화를 달성합니다. 그러나 여러분이 긴장을 풀어도 괜찮다고 생각할 때…다시 모든 것이 어그러집니다.

그래서 비록 세상의 문제 몇 가지는 최소한 잠정적으로는 해결할 수 있다 할지라도, 도저히 해결할 수도 없고 해결하지도 못할 다른 문제들이 있음을 우리는 너무나도 잘 압니다.

2004년 크리스마스 직후에 발생한 지진과 해일이 베트남 전쟁을 통틀어 죽은 전체 미군 숫자의 2배가 넘는 인명을 하루 만에 앗아가 버렸습니다. 비록 탓할 자가 아무도 없다 할지라도, "그건 옳지 않아!"라고 말하게 만드는 것들이 우리 세상에, 이 **지구상에** 존재합니다. 지각 변동이 있는 행성은 지각 변동을 하게 마련입니다. 지진은 어떤 사악한 세계적인 자본가나, 대기만성형 마르크스주의자나, 폭탄을 든 근본주의자들 때문에 일어난 것이 아니었습니다. 지진은 그냥 일어났습니다. 그렇게 발생하는 사건에서 우리는 고통받는 세상, 어긋난 세상, 우리에게는 바로잡을 능력이 없는 것같이 여겨지는 일들이 벌어지는 세상을 봅니다.

가장 뚜렷한 예들은 아주 가까이에 있습니다. 저의 도덕 기준들은 높습니다. 그것들에 대해 생각하고 설교해 왔습니다. 심지어는 그 기준들에 관한 **책**도 썼습니다. 그러나 여전히 저는 그 높은 도덕 기준들을 어깁니다. 정의와 불의를, 올바른 것과 옳지 않은 것 사이를 나누는 선은 '우리'와 '그들' 사이를 나누는 식으로 그을 수 없습니다. 그 구분선은 우리 각 사람의 한가운데를 관통합니다. 아리스토텔레스만이 아니라 고대 철학자들도 이 사실을 체제 안의 주름으로, 다양한 층위들에 존재하는 수수께끼라고 보았습니다. 우리 모두는 무엇을 해야 하는지를 (어느 정도는) 알지만, 적어도 상당 기간은 당연히 해야 할 일을 하지 않으면서 지냅니다.

이상하지 않습니까?

어떻게 그럴 수 있습니까? 어떻게 한편으로 우리 모두가 세상에 정의라는 것이 있다는 느낌뿐만 아니라 정의에 대한 열정, 일을 바로잡아야 한다는 깊은 소원, 우리를 성가시게 하고 계속해서 괴롭히며 때로 우리를 향해 비명을 질러대는 뒤죽박죽된 상태라는 느낌을 공유하면서, 다른 한편으로는 몇 천 년을 싸우고 찾고 사랑하고 갈망하고 미워하고 소망하고 소란을 피우고 철학적으로 논했음에도 불구하고 우리가 여전히 (우리가 알 수 있는) 대부분의 고대 사회에서 사람들이 다가갔던 것보다 더 가까이 그 지점에 도달한 것 같지 않은 이런 일이 벌어질 수 있습니까?

## :: 정의를 향한 외침

최근 몇 년 동안 우리는 인간의 정의감을 격분시키는 터무니없는 행위들을 목도해 왔습니다. 사람들은 때로 지난 50년 동안 도덕이 쇠퇴한 것처럼 말합니다. 그러나 사실 지난 50년은 역사상 도덕적으로 매우 민감한, 실로 도덕주의적이기까지 한 시기였습니다. 사람들은 도덕 문제에 관심을 기울이며, 세상이 바로잡아야 할 지역들에 열성적으로 관심을 쏟습니다.

제1차 세계대전 때는 권력을 쥔 장군들이 수백만의 병사를 전선으로 보내 죽음에 몰아넣었습니다. 그러면서도 자신들은 후방이나 고향에서 호화롭게 살았습니다. 그 세계대전 중 전쟁터에 내몰렸던 시인들의 글을 읽어 보면, 그들의 씁쓸한 당혹감에 대한 표현 배후에 있는 그 어리석음에 대한 그리고 그 모든 불의에 대한 끓어오르는 분노를 읽을 수 있습니다. 어째서 그런 일이 일어나야 했습니까? 어떻게 그런 일을 바로잡을 수 있습니까?

이데올로기들을 혼합한 폭탄주는 수백만 명을 가스실로 보내 죽음에 몰아넣었습니다. 많은 사람이 믿고 싶어 했던 것을 사람들에게 말해 주었고, '진보'의 대가로 인간의 희생을 요구했던 머리 좋은 선동가들은 종교적인 편견과 왜곡된 철학들, '나와 다른' 사람들에 대한 두려움, 경제적인 어려움, 희생양에 대한 필요성 등을 모두 뒤범벅으로 만들었습니다. 그저 히틀러나 홀로코스트를 언급하기만 하면 다음과 같은 질문들이 떠오르게 마련입니다. 어떻게 그런 일이 일어났습니까? 정의는 어디에 있습니까? 어떻게 정의를 이룰 수 있을까요? 어떻게 바로잡을 수 있을까요? 그리고 각별히, 어떻게 그런 일이 다시는 일어나지 않도록 막을 수 있을까요?

그러나 우리는 그렇게 할 수가 없습니다. 아니, 그렇게 할 수 없는 것처럼 보입니다. 아무도 1915년에서부터 1917년까지 터키인들이 수백만의 아르메니아 사람들을 죽이는 일을 중단시키지 못했습니다. (실제로, 히틀러가 자신의 동료들에게 유대인들을 죽이라고 선동하면서 이 사건을 언급했다는 사실은 잘 알려져 있습니다.) 1994년에 르완다에서 투찌(Tutsis)와 후투(Hutus) 사이에 벌어진 대량 학살을 아무도

1. 세상을 바로잡는 일

막지 못했습니다. 세계는 나치의 홀로코스트 이후에 "다시는 이런 일이 일어나지 않게 하자!"고 말했지만, 인종 학살은 또다시 **발생했습니다**. 그리고 반복되는 인종 학살을 막기 위해서 할 수 있는 일이 아무것도 없었다는 경악스러운 사실을 발견했습니다.

그 다음에는 아파르트헤이트(apartheid: 남아프리카공화국의 인종분리차별정책-역주)가 있었습니다. 아주 오랫동안 그 곳에서는 대규모의 인구를 대상으로 엄청난 불의가 자행되었습니다. 물론 다른 나라에서도 비슷한 일들이 있었지만, 그들은 반대를 진압하는 데 훨씬 더 효과적이었습니다. '아메리카 원주민들'을 위한 '특별 보호 구역'을 생각해 보십시오. 제가 어렸을 적에 '카우보이와 인디언' 영화를 보고, 대부분의 동시대인들과 마찬가지로, 카우보이는 기본적으로 착하고 인디언은 기본적으로 악하다는 전제를 아무 의심 없이 받아들였다는 것을 깨달았을 때에 받은 충격을 기억합니다. 세계는 점점 더 인종 편견의 실상을 의식하게 되었습니다. 그러나 그 편견을 제거하는 일은 풍선 속의 공기를 한 쪽으로 몰아넣으려는 일과 같습니다. 한 구석에서 그 문제를 다루는 동안 다른 곳에서 그 문제가 솟아오릅니다. 세계는 한 목소리로 아파르트헤이트에 대해 "이래서는 안 된다"고 말했습니다. 그러나 최소한 도덕적인 힘의 일부는, 심리학자들이 '투영'(projection)이라고 말하는 것에서 비롯됩니다. 즉, 우리 스스로 저지르는 나쁜 일을 놓고 다른 사람을 비난하는 것입니다. 자기 나라에서 일어나는 똑같은 문제들은 무시하면서 세계의 다른 편에 있는 누군가를 비난하기란 얼마나 편리한가요. 그렇게 하면 깊지만 가짜에 불과한 도덕적인 만족감도 따라옵니다.

지금은 전 세계적으로 새로운 악이 횡행합니다. 한편으로는 인정사정없으며 무책임한 무성한 물질주의와 자본주의가, 다른 한편으로는 미친 듯이 날뛰며 아무런 생각이 없는 종교적인 근본주의가 바로 그것입니다. 어느 유명한 책의 표현대로, 그야말로 "지하드 대 맥월드(맥도날드가 지배하는 세계—역주)"(Jihad versus McWorld)입니다. (동정적인 자본주의나 그 점에서 사려 깊은 근본주의 같은 것이 과연 존재하느냐의 여부는 여기서의 요점이 아닙니다.) 이러한 사실은 몇 분 전에 우리가 언급했던 문제로 다시 돌아가게 만듭니다. 거시 경제학 박사가 아니라 할지라도, 매분마다 부자들은 더 부자가 되고 가난한 자들은 더 가난한 자가 되어 간다면, 뭔가가 아주 잘못되었음을 쉽게 알 수 있습니다.

그러면서 우리는 모두 행복하고 안정된 가정 생활을 누리기를 원합니다. 말하기를 좋아했던 18세기의 존슨(Johnson) 박사는 인간의 모든 노력의 목적과 목표는 "행복한 가정을 이루는 것"이라고 말한 적이 있습니다. 그러나 서구 세계를 비롯한 다른 많은 지역에서도, 가정과 가족이 해체되어 갑니다. 바른 예절을 갖추는 온유한 기술—친절과 용서, 감수성과 사려 깊음, 관대함과 겸손과 훌륭한 옛날 식의 사랑 기술—은 구식이 되어 버렸습니다. 아이러니하게도 모든 사람이 다 자신의 '권리'를 요구합니다. 이 요구는 너무나 강력해서 인간의 가장 기본적인 '권리' 중 하나를 파괴할 정도입니다. 즉, 존재하고, 배우고, 번영을 누리고, 평화롭고, 안정되고, 안전하고, 서로 아끼고 보살펴 주는 곳을 갖고자 하는 열망과 소망을 파괴한다는 말입니다.

사람들은 또다시 묻습니다. 어째서 이런 상태가 되었습니까? 꼭 **이래야만** 하는 겁니까? 사태를 바로잡을 수 있을까요? 어떻게 그렇게 할 수 있을까요? 세상은 구출받을 수 있을까요? **우리도 구출받을 수 있을까요?**

그리고 다시 한 번 더 우리는 이렇게 묻게 됩니다. 사태가 이 지경이 되어야 했다는 것이 이상하지 않습니까? 모두 다 세상이 바로잡히기를 원함에도 불구하고 그렇게 할 수 없는 것처럼 보이는 것이 이상하지 않습니까? 무엇보다도, 제가 무엇을 해야 하는지를 알고 있으면서도 종종 그렇게 하지 않는다는 사실이 너무나도 기이하지 않습니까?

:: **목소리인가, 꿈인가?**

세상(과 세상 속 우리 모두)을 바로잡는 이 목소리, 정의를 요청하는 이 음성, 이 꿈에 대한 느낌을 설명하는 데는 기본적으로 세 가지 방법이 있습니다.

어쩌면 그것은 단지 꿈, 유아기 환상의 투영에 불과할 뿐, 우리는 현재 있는 그대로의 세상에서 살아가는 데 익숙해져야 한다고 말할 수 있습니다. 그 길을 따라가면, 마키아벨리와 니체, 노골적인 권력의 세계, 여러분이 획득할 수 있는 것을 움켜쥐는 세계, 오직 죄만이 눈에 들어오는 세계를 만납니다.

혹은 그 꿈은 전혀 다른 세계, 우리가 본래 속한 세상, 진실로 모든 것이 바로잡힌 곳, 현재로선 꿈에서나 도피할 수 있는 세계, 언젠가는 영원히 그 곳으로 피하기를 바라는 세계에 대한 꿈이라고 말할 수 있습니다. 그러나 그 세계는 여기서 살아가는 사람들이 때때로 그 곳을 꿈꾼다는 사실 이외에는 현재 세계에 거의 기반을 두지 않는 세계입니다. 이 접근 방식은 파렴치한 불량배들이 이 세상을 조종하도록 버려 두지만, 언젠가 어느 곳에선가는 사정이 더 나아지리라는 생각에 위안을 줍니다. 물론 지금 당장 여기에서는 우리가 그 세상에 대해 할 수 있는 일이 많지 않지만 말입니다.

혹은 우리가 이러한 꿈들을 갖는 이유, 우리가 어떤 음성의 메아리를 기억하는 느낌을 갖는 이유는, 우리 내면의 귀에 속삭이면서 우리에게 말하는 누군가가, 현재의 세상과 우리의 현 자아에 무척이나 신경쓰는 누군가가, 정의를 이룰 뿐더러 사태를 바로잡고, **우리**를 바로잡고 최후에는 세상을 구해 낼 목적을 위해서 우리와 세상을 만드신 누군가가 있기 때문이라고 말할 수 있습니다.

위대한 종교 전통 중 세 전통은 이 마지막 안(案)을 택했습니다. 그 종교들이 서로 연결되어 있는 것이 당연하지요. 말하자면 사촌지간입니다. 유대교는 세상을 지으시고 거기에 정의에 대한 열정을 심어 놓으신 하나님에 대해 말합니다. 정의에 대한 그 열정이 바로 하나님 자신의 열정이기 때문입니다. 기독교는 나사렛 예수의 삶과 행하신 일 가운데 그 열정을 불러일으킨 동일한 하나님에 대해 말합니다. [실로 다양한 의미에서 "수난극"(passion plays: 영어의 'passion'이라는 단어는 '열정'과 '수난' 두 가지 뜻으로 번역할 수 있음—역주)은 기독교의 특징이다.] 이슬람교는 유대교와 기독교에서 약간의 이야기들과 사상들을 끌어와 새로운 종합을 만들어 냈습니다. 그 새로운 종합에 의하면, 코란(Koran)에 계시된 하나님의 뜻은 만일 그 뜻에 순종하기만 한다면 세상을 바로잡을 수 있는 이상이라고 말합니다. 이 세 전통은 차이점도 많지만, 다른 철학 및 종교들과 비교해 볼 때, 이 점에서는 서로 일치합니다. 즉, 우리가 어떤 음성을 들었다고 생각하는 이유는 실제로 우리가 어떤 음성을 들었기 때문이라는 것입니다. 그것은 꿈이 아니었습니다. 그 목소리에 다시 도달하고 그 목소리가 말하는 바를 실현할 수 있는 길들이 있습니다. 현실에서, **우리의** 실제 삶에서 말입니다.

## :: 눈물과 웃음

이 책은 그 전통 중 하나인 기독교 전통을 설명하고 추천하기 위해 쓰였습니다. 기독교 전통은 실제 삶에 관한 것입니다. 왜냐하면, 그리스도인들은 우리가 들었다고 생각한 그 목소리가 나사렛 예수 안에서 사람이 되어 우리 가운데 살다가 죽었다고 믿기 때문입니다. 기독교 전통은 정의에 관한 전통입니다. 그리스도인들은 정의에 대한 유대인들의 열정을 물려받았을 뿐만 아니라, 예수께서 그 열정을 체현했음과 예수께서 행하셨고 예수께 일어난 일이 세상을 구출하고 본디 제자리로 바로잡으시려는 창조주의 계획에 시동을 걸었다고 주장하기 때문입니다. 우리 모두가 이 일에 연루되어 있기에 이것은 우리에 관한 일, 우리 모두에 대한 일입니다. 앞에서 살펴보았듯이, 정의에 대한 열정 혹은 최소한 세상사가 정리되어야 한다는 느낌, 간단히 말해서 인간됨과 세상에서 살아가는 삶의 일부분입니다.

이렇게 말할 수도 있을 것입니다. 고대 그리스인들에게서 전해 내려오는 두 철학자에 대한 이야기가 있습니다. 한 철학자는 아침에 집을 나설 때마다 큰 소리로 웃곤 했습니다. 그에게 세상은 그렇게 웃지 않고서는 베길 수 없는 우스꽝스러운 곳이었습니다. 다른 철학자는 아침에 집을 나서면서 울음을 터뜨렸습니다. 그가 그렇게 울 수밖에 없을 정도로 세상은 슬픔과 비극으로 가득 찬 곳이었습니다. 두 사람의 행동에 모두 일리가 있습니다. 희극과 비극은 둘 다 무언가 잘못된 세상을 말해 줍니다. 한 경우는 서로 앞뒤가 맞지 않아서 우습고, 다른 경우는 세상 일이 의당 되어야 할 길로 가지 않아 사람들이 파멸하기 때문에 슬픕니다. 악어들이 우는 것처럼 보이지만, 실제로는 슬퍼하는 것이 아닙니다. 컴퓨터가 우스운 얘기를 하도록 입력할 수는 있지만, 그렇다고 해서 컴퓨터가 농담을 이해하지는 못할 것입니다.

초대교회 그리스도인들이—몇 가지 다른 점을 강조하기 위해 다양한 방식으로—예수에 대한 이야기를 전했을 때에 예수께서 웃으셨다는 말은 한 번도 언급한 적이 없고, 그분이 우셨다는 사실만 딱 한 번 언급했을 뿐입니다. 그러나 그들이 예수에 대해 전한 이야기를 읽어 보면 거기에는 상당한 정도의 웃음과 눈물이 배여 있음을 느낄 수 있습니다.

예수께서는 먹고 마실 것이 넘쳐나며 축하 행사가 열리던 잔치 자리에 가셨습니다. 그런가 하면 할 말의 핵심을 전달하기 위해

과장법을 사용하기도 하셨습니다. 이를테면, 예수께서는 자기 눈에 커다란 대들보가 있는 사람이 그 벗의 눈에 있는 작은 티끌을 빼내려 한다고 말씀하셨습니다! 그리고 제자들에게, 그중에서도 우두머리가 되는 자들에게 우스운 별명들을 붙여 주셨습니다('베드로'는 '바위, 돌멩이'라는 뜻이고, 야고보와 요한은 '우레의 아들'이라 부르셨습니다). 예수께서 가시는 곳마다 사람들은 흥분했습니다. 하나님이 활동을 시작하셔서 새로운 구출 작전이 전개되며, 세상이 바로잡히게 되리라고 믿었기 때문입니다. 그러한 기분에 휩싸인 사람들은 휴일을 맞이하여 옛 친구들을 만난 사람들과 같습니다. 그런 사람들은 웃음을 많이 터뜨리는 경향이 있습니다. 좋은 시간이 다가오고, 축제가 시작되었기 때문입니다.

그와 동일하게, 예수께서는 어디를 가시든지 인생을 망쳐 버린 수많은 사람을 끊임없이 만나셨습니다. 아픈 사람들, 슬픈 사람들, 의심하는 사람들, 절망에 빠진 사람들, 거만한 허세로 자기들의 불확실성을 감추는 사람들, 냉혹한 현실을 가리는 막으로 종교를 이용하는 사람들 등. 예수께서는 그중 많은 사람을 치유해 주셨지만, 그 일은 단순히 요술지팡이를 흔들어대는 것과는 달랐습니다. 예수께서는 그 고통에 동참하셨습니다. 예수께서는 한 나병환자를 보시고 그 사람이 겪었을 모든 고생을 생각하시면서 무척 슬퍼하셨습니다. 그분은 친한 벗의 무덤가에서 우셨습니다. 이 이야기의 끝에 가면, 예수 자신이 번민하셨다고 나옵니다. 그리고 나중에는 친히 자신의 육체 가운데서 그 번민을 당하셨습니다.

예수께서 **세상을 보고** 웃거나 울기만 하셨던 것은 아니었습니다. 예수께서는 바야흐로 새롭게 탄생하게 될 새로운 세상, 선하고 사랑스러운 모든 것이 악과 비참함을 이기고 승리하게 될 세상을 (그 세상과 더불어서) 경축하셨습니다. 예수께서는 어긋난 세상, 예수와 그가 만났던 사람들이 너무나도 잘 알고 있었던 폭력과 불의와 비극의 세계를 (그 세계와 더불어서) 슬퍼하셨습니다.

    2,000년 전 초창기부터, 예수를 따르던 자들은 언제나 예수께서 세상의 눈물을 다 거두어 자신의 눈물로 삼아 하나님의 구원작전을 실행하기 위해 자신이 당한 잔인하고 부당한 죽음으로까지 다 짊어지셨다고, 그리고 예수께서 세상의 기쁨을 거두어 죽은 자들 가운데서 부활하셨을 때 그 기쁨에 새 생명을 불어넣어 하나님의 새 창조 세계를 출범시키셨다고 주장해 왔습니다. 이러한 이중의 주장은 엄청난 것입니다. 그에 대해서는 제2부에서 설명할 것입니다. 그러나 기독교 신앙은 인간이라면 누구나 아는 정의에 대한 열정, 세상이 바로잡히는 것을 보고픈 소원을 인정한다는 점을 지적하려고 합니다. 또한 기독교 신앙은 하나님이 예수 안에서 이 열정을 공유하시고 이 열정을 실행에 옮기셨기에 종국에는 모든 눈물이 다 마르고 세상이 정의와 기쁨으로 가득 차리라고 주장합니다.

## :: 그리스도인과 정의

    이쯤 되면 누군가가 이렇게 말할지도 모릅니다. "좋아요. 그렇지만 예수를 따르는 자들이 지금까지 많은 진전을 이루지는 못하지 않았습니까? 그렇지요? 십자군 운동은 어떻습니까? 스페인에서 벌어진 종교재판은 어떻고요? 사실 교회는 불의에 대해 훨씬 더 많은 책임을 져야 하지 않습니까? 낙태 시술소에 폭탄을 던진 사람들은 어떻습니까? 아마겟돈 전쟁이 곧 다가오기 때문에 그 사이에 지구를 엉망으로 만들어도 아무 상관없다고 생각하는 근본주의자들은 어떻습니까? 그리스도인들은 해결책을 제시하기보다는 오히려 문제의 일부가 아니었나요?"

그렇기도 하고 아니기도 합니다. 그렇기도 합니다. 초기부터 예수의 이름으로 끔찍한 일들을 자행해 온 사람들이 언제나 있었습니다. 또한 예수의 이름을 빙자하지 않는 가운데, 끔찍스런 일인 줄 알면서도 그런 짓을 자행한 그리스도인들도 있었습니다. 아무리 마음이 언짢다 할지라도 이 사실을 감출 하등의 이유가 없습니다.

그러나 또한 아니기도 합니다. (하나님이 자신들 편이라고 주장했든지 안 했든지 간에) 그리스도인들이 저지른 악행을 살펴보고 또 살펴볼 때, 적어도 우리는 그들이 진짜 기독교가 무엇인지에 대해 혼란에 빠져 있었고, 잘못 알았음을 볼 수 있습니다. 예수를 따르는 자들은 언제나 모든 일을 올바르게 행한다고 말하는 것은 기독교 신앙의 일부가 결코 아닙니다. 예수께서는 하나님께 용서를 구하는 내용을 포함하는 기도문을 자신의 제자들에게 가르치셨습니다. 우리에게 끊임없이 그 기도가 필요하리라는 사실을 예수께서 아셨음에 틀림없습니다.

그러나 동시에, 오늘날 세계에서 기독교 신앙의 신뢰성 여부와 관련하여 가장 큰 문제점 가운데 하나는, 아주 많은 사람이 여전히 기독교를 '서구 세계'와 동일시한다는 점입니다. ('서구 세계'라는 말은 이상한 용어입니다. 왜냐하면, 그 말은 통상적으로 멀리 동쪽에 있는 오스트레일리아와 뉴질랜드를 포함하기 때문입니다.) 즉, 기독교 신앙이 각별히 서구 유럽과 북미 및 그 이전의 식민지 시대에 그 곳에서 발생한 문화들과 동일시된다는 것입니다. 그리고 (최근에 일어났듯이) '그 서구 세계'가 세계의 다른 지역, 특히 종교적으로 대부분 무슬림인 지역과 전쟁을 벌일 경우, 사람들은 쉽게 '그리스도인들'이 '무슬림들'과 전쟁을 한다고 말합니다. 물론 실제로는, 서구 세계 사람의 대부분은 그리스도인이 아닙니다. 오늘날 대부분의 그리스도인은 '서구 세계'에 살지 않습니다. 아프리카나 동남아시아에 살지요. 대부분의 서구 세계 정부는 그 사회에서 예수의 가르침을 실천하려지도 않습니다. 그리고 그 사실을 자랑스럽게 여깁니다. 그러나 그렇다고 해서 사람들이 2 더하기 2를 5라고 주장하는 일을 막을 수는 없습니다. 다시 말해서, '그 서구 세계'가 하겠다고 선택한 일을 두고 기독교를 비난하는 일을 막을 수가 없다는 말입니다. 소위 '기독교' 세계는 계속해서 언론의 악평을 받고 있는데, 그 중 상당 부분은 합당한 것입니다.

    이것이 바로 제가 이 책을 쓰면서 정의에 대한 이야기로 시작한 이유 중 하나입니다. 예수를 따르는 사람들이—그분이 우리에게 기도하라고 가르쳐 주신 대로—하나님의 뜻이 "하늘에서 이루어진 것같이 땅에서도 이루어지도록" 하는 데 헌신한 사람들이라는 사실을 알고 그렇게 말하는 것이 중요합니다. 그것은 바로 정의에 대한 하나님의 열정이 또한 우리의 열정이 되어야 한다는 의미입니다. 그리스도인들이 예수에 대한 믿음을 그 요구와 도전으로부터 도피하는 방편으로 이용한다면, 그것은 자기 믿음의 핵심 요소를 포기하는 것과 다를 바 없습니다. 그 길은 위험합니다.

마찬가지로, 우리는 서구 세계의 많은 회의주의자가 최선을 다해 잊으려 했던 그 이야기들을 말로 전하는 일을 결코 부끄러워 해서는 안 됩니다. 노예 무역이 최고조에 달했을 때, 많은 사람은 성경에 노예가 언급되어 있다는 사실을 근거로 노예 무역을 정당화했습니다. 그러나 그 당시에 영국에는 윌리엄 윌버포스(William Wilberforce)가, 미국에는 존 울만(John Woolman)이 이끌던 헌신적인 그리스도인들이 있었습니다. 이 두 사람은 영원히 기억에 남을 사람들입니다. 두 사람은 만나서 노예 무역을 근절하는 일을 인생의 과제로 삼았습니다. 노예 제도가 이미 죽어 매장된 지 오래 되었음에도 불구하고 여전히 인종 차별이 미국에 자주 출몰하던 때에, 마틴 루터 킹 2세(Martin Luther King Jr.)의 기독교적 비전은 그로 하여금 평화로우면서도 아주 효과적인 저항을 할 수 있도록 만들어 주었습니다. 윌버포스는 노예들을 위해 서신 하나님의 정의를 향한 열정에 사로잡혔습니다. 그 열정 때문에 그는 그렇지 않았더라면 아주 화려했을 자신의 정치적인 생명을 희생했습니다. 아프리칸 아메리칸(미국의 흑인—역주)을 위한 정의의 열정 때문에 마틴 루터 킹은 자신의 목숨을 희생했습니다. 그들의 지칠 줄 모르는 활동은 직접적으로 명시적으로 예수에 대한 충성에서 비롯된 것이었습니다.

이와 마찬가지로, 남아프리카공화국에서 아파르트헤이트 체제가 (성경이 개별 인종은 각기 다른 생활을 함을 언급한다는 사실에 근거해서 많은 사람이 그 체제를 정당화함으로써) 극에 달했을 때, 데스몬드 투투(Desmond Tutu)와 같은 기독교 지도자들의 오랜 투쟁이 있었기에 놀랍게도 거의 피를 흘리지 않으면서 변화가 이루어졌습니다. (저는 1970년대의 정치가들과 뉴스 해설가들이 변화는 대량 폭력 사건을 동반할 수밖에 없다고 당연시했던 것을 똑똑히 기억합니다.) 투투를 비롯한 많은 사람은 열심히 기도하고, 지도자들 및 정부 관리들과 더불어 성경을 많이 읽었습니다. 또한 위험을 무릅쓰고 아파르트헤이트의 악덕에 반대하는 발언도 서슴지 않았으며, 폭력으로만 목표를 달성할 수 있다고 믿었던 흑인 지도자들과 그 추종자들을 동일한 위험을 무릅쓰면서 설득했습니다.

거듭거듭 투투 주교는 그 중간에서 양측의 불신과 증오를 받았습니다. 그러나 아파르트헤이트 해체 이후 새로 들어선 정부에서 투투 주교는 정치 무대를 멋지게 장식할 특별 위원회―남아프리카공화국 진리와 화해 위원회―의 의장을 맡았습니다. 그 위원회는 국가 전체의 기억과 상상력을 치유하고, 슬픔이 적절한 과정을 밟아 해소되고, 분노가 표출되어 제대로 다루어질 수 있도록 고통스럽고 지난한 과정을 시작했습니다. 1960년대, 아니 심지어 1980년대라 할지라도 누가 그런 일이 가능하리라고 생각이나 했겠습니까? 그렇지만 그 일은 일어났습니다. 모두가 다 정의에 대한 열정과 예수에 대한 충성심을 가진 사람들이 힘을 합쳐 그렇게 되도록 힘썼기 때문에 일어났던 것입니다.

이러한 이야기들 및 이와 비슷한 많은 이야기들은 반복해서 많은 이에게 전해져야 합니다. 사람들이 기독교의 메시지를 진지하게 받아들일 때 이런 일이 일어날 수 있으며, 종종 실제로 일어납니다. 때때로 기독교의 메시지를 진지하게 받아들여 그 메시지를 외치기 때문에 사람들이 깊은 곤경에 빠지거나 급기야 잔혹한 죽음을 당하기도 했습니다. 20세기에는 많은 그리스도인이 신앙을 지키려다가, 또 좀더 구체적으로는 그 믿음으로 인해 정의를 이루려고 두려움 없이 행동했기 때문에 순교를 당했습니다. 제2차 세계대전 막바지에 나치의 손에 의해 죽음을 당한 디트리히 본회퍼(Dietrich Bonhoeffer)를 생각해 보십시오. 엘살바도르에서 가난한 자들을 대신해서 목청을 높이다가 암살당한 오스카 로메로(Oscar Romero) 주교를 생각해 보십시오. 또한 마틴 루터 킹 2세를 다시 생각해 보십시오.

그들과 함께 다른 아홉 사람의 동상이 런던 웨스트민스터 사원 서쪽 편에 세워져 추모됩니다. 이들은 기독교 신앙이 여전히 세상에 파도를 만들어 내며, 사람들이 기독교 신앙이 주장하는 정의에 대한 열정 때문에 자신의 목숨을 내놓을 각오가 되어 있음을 현대 세계에 일깨워 주는 이정표입니다.

이 장에서 논의해 온 그 열정은 모든 인간 생활의 중심적 특징입니다. 그 열정은 여러 가지 방식으로 표출됩니다. 때때로 그 열정은 왜곡될 수 있으며 심할 경우 끔찍하게 잘못 나갈 수도 있습니다. 누군가가 살해당해야 어떤 식의 정의가 이루어진다고 믿는 왜곡된 믿음을 가지고서 누군가를 혹은 아무나 죽일 태세가 되어 있는 집단과 개인들이 여전히 있습니다. 그러나 좀더 냉정하게 생각하면 모든 사람은 우리가 정의라고 일컫는 이 생경한 것이, 모든 일이 바로잡히기를 바라는 이 소원이, 여전히 인간의 위대한 목표와 꿈 가운데 하나임을 압니다. 그리스도인들은 모든 사람이 그들의 내면 깊은 곳에서부터 우리에게 그런 식으로 살라고 요청하는 목소리의 메아리를 들었기 때문에 이런 소원이 존재한다고 믿습니다. 또한 예수 안에서 그 목소리가 사람이 되셨고, 그 정의를 실현하기 위해 필요한 일을 다 행하셨다고 믿습니다.

그 길에 더 들어가기에 앞서, 그 동일한 음성의 다른 메아리들을 들을 필요가 있습니다. 우리가 엿들은 첫 번째 메아리는 오늘날 점점 더 많은 사람이 듣게 되는 메아리입니다.

제2장

# 숨겨진 샘

옛날 옛적에 강철 같은 의지로 나라를 다스리던 강력한 독재자가 있었습니다. 그는 생활의 모든 면을 철저하게 따져서 합리적인 체계에 따라 실행했습니다. 계획하지 않고 우연히 되는 일은 없었습니다.

독재자는 나라의 수원(水源)이 불안정하게 동요하며, 몇 곳은 위험천만하다는 사실을 알게 되었습니다. 물이 솟아나오는 샘이 수천 개에 달했는데, 많은 경우 마을과 도시 한복판에 샘이 있었습니다. 샘은 유용했지만, 때로 범람하기도 하고, 때로는 오염되기도 했으며, 새로운 곳에서 갑자기 샘이 터져나와 도로와 밭과 주택에 피해를 주기도 했습니다.

독재자는 합당하고 합리적인 정책을 세웠습니다. 나라 전체,

아니 최소한 샘물이 흘러나오는 흔적이 있는 곳은 모두 물이 전혀 새어 나오지 못하도록 아주 두껍게 콘크리트를 발라 버리기로 했습니다. 사람들에게 필요한 물은 복잡한 수도관 시스템을 통해 전달할 예정이었습니다. 또한 독재자는 이 기회를 십분 활용해서 국민들의 건강에 유익한 여러 화학 물질을 물에 첨가하기로 결정했습니다. 독재자가 물 공급을 통제하면, 모든 사람은 독재자가 그들에게 필요하다고 결정한 것을 얻게 될 것이고, 규제되지 않은 샘물로 인한 잡음이 사라지게 되겠지요.

몇 년 동안 계획은 별탈 없이 진행되었습니다. 사람들은 새로운 시스템으로 공급되는 물에 익숙해졌습니다. 가끔은 물맛이 이상하기도 했고, 때로는 과거에 즐기던 흘러넘치는 시냇물과 신선한 샘물을 머릿속에 그리기도 했을 것입니다. 사람들이 이전에 통제 불가능한 물을 두고 탓했던 문제점 중에 몇 가지는 그대로 있었습니다. 예전에 물이 오염되었듯이, 공기가 오염되었습니다. 그러나 독재자는 대기 오염에 대해서는 더 이상 어떻게 해 볼 도리가 없었거나 조치를 취하지 않았습니다. 그러나 대체적으로 새 시스템이 효과가 있는 듯 했습니다. 사람들은 미래를 내다보는 독재자의 지혜를 칭찬했습니다.

한 세대가 흘렀습니다. 만사가 형통한 것처럼 보였습니다. 그러다가 어느 순간, 단단한 콘크리트 아래서 거품을 내며 흐르던 샘물을 더 이상 덮어 둘 수 없는 지경이 되었습니다. 갑자기—화산과 지진 그 중간 정도로—폭발하면서 이제는 사람들이 당연시하게 된 콘크리트를 뚫고 샘물이 터져 나왔습니다. 더러운 흙탕물이 공중으로 솟아 올라 거리로, 집과 가게와 공장들로 흘러 들어갔습니다. 도로가 파괴되고, 온 도시가 혼란에 빠졌습니다. 기뻐하는 사람들도 있었습니다. 시스템에 의존하지 않고도 다시 물을 얻을 수 있게 되었기 때문입니다. 그러나 공식 수도관을 관리하던 사람들은 당혹감을 금치 못했습니다. 모든 사람이 필요 이상의 물을 넉넉하게 공급받았지만, 그 물은 깨끗하지도, 통제되지도 않는 물이었습니다.

오늘날의 서구인들이 바로 이 나라의 국민들과 같습니다. 그리고 독재자는, 과거 200년이 넘게 서구 세계를 형성해 온, 제 역할을 다 하지 못한 채 대부분의 사람을 물질주의자로 만드는 철학입니다. 그리고 물은 오늘날 소위 말하는 "영성"(spirituality), 즉 인간의 마음과 사회에 줄기차게 흐르는 숨겨진 샘입니다.

오늘날 대부분의 사람들은 마치 사막에서 오아시스가 있다는 소식을 접한 여행자들처럼 "영성"이라는 말에 반응합니다. 그리 놀라운 사실은 아니지요. 지난 200년 동안 우리가 배운 회의론은 세계를 콘크리트로 포장해 버려서, 사람들은 심원하고 강력한 '종교적' 체험을 했다는 사실을 인정하는 일을 부끄럽게 여기게 되었습니다. 이전에는 사람들이 교회에 가서 기도를 드리고, 이러저런 식으로 예배를 드리고, 자신이 행하는 일을 타인의 생의 본질적인 부분으로 이해했겠지만, 대략적으로 말해서 1780년대부터 1980년대에 이르는 시기의 서구 세계의 분위기는 매우 달랐습니다. (그 시기의 지배적인 철학은 이렇게 말했습니다.) 우리가 여러분이 필요로 하는 물을 공급하겠습니다. '종교'는 일상 생활의 작은 구석을 차지하게

끔 조정하겠습니다. 정치든, 예술이든, 섹스든, 경제학이든 무엇이든 간에, 세상에 있는 다른 모든 것과 교회 생활을 조심스럽게 분리해 놓았기 때문에, 종교는 꽤 안전할(사실은 무해할) 것입니다. 종교를 원하는 사람들은 얼마든지 계속해서 종교 생활을 할 수 있을 것입니다. '종교적인' 것으로 방해받고 싶지 않은 사람들은 콘크리트 포장 도로를 따라 차를 몰고, 콘크리트로 지은 상점을 찾아가고, 콘크리트 바닥이 깔린 집에서 살 수 있습니다. 하나님에 대한 소문은 들어본 적도 없었던 것처럼 살아가십시오. 결국 우리 운명은 우리 손에 달려 있습니다! (영혼이라는 것이 무엇인지 잘 모르겠지만, 그것이 무엇이든지) 우리 영혼의 선장은 바로 우리 자신입니다! 이것이 바로 우리 문화를 지배해 온 철학입니다. 이런 관점에서 볼 때, 영성은 개인적인 취미이며, 그런 종류의 것을 좋아하는 사람들을 위해 백일몽을 고급스럽게 포장한 것입니다.

그 동안 수백만의 서구인은 이 철학이 가져다준—'종교'의 방해로부터의—일시적인 단절을 누려 왔습니다. 물 공급 시스템의 기저에 흐르는 물줄기와 갈망들, 소위 "영성"이라고 부르는 것들, 두꺼운 콘크리트 아래서 끊임없이 흐르기 때문에 더 이상 부정할 수만은 없는 그 갈망들을 의식하는 그 이상의 사람들은, 공식 채널(교회)을 활용하여 은밀하게 그 물을 끌어내려 애썼으나, 대부분의 교회가 허용하던 것 이상으로 많은 음용수가 있음을 깨달았습니다. 그리고 그보다 훨씬 더 많은 사람이 무엇이라 규정할 수 없는 갈증, 생수가 솟는 샘물에 대한 갈망, 그 물에 들어가 씻고, 기쁨에 젖으며, 실컷 마실 수 있는 신선한 물이 솟아나는 샘물에 대한 갈망을 느껴 왔습니다.

이제 드디어 때가 왔습니다. 숨겨진 샘물이 분출하고, 콘크리트 바닥이 터지면서 완전히 다른 세상이 도래했습니다. 이전 수자원 관리 시스템의 공식 관리인들(주로 대중 매체와 정치 분야에서 종사하는 사람들과 일부 교회에서 일하는 사람들)은 당연히 최근에 분출된 "영성"의 화산을 보고 경악을 금치 못했습니다. 타롯 카드점, 수정 구슬, 별자리 등과 더불어 유행하는 "뉴에이지" 신비주의와, 전투적인 그리스도인, 전투적인 시크교도, 전투적인 무슬림 등을 비롯하여 하나님을 자기편에 두고서 서로 상대방에게 폭격을 가하는 모든 형태의 근본주의에 경악하지 않을 수 없는 것입니다. 공식 수자원 시스템의 관리자들은 이렇게 말합니다. 이 모든 게 너무나 불건전하지 않습니까? 이 모두가 다시금 우리를 미신으로, 예전의 혼란과 오염과 비합리적인 물 공급 시대로 되돌리고 말지 않겠느냐 말입니다.

그들의 말에도 일리는 있습니다. 그러나 그들은 되돌아오는 물음에 답해야 할 것입니다. 그 잘못은 우선 콘크리트로 샘물을 덮어 버리려 했던 자들에게 있는 것이 아닐까요? 2001년 9월 11일은, 종교와 영성이 사적인 문제에 불과하며 그보다는 경제와 정치가 훨씬 더 중요하다는 전제 하에 세계를 조직화하려 할 때 무슨 일이 일어나는지를 일깨워 주는 경고입니다. 그 날, 자신의 신념을 위해 기꺼이 죽을 정도로 강력한 '종교적' 신념을 추종했던 신봉자들은 단순히 콘크리트 바닥만 부서뜨린 것이 아니라 거탑(巨塔)을 산산조각 냈습니다. 우리가 무슨 말을 해야겠습니까? 이 일은 단순히

"종교"와 "영성"이란 것이 실제로 얼마나 위험천만한지를 보여 주는 것일까요? 아니면, 우리가 그것들을 항상 중요하게 고려해야 했음을 보여 주는 것일까요?

## :: 영성에 대한 갈증

영성이라는 "숨겨진 샘"은 어떤 목소리의 메아리 역할을 하는, 인간 삶의 두 번째 측면입니다. 이 샘은 근대 세속주의라는 황량한 풍경에서 눈길을 돌려 우리 인간이 그 이상의 것을 위해 지음 받았을 가능성을 가리키는 표지판입니다. 동유럽 사람들이 자유와 민주주의를 재발견하듯이, 서유럽 사람들이 영성을 되찾는다는 많은 징후가 보입니다. 물론 본 궤도에 오르고자 하는 몇몇 실험은 무작위적이며 무턱대고 시도되어서 위험천만하기까지 합니다.

어떤 사람들에게는 이것이 상당히 유럽 중심적인 관점으로 보일 것입니다. (북미 전역은 아니지만) 상당히 많은 지역에서, 이런저런 종류의 영성이 현재 유럽의 상황처럼 구식 취급을 받은 적은 없었습니다. 그러나 현실은 그보다 훨씬 더 복잡합니다. 북미에서는 종교와 영성이 고유한 영역에 머물러 있어야 한다는 것이 일종의 공식처럼 되어 있습니다. 다시 말해서, 종교는 나머지 현실 세계로부터 상당히 떨어져 있어야 한다는 것입니다. 단순히 유럽 사람들보다는 미국 사람들이 교회에 더 많이 나간다는 이유로, 숨겨진 샘물을 억누르는 압력이 작용하지 않았다고 볼 수도 없고, 똑같은 의문들이 표면 위로 부상한 적이 없었다고 보기도 힘듭니다.

좀더 멀리 내다본다면, 세계 대부분의 지역에서 콘크리트로 모든 것을 묻어 버리겠다는 프로젝트가 사실은 완수되지 않았다는 사실을 즉시 인식할 수 있습니다. 아프리카와 중동, 극동 그리고 마찬가지로 중미와 남미를 생각해 본다면, 다시 말해서 인류 대다수를 생각해 본다면, 우리가 넓은 의미에서 "영성"이라고 말할 수 있는 것이 가족과 촌락과 마을과 도시와 공동체와 사회 생활에서 지속적으로 작용해 온 요인이었음을 알 수 있습니다. 영성은 여러 가지 형태를 취합니다. 영성은 수천 가지 다른 방식으로 정치와 음악과 미술과 연극―다시 말해, 일상 생활의 모든 영역―과 통합되어 있습니다.

서구인의 시각에서는 이 점이 이상하게 여겨질 수도 있습니다. 문화 인류학자와 여행가들은, 때때로(이를테면, 일본과 같이) 다른 면에서는 상당히 세련된 문화를 소유한 사람들이 여전히 우리 서구인의 관점에서는 옛 미신처럼 보이는 것들에 집착한다는 사실이 기이하다고 촌평합니다. 적법한 권위를 가진 관청이 소독해 준 물을 수도관으로 공급받는 것이 훨씬 더 건강에 좋다는 점을 익히 아는 이 때에, 아직도 사람들이 바닥에서 물이 솟아오르는 샘에서 물을 받아 마신다는 것이 얼마나 이상한 일입니까? 그러나 더 이상은 그렇게 생각하는 것을 별로 달가워하지 않음을 보여 주는 징후들이 사방에 널려 있습니다. 자, 다시 한 번 그 샘물을 보기로 합시다. 때때로 (그리스도인들의 눈에는 종종 우습게 보일 수 있는데) 신문 칼럼니스트들이 어떤 교회나 성당을 방문한 일에 대해 쓰면서 **감동적이고 기분 좋은 경험이었다고** 고백하는 것을 볼 수 있습니다. 물론 이 말은 생각이 제대로 박힌 사람이라면 이런 종류의 일은 진작에 다 포기했음을 암시한다고 볼 수도 있습니다. 그들은 대개 어떻게든 자신은 기독교의 메시지를 믿는다는 암시는 주지 않으려고 몸을 사립니다. 그러나 졸졸졸 흐르는 청량한 물소리를 애써 외면하기란 얼마나 힘든지요. 현대의 물질주의 세상에서조차 그 물소리에 대항하는 사람들이 점점 줄어드는 형편입니다.

다른 종류의 인생을 시험관에 넣고 측정해 보려는 관심의 부활은 여러 가지 형태를 띠어 왔습니다. 1969년 세계적으로 유명한 생물학자인 알리스터 하디 경(Sir Alister Hardy)은 종교 경험 연구소(Religious Experience Research Unit)를 세웠습니다. 그런 다음 그는 19세기 생물학자와 동물학자들이 지구상의 수많은 형태의 생명체들에 대한 자료를 수집하고 분류했던 것과 똑같은 방식으로 그 결과들을 수집하고 분류할 요량으로, 사람들에게 자신의 경험을 이야기로 써 달라고 호소하는 방송을 했습니다. 이 프로젝트는 방대해져, 시간이 지나면서 상당량의 자료를 수집하게 되었습니다. 이 자료는 웹사이트를 통해 지금도 확인할 수 있습니다(http://www.archiveshub.ac.uk/news/ahrerca.html). 종교 경험을 사소한 문제로 치부하는 사람이나, 현대인이 점점 더 세련되어지면서 종교 경험은 서서히 소멸해 버리고 말 것이라고 생각하는 사람이 있다면, 그 자료를 들여다보고 다시 한 번 생각해 보아야 할 것입니다.

서점에 나가서 '영성' 코너를 들여다본다면, 마찬가지의 결과를 얻을 수 있을 것입니다. 실제로 이 시대의 징조 중 하나는, 서점들이 이 코너에 뭐라고 써 붙여야 할지 모른다는 것입니다. '정신,

육체, 영'(Mind, Body and Spirit)이라는 분류 제목이 붙은 서점이 있는가 하면, '종교'(Religion)라고 써 붙인 곳도 있습니다. 대개의 경우 그곳이 여러분에게 생명수 샘을 제공해 준다기보다는 선물용으로 제작한 가죽 양장본 성경이나 기도서를 제공해 주긴 하지만 말입니다. 가끔은 '자기 계발'(Self-Help)이라는 표시를 붙이기도 합니다. 마치 영성이란 것이 무언가 스스로 성취해야 하는 프로젝트나, 자기 자신에 대해 좀더 나은 느낌을 갖게 만들어 주는 주말 활동이라도 되는 것처럼 말입니다.

그런 코너에 가면 전형적으로 서점 주인이나 서점 종류에 따라 진열된 다양한 책을 볼 수 있습니다. 상당히 진지한 신학 서적들이 꽂혀 있는가 하면, 대개는 인기 있는 이론—예를 들면, MBTI 검사나 애니어그램—에 근거해서 '성격 유형'을 발견하도록 도와주는 책들이 자리잡습니다. 가끔은 분야를 더 넓혀서, 예를 들면 환생 같은 주제를 탐구해 보도록 유혹하기도 합니다. 말하자면, 우리가 전생에 어떤 사람이었는지를 알면, 지금 우리가 어째서 이런 식으로 생각하고 느끼는지를 이해할 수 있다는 것입니다. 많은 저자는 우리에게 일종의 대자연에 대한 신비주의(nature-mysticism)를 지향해 나가도록 권합니다. 그 신비주의를 통해, 우리는 주변 세계 및 내면 세계의 깊은 주기에 접하게 된다는 것입니다. 때때로 그 운동은 유사 불교 형태를 띠고 세상으로부터의 탈속, 삶의 외부적인 것들이 전혀 중요하지 않은 영적 세계로의 은둔을 제시하는 다른 방향을 보여 줍니다. 그런가 하면, 카발라(Kabbalah, 본래 중세 유대교의 신비주의의 일종이었으나 지금은 몇몇 신봉자 사이에서 단순히 포스트모던적인, 뜻을 알 수 없는 주문으로 뒤바뀌어 버렸음)나 래버린스[labyrinth, 중세의 몇몇 성당 특히 샤흐뜨레(Chartres) 성당에 있는 기도처로, 미로 모양의 길을 돌면서 기도하도록 설계했음. 지금은 기독교 영성과 근대 이후의 자아 발견을 혼합한 형태로 좀 더 폭넓게 사용됨]나, 영적인 갈증과 세계 탐방에 대한 호기심으로 이루어지는 성지 순례 등이 갑자기 유행처럼 서구 세계를 휩쓸기도 합니다.

특별히, 제가 현재 거주하는 영국과 관련해서, 지난 세대에는 켈틱(Celtic)과 관련된 모든 것에 관심이 갑작스런 돌풍처럼 몰아닥쳤습니다. 실제로 오늘날 서구 문화권 사람들의 이목을 끌고 종종 상당한 돈을 벌기 위해서는, 음악이든지, 기도문이든지, 건물이든지, 장신구든지, 티셔츠든지 손에 잡히는 모든 것에 "켈틱"이라는 단어를 하나 붙이는 것만으로 충분했습니다. 그 단어는 다른 세계가 있을 가능성, 하나님이 (그가 누구든지 간에) 좀더 직접적으로 임재하시는 세계, 사람들이 주변 자연 환경과 훨씬 더 잘 어울리는 세계, 현대 기술 과학과 연속극과 축구 구단주들의 천박하고 얄팍한 세계보다는 훨씬 더 그 뿌리가 깊고, 훨씬 더 풍성한 음악이 감추인 세계가 있을 가능성을 끊임없이 말해 주는 것처럼 보입니다. 고대 켈트 족—노섬브리아(Northumbria), 웨일즈(Wales), 콘월(Cornwall), 브르타뉴(Brittany), 아일랜드(Ireland), 스코틀랜드(Scotland)—의 세계는 오늘날의 기독교로부터 수백만 킬로미터나 떨어진 것처럼 느껴집니다. 말할 필요도 없이, 그것이 바로 서구 교회들의 공식적인 종교에 염증을 느끼거나 분노하는 사람들에게 고대 켈트 족의 세계가 그처럼 매력적으로 다가오는 이유입니다.

그러나 켈트 기독교의 진짜 중심은 요즘 사람들이 기대하는 그런 곳과는 상당히 거리가 멉니다. 그 중심은 극도로 신체적인 금욕 및 열정적인 전도를 매우 강조하는 수도원 생활입니다. 위대한 켈트 기독교 성자들 중 한 사람인 성 커드버트(St. Cuthbert)는 영국 북동부 해안에 나가 허리가 잠길 정도까지 물속에 들어가 서서 기도하곤 했습니다. 뼛속까지 시리도록 차가운 그 바닷물이 예전에는 덜 차가웠다는 증거는 전혀 없습니다. 그리고 오늘날 마냥 즐거운 켈트 기독교 열광자들이 그러한 종류의 고행을 받아들인다는 표지도 찾아보기 힘듭니다.

우리가 '영적'이라고 일컫는 종류의 풍성하고 심오한 체험들은 종종—실제로 일반적으로—우리의 감정에 매우 심대한 영향을 줍니다. 때때로 그러한 체험들은 심오한 내면의 평안과 행복감을 가져다줍니다. 그래서 사람들은 한동안 '천국'이라고 표현할 수밖에 없는 상태에 있었다고 말합니다. 때때로 그런 상태를 경험하는 사람들은 행복감에 젖어 큰 소리로 웃기도 합니다. 때때로 그 체험은 세상의 고난에 동참하는 체험이 되기도 하는데, 너무나 고통스럽고 생생해서 그에 대한 유일한 반응은 비통하게 눈물을 흘리는 것뿐입니다. 제가 말씀드리는 영적 체험이란 것은 깊은 만족을 주는 활동에 참여한 결과로 올 수 있는 행복감이나, 그와 반대로 끔찍한 비극을 대면함으로써 올 수 있는 절망감 같은 것이 아닙니다. 오히려 광범위한 시대에 걸쳐 경험된 바, 사람들이 우리가 정상적으로는 도달할 수 없는 복합적인 차원에 한동안 들어가 있었다는 느낌을 갖게 된 경우를 말합니다. 거기서 사람들은 자신이 실제로 그런 일을 겪는 것처럼, 모든 것이 놀랍게 해소되는 기쁨을 경험하거나 번민과 고통을 경험했다고 합니다. 노련한 목회자나 영적인 안내자라면 다 알듯이, 그 같은 경험들은 한 사람의 인생에 지속적이며 심원한 영향을 줄 수 있습니다.

그렇다면, 우리에게 말을 건네는 어떤 목소리의 메아리를 들을 때 우리는 "영성"에 대해 무슨 말을 해야 할까요?

## :: 우리를 그토록 목마르게 만드는 게 무엇입니까?

영성에 대한 관심이 다시 고조되는 현상에 대한 기독교의 설명은 단도직입적입니다. 만일 기독교의 이야기와 같은 것이 실제로 참이라면(다시 말해, 만일 우리가 예수 안에서 가장 명확하게 알 수 있는 그런 하나님이 계신다면), 영성에 대한 관심이야말로 너무나 당연한 것입니다. 그 이유는 인간을 사랑하시고 사람들이 그 사랑을 깨닫고 그에 반응하기를 원하시는 하나님의 모습을 예수에게서 어렴풋이 볼 수 있기 때문입니다. 만일 종교인들이―즉, 지금까지 살았던 대다수의 사람이―들려준 이야기 중 진실한 내용이 있다면, 이것이 바로 우리가 기대해야 하는 것입니다. 만일 어떤 신성한 힘이나 신적 존재가 있다면, 최소한 이렇게 생각할 수 있을 것입니다. 사람들이 이 존재나 힘과의 조우를 매력적이라거나 최소한 흥미로운 현상으로 여길 수 있다는 것입니다.

이것이야말로 바로 종교가 존재하는 우선적인 이유입니다. 천문학자들은 어떤 행성이 기존의 다른 행성들이나 태양과 관련지어서는 설명할 수 없는 방식으로 움직이는 것을 볼 때, 그 생경한 운동을 설명해 줄 수 있는 종류와 크기와 위치에 해당하는 다른 행성의 존재를 추정합니다. 실제로, 멀리 떨어진 행성들은 그런 식으로 발견되었습니다. 물리학자들은 결코 달리 설명할 수 없는 현상들을 발견할 때, 그 자체로는 직접 관찰될 수 없는 새로운 실체들(entities)의 존재를 상정합니다. 그렇게 상정된 새 실체들을 통해 그 현상들을 설명합니다. 쿼크(quark, 소립자를 구성하는 가상의 입자—편집자 주)나 그 비슷한 낯선 용어들은 이렇게 우리의 말과 지식에 편입되었습니다.

다른 한편으로, 기독교 이야기(그리고 그 점에서는 유대교와 무슬림의 이야기들)는 인간이 너무나도 심각한 악의 피해를 입었기에, 인간에게는 단순히 더 훌륭한 자기 지식이나 더 나은 사회적 조건이 아니라 인간 외부의 도움, 실제로는 구조가 필요하다고 말합니다. 영적인 삶을 추구할 때, 많은 사람이 (당분간 자제해서 말하자면) 실질적으로 자신에게 최고가 아닌 것들을 선택하리라고 예상해야 합니다. 오랫동안 물이 없어 갈증을 느낀 사람들은 아무리 더러운 물이라 해도 마시려 할 것입니다. 오래 굶은 사람들은 풀이든 날고기든 닥치는 대로 먹으려 할 것입니다. 이처럼, "영성"은 그 자체가 해결책의 일부분인 동시에 문제의 일부분입니다.

물론 영성에 대한 굶주림이나 그 주림을 채우기 위한 사람들의 기행을 설명해 주는 다른 방법들이 있긴 합니다. 역사상 여러 단계에서—서구 세계의 지난 200년은 그러한 시기에 해당합니다—많은 사람이, 인간이 공유하는 영적인 추구라는 이 감각을 두고 여러 대안적인 설명을 제공해 왔습니다. "어리석은 자는 그의 마음에 이르기를 하나님이 없다 하는도다"(시 14:1 등)라는 것이 옛 이스라엘 어느 시인의 선언입니다. 그렇지만 어리석은 자는 바로 신자들이라고 말하는 사람들이 여전히 많습니다. 영성이란 아버지에 대한 기억을 우주라는 스크린에 투사하는 것과 같은 심리 현상의 결과일 뿐이라고, 프로이트는 말했습니다. 영성은 상상이나 희망적인 기대 아니면 그 둘 다에 해당할 뿐입니다. 사람들이 영성에 갈급하다는 사실 자체는 아무것도 **입증**해 주지 않습니다. 영성에 대한 인간의 갈급함을 어떤 목소리의 메아리로 해석할 수 있다 하더라도, 그것은 바람처럼 왔다 바람처럼 사라져 버려서, 우리의 상상의 산물은 아닌지 자문하게 됩니다. 혹은 실제로 무슨 소리를 들었다면, 우리 목소리의 메아리는 아니었는지 묻게 만들 뿐이라는 것입니다.

그럼에도 불구하고 어째서 우리가 영성을 희구하는지는 물을 만한 가치가 있습니다. 만일 영성에 대한 오늘날의 추구가 "저 바깥에" 우리가 접촉할 수 있는 누군가가 혹은 무엇인가가 존재한다는 생각에 근거한다면, 혹은 그런 생각이 완전히 잘못된 것이어서 우리 인간이 우주에서 외톨이 같은 존재라면, 영성이 그저 무해한 추구에 불과할 수는 없을 것입니다. 영성은 비록 우리 자신에게는 아니라 할지라도 적어도 우리의 말과 행동에 영향을 받는 사람들에게 실제로 위험할 수 있습니다. 자살 폭탄 특공대나, 묵시록에 열광하는 자들이나 기타 등등의 (소위) 종교 광신자들이 저지르는 피해들을 목도하면서 몇몇 콧대 높은 회의론자들은 우리가 이 모든 종교를 다 일종의 노이로제로 치부하거나 더 이상 주목하지 않거나 아예 노골적으로 금지하거나 사적으로 서로 동의하는 사람들끼리만 이루어지도록 제한하는 것이 빠르면 빠를수록 더 좋다고 선언합니다. 우리는 어떤 과학자가 "종교적" 체험을 통제하는 것처럼 보이는 신경이나 유전자를 발견했으므로, 그 결과 그 같은 체험들이란 인간 내면의 정신적 혹은 정서적 현상에 불과할 뿐이라는 사실이 밝혀졌다는 기사를 라디오나 신문에서 자주 접합니다. 치통이 있다고 해서 누군가가 자신의 턱에 주먹질을 했다는 표시일 수 없듯이, 영적인 체험들이 아무리 강력하다고 해도 어떤 외적 실재에 대한 표시가 될 수 없다는 것입니다. 특히나 확고한 회의주의자에게 자신의 영적 체험들이 외적 실재에 대해 무언가를 말해 준다는 것을 입증하기란 매우 어려운 일입니다.

## ∷ 영성과 진리

이쯤에서 회의주의자가 채택하는 전형적인 전략이 바로 상대주의입니다. 기독교 신앙에 대한 대화 끝에 격분하면서 제게 이렇게 말했던 학교 친구를 생생하게 기억합니다. "자네에게는 그게 명백한 진리겠지. 그렇다고 해서 모든 사람에게 그게 진리는 아닌 걸세." 오늘날 많은 사람이 정확히 그 친구와 똑같은 노선을 취합니다.

"자네에게는 그게 진리겠지"라는 말은 세련되고 관용을 베푸는 것처럼 들립니다. 그러나 그 말은 "진리"라는 단어를 '현실에서 사물이 존재하는 방식에 대한 참된 계시'라는 의미가 아니라 '당신 내면에서 진정으로 일어나는 어떤 것'이라는 의미로 살짝 바꾸었기 때문에 통하는 것입니다. 실제로, 이런 의미에서 "자네에게는 그게 진리다"라는 말은 "자네에게는 그게 진리가 **아니다**"라는 말이나 별반 다를 바가 없습니다. 그 이유는 문제의 "그게"—영적인 의미나 깨달음 혹은 체험—라는 말이 메시지(사랑의 하나님이 계시다는 메시지)를 매우 강력하게 전달하는데, 제 말에 도전하는 사람은 그 메시지를 다른 것(제가 그 의미로 잘못 해석하는 강력한 감정들을 갖고 있다는 것)으로 축소하기 때문입니다. 이러한 왜곡은 몇 가지 다른 압력들과 결합하여 "진리"라는 개념 그 자체를 이 세상에서 꽤 골치 아픈 문젯거리로 만드는 데 기여합니다.

일단 회의주의자의 반박이 이런 종류의 문제점들에 노출되어 있음을 확인했으므로, 인간의 경험 전역에 걸쳐 다양하게 보고되는 영성에 대한 광범위한 허기가 우리 눈에는 보이지 않지만 바로 가까이에 있는 그 무엇인가에 대한 진정한 표지판일 수 있다는 가능성으로 되돌아갑시다. 그것은 어떤 목소리의 메아리일지도 모릅니다. 그 목소리는 우리가 원하든 원하지 않든 들을 수밖에 없을 만큼 큰 소리는 아니지만, 그렇다고 너무 조용해서 소음 때문에 파묻히지도 않을 정도로 우리의 머릿속과 세계에서 계속해서 소리를 냅니다. 만일 그 목소리가 정의에 대한 열정에 가담하라는 소리라면, 같은 목소리에서 나오는 다른 메아리들도 최소한 들어 볼 가치가 있으리라고 결론을 내려도 좋을 것입니다.

**제3장**

## 서로를 위해 태어나다

"우린 하늘이 맺어 준 인연이죠."

우리 집 서재 소파에 앉은 젊은 커플은 서로의 눈을 그윽하게 바라보았습니다. 그들은 결혼식 준비를 위해 저를 찾아왔습니다. 완벽한 이상형, 자신이 찾고 바라던 바에 완벽하게 맞아떨어지는 사람을 발견했다는 사실에 이들은 경이로움을 금치 못했습니다.

그렇지만 우리가 다 알듯이 하늘에서 맺어진 결혼이 때때로 지옥 근처에서 끝나 버립니다. 처음 사랑에 빠진 커플은 상대방을 생각하기만 해도 그들 삶에 황금빛 찬란한 전혀 새로운 차원이 펼쳐지는 것 같습니다. 그러나 통계에 따르면, 이들은 앞에 놓인 길을 어떻게 헤쳐 나갈지 모를 경우 머지않아 고함과 눈물이 오가고 이혼 변호사를 찾게 될 것입니다.

뭔가 좀 이상하지 않습니까? 어떻게 서로 보고 싶어 안달하면서도 관계는 그처럼 힘이 들까요?

제 견해를 말하자면, 인간 관계라는 영역 전체가 '한 목소리의 또 다른 메아리'를 보여 준다는 것입니다. 이 메아리는 무시하려면 무시할 수도 있겠지만, 소위 오늘날의 세속 세계에서 아주 많은 사람의 방어막을 뚫고 들어가기에 충분하리만큼 큰 소리입니다. 또는, 여러분이 이런 표현을 더 선호한다면, 인간 관계란 어디론가…더 정확히 말하자면, 우리가 가려는 어떤 곳으로 인도하는 길이 앞에 있다고 말해 주는 또 하나의 안개 속 표지판일 수 있습니다.

저는 이 장을 낭만적인 사랑 이야기로 시작했습니다. 그 이유는, 지난 세대 서구 문화에서 일어났던 결혼의 정체에 대한 모든 폭로에도 불구하고, 또한 독립하려는 욕구와 맞벌이에 대한 압박과 치솟는 이혼율, 새로운 유혹거리로 가득 차 있는 세상에도 불구하고, 결혼은 여전히 매우 보편적인 현상이기 때문입니다. 영국에서만 해도 수백만 아니 수천만 파운드가 매년 결혼식 비용으로 소요됩니다. 그렇지만 연극이나 영화나 소설 두 편 중에 한 편은, 그리고 신문 보도 기사의 25%는 가정에서 발생하는 비극이 담겨 있습니다. 이 말은 핵심적인 관계, 즉 부부 관계가 대개 매우 잘못되어 있다는 뜻입니다.

인간은 관계적인 존재로 지음받았습니다. 그렇지만 관계를 풍성하게 만드는 일은 고사하고 관계를 유지하는 일조차도 사실 너무나 어렵습니다. 이는 앞서 두 장에서 살펴보았던 역설과 똑같은 원리입니다. 정의가 중요하다는 것은 누구나 다 알지만, 정의는 손에 쥔 모래알처럼 손가락 사이로 슬슬 빠져나갑니다. 영성이라는 것이 있고, 그것이 중요하다는 사실을 대부분 알지만, 그 모두가 부질없는 기대일 뿐이라는 비판에 딱히 반박하기도 어렵습니다. 마찬가지로, 우리 인간은 사회적 존재로 태어났고 공동체에 속한다는 사실을 누구나 압니다. 하지만 문을 꽝 하고 닫아 버리고 홀로 밤을 지새우며 더 이상 누구에게도 속하지 않는다고 말하면서도, 누군가 우리를 측은히 여기고 와서 구해 주고 위로해 주기를 바라는 유혹을 받을 때가 많습니다. 우리는 모두 관계에 엮여 있다는 사실을 압니다. 하지만 어떻게 해야 제대로 관계를 맺는지는 잘 알지 못합니다. 우리의 마음과 머릿속에서 울리는 음성은 계속해서 이 역설적인 사실을 일깨워 줍니다. 그래서 왜 그런지를 생각해 볼 가치가 있습니다.

### :: 관계의 수수께끼

물론 혼자 지내는 것은 때로 매우 바람직한 일입니다. 시끄러운 공장에서 일하거나 식구가 많은 가정에서 산다면, 어쩌면 시골 같은 곳에 나가 보는 것이 반가운 여유를 가져다줄 수도 있습니다. 다른 사람과 함께 있기를 좋아하는 사람들조차도 때로는 혼자서 책 한 권 손에 들고 편안한 자세로 독서를 즐기거나 긴 산책을 즐기면서 방해받지 않고 여러 가지를 생각합니다. 기질이나 성장 배경 및 여러 상황상의 차이점이 여기에서 큰 역할을 합니다.

그러나 사람들은 대부분 장기간 혼자 있기를 원치 않습니다. 실제로 아무리 천성적으로 수줍음을 타거나 내성적인 사람이라 할지라도 항상 혼자 있기를 택하지는 않습니다. 고독한 삶을 선택하는 사람들 중에는 종교적인 이유에서 은둔 수도사가 되려고 하는 사람들이 있습니다. 유죄 선고를 받은 범죄자가 형무소 내의 폭력을 피하기 위해 독방을 선택하는 경우처럼, 위험을 모면하기 위해 그렇게 하기도 합니다. 그러나 그런 선택을 하는 사람들조차도 대개는 그것이 정상이 아니라는 점을 의식합니다. 실제로 스스로 자신을 외부와 완전히 단절시킨 사람들은 미치기도 합니다. 더불어 존재하는 인간 사회가 없을 경우, 사람들은 자신이 누구인지 더 이상 알지 못합니다. 우리 인간은 단순히 자기 자신과 자신의 내면에서뿐 아니라 다른 사람에게서, 가족과 거리와 일터와 공동체와 마을과 민족이 공유하는 의미와 목적들을 찾도록 설계된 것 같습니다. 어떤 사람이 '외톨이'라는 말은 그 사람이 꼭 나쁘다는 뜻이 아니라 그 사람이 평범하지 않다는 말입니다.

관계는 여러 다른 모양을 지닙니다. 현대 서구 사회의 한 가지 특징은 인간 관계의 범위가 축소된 것입니다. 지금 우리는 그런 사실을 당연시합니다. 그러나 평범한 아프리카 마을에서 성장한 사람이라면 누구나 이 골목 저 골목에 수십 명의 친구가 있습니다. 가까이에 사는 어른은 모두 이모나 삼촌으로 불립니다. 이런 일은 현대 서구 사회에서는 상상조차 할 수 없는 일입니다. 이런 식으로 많은 어린아이가 서구인의 눈에는 혼란스럽게 보이기까지 하는 대가족에서 살아갑니다. 그 같은 마을 공동체에는 서로 지지하고 격려하며, 견책하고 경고하는 다양한 네트워크가 있습니다. 그 네트워크는 민중의 지혜가 (혹은 반대로 민중의 우매함일 수도 있습니다) 집적된 집합적인 창고입니다. 이러한 네트워크가 서로를 하나로 묶어주며 공통의 방향 감각을 혹은 최소한 사태가 악화될 경우 불행을 공유하는 의식을 제공해 줍니다. 오늘날 서구인들은 대부분 자신이 무엇을 놓치는지조차 깨닫지 못합니다. 사실 이와 같은 공동체를 생각하기만 해도 경기(驚氣)를 일으킬지 모릅니다. 그 같은 마을 공동체에서는 좋은 일이든 나쁜 일이든 모든 사람이 다함께 참여하기 때문입니다.

물론 때로는 그 점이 좋지 않게 작용하기도 합니다. 강력한 집단 유대 의식 때문에 공동체 전체가 잘못된 방향으로 돌진할 수도 있습니다. 지역 공동체가 가장 잘 단결되었던 시절, 즉 사람들이 강력하게 결속했던 경우로는, 예를 들어 고대 아테네 주민들이 승산이 없는 전쟁을 하겠다고 오만하게 결정했던 때도 포함됩니다. 좀더 최근의 예는, 대다수 독일 국민이 아돌프 히틀러에게 절대 권력을 주는 투표를 한 경우입니다. 그 투표는 역사의 진로를 바꾸어 놓았습니다. 공동체가 내적인 동력의 측면에서 정상적으로 기능할 때에도 그 결과가 건전하리라는 보장은 전혀 없습니다.

물론 많은 공동체가 당장 제대로 기능하기조차 어렵습니다. 오늘날 부부 관계에서 일어나는 갈등들이 명백한 실례입니다. 또 현대 민주주의의 취약한 상태가 또 다른 실례가 될 수 있습니다. 현대 서구인들은 대부분 민주주의 이외의 다른 제도하에서 살아가는 것은 꿈도 꿀 수 없습니다. 그리고 그런 곳에서 살려고 하지도 않을 것입니다. 최소한 '모든 성인의 투표권'이라는 의미를 지닌 "민주주의"라는 말은 가장 널리 인정받는 말이 되었습니다. (과거 공통적인 현상으로서 여자나 가난한 자, 노예를 배제하는 제도 즉 그 자체를 "민주주의"라고 일컬었던 정치 제도들에 대해서는 반대한다는 말입니다.) 만일 당신이 민주주의를 믿지 않는다고 말하거나 그것에 의문을 제기한다면, 사람들은 당신을 미친 사람 취급하거나, 적어도 극도로 위험한 불순분자로 취급할 것입니다.

그러나 민주주의에도 문제가 있다는 징후들이 있습니다. 적어도 우리가 아는 한에는 말입니다. 대규모는 물론, 소규모 차원에서도 우리 사이의 관계는 제대로 이루어지지 않습니다. 예를 들어 미국의 경우, 대통령직은 말할 필요도 없고 주요 공직에 출마할 경우, 엄청나게 많은 돈이 필요하다는 점이 당연시됩니다. 아마도 아주 부유한 든든한 후원자들에게서 그 돈의 대부분을 모금해야 하겠지만 말입니다. 그러나 사람들이 많은 돈을 쉽게 내어줄 리는 만무합니다. 후원자들은 늘 그렇듯 다음 번에도 계속해서 지원해 주는 대가로 어떤 반대급부를 바랍니다. 이런 현상을 보면 볼수록 사람들 사이에는 냉소주의가 늘어납니다. 그리고 이런 냉소주의는 국가와 시민 사회 관계들의 심장을 파먹어 버립니다. 영국에서는 선거를 위한 투표보다는 "리얼리티 티비" 프로그램 투표에 더 많은 사람이 참여합니다[예를 들어, '빅 브라더' 하우스(Big Brother house) 참가자들 중에 탈락자를 뽑는 일]. 제가 지금 말씀드리는 것은 지방 선거가 아니라 5년 동안 나라 전체를 책임질 정부를 결정하는 대선입니다. 물론 지방 선거는 대개 대선보다 참여율이 훨씬 더 저조합니다. 최근 몇십 년 사이에 수차례 발생했듯이, 선거에서 '승리한' 당이 총 투표수의 1/3 정도를 얻은 것으로 드러날 경우에는 제도 전반에 심각한 의문이 제기될 수밖에 없습니다. 여러 서방 국가에서 일이 진행되는 방식에 대해 유사한 불만이 일고 있습니다. 이런저런 면에서 우리가 서로 연결되어 있다는 점을 알지만, 그런 사실이 어떻게 작용할 수 있는지 그리고 어떻게 작용해야 하는지는 분명하지 않습니다.

이처럼 가장 친밀한 관계(결혼 관계)에서부터 가장 큰 규모의 관계(국가 제도)에 이르기까지 똑같은 문제가 있습니다. 우리는 더불어 살아가도록 지음받았음을 알지만 그것이 우리의 상상보다 훨씬 더 어려움을 알게 되었습니다. 크고 작은 관계들, 특히 가장 개인적이며 친밀한 관계에서, 우리는 인간 생활의 특징을 이루는 지표인 웃음과 눈물의 자연스러운 자리를 발견합니다. 우리는 상대방이 우습기도 하고 끔찍하기도 한 것을 발견합니다. 우리는 **스스로를** 발견하고, 우리 관계가 우습기도 하고 끔찍하기도 한 것을 봅니다. 이것이 바로 우리의 모습입니다. 우리는 이런 상태를 피할 수 없습니다. 그리고 비록 우리가 원치 않는 방식으로 일이 진행된다 할지라도 피하기를 원치 않습니다.

## :: 성에 대한 혼란

관계의 중심에는 성(sex)이 있습니다. 물론 모든 관계가 성적인 것은 아닐 뿐더러, 사실 모든 사회는 성과 관련된 행위를 흔히 결혼이나 그와 비슷한 관계라는 매우 특정한 맥락에 국한해야 할 것으로 여깁니다. 그렇지만 사람은 관계를 맺을 때에 남자로서 그리고 여자로서 그렇게 합니다. 남성성과 여성성은 우리가 (연애 관계나 부부 관계 같은) 특정한 관계를 맺을 경우에만 고려하는 정체성이 아닙니다. 이 점에서도 우리 모두는 우리가 특별한 종류의 피조물이라는 사실을, 그러나 동시에 이런 종류의 특별한 피조물이 **된다**는 것이 얼마나 어려운지를 뼛속깊이 느낍니다. 다시 말해서, 성은 제가 지금 부각하려는 역설을 특히 잘 보여 주는 예입니다. 오늘날의 세계에서 지금 제가 서술하는 종류의 메아리를 들을 법하지 않은 곳이 바로 성이라는 자리입니다. 그러나 이것은 우리가 사실을 얼마나 심하게 오해하는지를 보여 줍니다.

서구 사회의 최근 세대들은 청소년들에게 남녀의 차이는 생물학적 기능상의 차이일 뿐이라고 가르치기 위해 막대한 노력을 기울여 왔습니다. 우리는 성별에 따라 사람을 판에 박은 듯 취급하지 말라는 엄중한 경고를 받습니다. 적어도 이론상으로는 점점 더 많은 일거리가 남녀 모두에게 허용되었습니다. 그렇지만 오늘날의 부모들이 아무리 흠잡을 데 없는 이상을 가진다 할지라도 대다수의 남자아이는 장난감 총과 장난감 자동차 놀이를 좋아하며 상당수의 여자아이는 인형 놀이를 좋아한다는 사실을 볼 수 있습니다. 새로운 규칙에 완강하게 저항하는 것은 아이들만이 아닙니다. 사회의 각기 다른 집단을 대상으로 잡지를 발행하는 사람들은, 여성들은 거의 사 보지 않을 '남성용 잡지'를 간행하고, 남성들은 거의 구독하지 않을 '여성용 잡지'를 간행합니다. 그런데도 이들 사업에는 전혀 어려움이 없습니다. 이와 같은 잡지들의 구독률은 지난 수십 년 동안 성 정체성(gender identity)에 관해 강력히 선전하고 교육해 온 나라들에서조차 강세를 거듭합니다. 물론 대부분의 나라에서는 아무도 남녀가 똑같은 척하려고 애쓰지 않습니다. 누구나 남녀는 서로 현격히 다르다는 점을 잘 압니다.

그렇지만 이러한 차이점이 무엇인지 정확히 윤곽을 그리는 일은 일반적으로 상상하는 것보다 훨씬 더 어렵습니다. 그 까닭은 사회마다 남자들이 해야 하는 일과 여자들이 해야 할 일에 대해 상반된 이미지를 갖고 있어서, 모든 사람이 그 유형에 들어맞지 않을 경우에는 혼란을 느끼기 때문입니다. 우리가 과거 이 점에서 잘못한 부분이 많다는 점을 부인하지 않습니다. 저는 제가 일하는 영역에서는 전통적으로 그랬던 것보다는 훨씬 더 남녀 간의 교류가 활발하게 일어나기를 강력하게 주장해 왔습니다. 제가 말하려는 요점은 간단히 말해서 이렇습니다. 모든 인간 관계는 성 정체성의 요소를 내포하며(저는 남자로서, 다른 남자들과는 남자 대 남자로, 여자들과는 남자 대 여자로서 관계를 맺습니다), 비록 우리 모두가 이것을 가슴 깊이 안다 할지라도 지금은 상당히 혼란스러워졌다는 것입니다. 한 극단에는 실용적인 목적으로, 자신들은 사실 중성인 양, 성(gender)이 아무런 상관이 없다는 듯 행동하려는 사람들이 있습니다. 다른 한 극단에는, 상대방을 언제나 (상상일지라도) 잠재적인 성적 파트너로 파악하는 사람들이 있습니다. 다시 말하지만, 이 두 가지 태도는 모두 현실에 대한 왜곡임을 우리는 잘 압니다.

사실상 이 두 가지 태도는 일종의 부정을 내포합니다. 앞의 경우는 (자신을 중성이라고 상상하면서) 우리가 누구이며 어떻게 태어났는지에 대한 매우 중요한 사실을 부정합니다. 우리는 성적인 존재**입니다.** 이 사실은 수많은 미묘한 방식으로 각종 태도와 반응에 영향을 주기 때문에, 우리가 성차를 갖지 않은 것처럼 그리고 그게 아무런 문제가 되지 않는 것처럼 행동하는 것은 전혀 도움이 되지 않습니다. (상대방을 잠재적인 성적 파트너로 바라보는) 후자의 경우는 성적인 관계의 본질에 얼마나 중요한 요소가 있는지를 부인합니다. 말하자면, '아무렇지도 않은 섹스'(casual sex)란 결코 없다는 사실을 부정하는 것입니다. 남성성과 여성성이라는 성적인 정체성이 인간된 우리 존재의 핵심에 자리하듯이, 성행위는 인간으로서 우리의 정체성과 자의식의 핵심으로 타들어가는 불과 같습니다. 이론적으로나 실제적으로 이를 부인하는 것은 인간의 관계들을 비인간화하는 일에 공모하는 것이며, 생생한 죽음을 껴안는 것과 같습니다. 간단히 말해서, 우리 모두는 성과 성차가 인간의 삶에 엄청나게 중요하다는 사실을 잘 압니다. 그러나 이 영역에서 우리는 인간 관계의 모든 측면에 해당하는 사실을 발견하게 됩니다. 그것은 이 일이 우리의 상상보다 훨씬 더 복잡하게 꼬여 있으며, 난관과 수수께끼와 역설로 얽혀 있다는 사실입니다.

이류 소설이나 영화에서만 그런 것이 아니라 실제로도 성과 죽음은 아주 밀접한 관계가 있는 것처럼 보입니다. 우리가 진정 관계를 맺도록 태어났다는 바로 그 개념에 의문을 제기하는 것처럼 보이는 것이 바로 죽음입니다.

## :: 죽음-진정한 사람됨에 대한 요청

정의를 추구하지만, 정의는 우리 손에서 새어나간다는 사실을 종종 발견합니다. 영성에 굶주려 있지만, 우리는 마치 일차원적인 물질주의가 명백한 진리인 양 살아갑니다. 마찬가지로, 아무리 좋고 훌륭한 인간 관계라 할지라도 종국에 가서는 죽음으로 끝나고 말 것입니다. 웃음은 눈물로 끝이 날 것입니다. 그 사실을 아는 우리는 두려워합니다. 그렇지만 어찌할 도리가 없습니다.

관계를 위해 태어났지만 모든 관계가 결국 끝난다는 사실은 역설적입니다. 하지만 우리는 이 역설의 양쪽 모두에서 제1-2장에서 들었던 메아리들을 일깨워 주는 목소리의 메아리를 듣습니다. 소위 구약 성경이라고 일컫는 성경에 뿌리박은 신앙 체계들(기독교, 유대교, 이슬람교)은 인간이 관계를 맺도록 지음받았다고 말합니다. 인간은 가족 안에서 관계를 맺도록, (그리고 특히 남녀의 상호 보완적 성격 가운데서 관계를 맺도록), 나머지 창조 세계와 관계를 맺도록, 무엇보다도 창조주와 관계를 맺도록 지음을 받았다고 말합니다. 그렇지만 지금도 여전히 유대교와 기독교와 이슬람교의 토대를 이루는 창조 이야기를 보면, 현세에 존재하는 모든 것은 덧없습니다. 그 모든 것은 영원하도록 설계되지 않았습니다.

그러한 비영구성(impermanence) — 다시 말해, 죽음이라는 사실 — 은, 지금은 비극의 어두운 색조를 띱니다. 죽음은 창조주에 대항한 인간의 반역 — 그 가장 심오한 관계에 대한 배격 — 과 연결되어 있으며, 그에 따른 나머지 다른 두 관계(인간 사이의 관계와 나머지 창조 질서와의 관계)의 쓰라린 현실에 연결되어 있습니다. 그러나 관계와 비영구성이라는 주제는 위대한 유일신 종교들 안에서 사람됨의 내용을 이루는 구조의 일부분입니다. 우리가 인간 관계에 대해 생각할 때 거기에서도 어떤 목소리의 메아리를 듣게 된다는 사실에 놀랄 필요가 없습니다. 비록 그 목소리가 창세기에서처럼 "네가 어디 있느냐?"라고 묻는다 할지라도 말입니다.

성경에 나오는 고대의 창조 기사는 이 모든 사실에 대한 강력하며 함축적인 그림을 제공합니다. 창조 기사는 사람이 하나님의 형상으로 지음을 받았다고 말합니다. 언뜻 보기에 그 말은 별반 도움이 되지 않는 것 같습니다. 우리가 하나님에 관해 아는 것이 그다지 많지 않기에 우리가 어떤 사람이 되어야 하는지에 대해 많은 것을 도출해 낼 수 없기 때문입니다. 또한 우리가 자신이 어떠한 존재인지에 대해서도 아는 것이 그리 많지 않기에 하나님에 대해서도 그다지 많은 것을 이끌어 낼 수 없을 것으로 여겨집니다. 그러나 창세기의 요점은 아마도 다를 것입니다. 오늘날에도 일부 지역에서는 해당되는 사실이지만, 고대 세계에서는 위대한 지배자들이 잘 보이는 곳에 종종 자신의 동상을 세우곤 했습니다. 그것도 자국보다는(거기서는 그가 누구며, 그가 다스린다는 사실을 누구나 알았습니다) 자국 바깥의 영토나 멀리 떨어진 곳에 세웠습니다. 예를 들면, 로마 황제들의 동상은 이탈리아나 로마보다는 그리스나 터키, 이집트에서 훨씬 더 많이 발견됩니다. 한 황제가 복속된 영토에 자신의 입상을 세우는 이유는 자신이 통치자이므로 그에 부합되게 처신하라는 사실을 그 땅의 백성들에게 일깨우려는 것이었습니다.

이런 말은 우리에게는 위협적으로 들립니다. 우리는 결국 민주주의자들이지 않습니까! 우리는 멀리 떨어져 있는 지배자들이 (우리가 정당하게 혐의를 두듯이) 돈을 요구하는 일 못지않게 우리에게 명령을 내리는 것을 원치 않습니다. 그러나 그 같은 불쾌감은 우리의 관계들―하나님과 우리의, 세계와 우리의, 인간 상호간의 관계들―이 얼마나 흠이 많고 부패했는지를 보여 줄 뿐입니다. 창세기 창조 기사의 요점은 창조주가 자신이 만든 세상을 사랑하셔서 최선을 다해 그 세상을 돌보기 원하셨다는 것이었습니다. 그 목적을 위해 하나님은 자신의 세상을 돌볼 피조물을 그 가운데 세우셨습니다. 그 피조물은 창조 세계를 향해서 과연 창조주가 어떤 분인지를 드러내며, 창조 세계가 발전하고 번영하게 만들어 창조 세계의 목적을 달성하는 일을 감당해야 할 피조물이었습니다. 돌보는 자로서 이 피조물(혹은 피조물 중 인류라는 이 족속)은 서로 연결된 그 관계(interrelatedness), 상호간의 의미 있는 앎, 신뢰와 사랑의 본이 되어 그 일을 체화시켜야 할 자들이었습니다. 그것이 바로 창조주 하나님의 의도였습니다. 관계는 우리가 온전한 사람이 되는 길의 일부분이었습니다. 그리고 온전한 사람이 된다는 것은 우리 자신만의 일이 아니라 훨씬 더 큰 계획의 일부에 해당하는 일이었습니다. 그래서 인간 관계에서의 실패는―우리가 뼛속깊이 의식하듯이―우리가 그 일부가 되어 있는 다른 큰 프로젝트 가운데 우리의 실패들을 엮어 놓았습니다. 세상을 정의의 체제 가운데서 바로잡지 못한 실패(제1장)와 영성을 유지하고 개발하지 못한 실패(제2장)가 바로 그것입니다. 영성의 중심은 창조주와의 신뢰와 사랑의 관계입니다.

그러나 그 실패들 그리고 우리가 그것들을 뼛속 깊이 안다는 사실은 위대한 유일신 신앙 중에 오직 기독교 전통만이 자세히 탐구해 온 특별한 사실을 가리킵니다. 그것은 창조주가 그분 안에 다중적 관계(a multiple relationship)를 내포하신다는 신념입니다. 이에 대해서는 나중에 더 자세히 다루겠습니다. 그러나 이 주제는, 제가 여기서 주장했듯이, 우리가 관계를 위해 태어났지만 동시에 관계 맺는 일이 매우 어렵다는 사실을 진정으로 안다면, 이러한 이중적인 지식을 앞에서 검토한 두 가지 주제가 가리키는 방향과 동일한 방향을 가리키는 또 다른 이정표로 볼 수 있음을 충분히 시사해 줍니다. 관계에 대한 소명과 그에 실패한 데 대한 비통한 책망은 동일한 목소리의 메아리로 여길 수 있을 것입니다. 그 목소리는 인간이 진정 누구인지를 우리에게 일깨워 줍니다. 심지어 그 목소리는 우리의 비참한 참상으로부터 어떤 구원을 주겠다고 우리에게 제의할 수도 있습니다.

우리가 그 목소리의 주인공을 만난다면 그분이 누구인지 알 수 있을 정도로 우리는 그 목소리에 대해 이미 충분히 압니다. 그 목소리의 주인은 모든 종류의 관계—다른 인간들과의 관계와 창조주와의 관계와 자연 세계와의 관계—에 전적으로 헌신하신 분일 것입니다. 그런가 하면 또한 이 각각의 관계가 깨지는 고통에 동참하실 분입니다. 기독교 이야기의 핵심 요소 가운데 하나는 웃음과 눈물의 역설이 모든 인간 경험의 중심에 깊이 엮여 있으며, 또한 하나님의 심장에도 깊이 엮여 있다는 주장입니다.

## 제4장

# 세상의 아름다움을 위해

오스트리아의 한 작은 마을에 있는 먼지투성이 다락방을 뒤지던 어느 고물 수집가는 여러 장으로 된 낡은 악보를 발견합니다. 악보는 피아노곡이었습니다. 수집가는 호기심에 거래상에게 그 악보를 가져갑니다. 거래상은 친구에게 전화를 걸고, 친구는 30여 분 후에 나타났습니다. 악보를 본 친구는 흥분을 감추지 못하다가 금방 고심합니다. 이 악보는 모차르트가 직접 쓴 악보처럼 보이지만, 잘 알려진 곡은 아닙니다. 사실 전혀 들어보지 못한 곡입니다. 여러 차례 전화 통화가 오가고 흥분이 고조되는가 싶더니, 또 논의가 오갑니다. 그 곡은 진짜 모차르트의 것처럼 보입니다. 어떤 부분은 살짝 비슷해 보이지만, 모차르트의 작품 중 이미 알려진 어느 곡과도 일치하지는 않습니다.

곧 누군가가 피아노 앞에 앉습니다. 수집가는 피아니스트가 악보를 한 장씩 넘길 때마다 혹시라도 자신이 발견한 소중한 물건에 손상이 가지 않을까 걱정하면서 피아노 곁에 바짝 다가섭니다. 그 순간, 모두가 깜짝 놀랍니다. 정말 뛰어난 음악입니다. 과연 모차르트가 작곡했을 법한 종류의 음악입니다. 열정적인 곡조와 애절한 곡조가 반복됩니다. 섬세한 화성 변화와, 때로는 화려한 멜로디, 강력한 피날레가 이어집니다. 그러나 그 곡은 어딘가 모르게 미완성처럼 느껴집니다. 곡 중간중간 그다지 감동적이지도 않고, 피아노가 시간만 때우는 것처럼 보이는 부분이 있습니다. 또 잉크가 바래서 분명하지는 않지만, 작곡자가 한두 마디를 쉬는 정도가 아니라 훨씬 더 긴 휴지(pause)를 의도한 것처럼 **보이는** 부분도 있습니다.

흥분에 사로잡혔던 작은 무리에게 조금씩 진실이 드러나기 시작합니다. 그들이 발견한 것은 모차르트의 작품이 맞습니다. 그 곡은 정말 아름답습니다. 그러나 그 곡은 협연하도록 작곡된 곡의 피아노 부분에 해당하는 것이었습니다. 이 곡만 본다면 좌절스러울 정도로 미완성이었습니다. 다시금 다락방을 뒤져보았지만 아무 단서도 나오지 않았습니다. 그 피아노곡이 전부였습니다. 그 곡은 과거에 존재했던, 혹시 앞으로 발견될지도 모를 어떤 곡을 가리키는 단서입니다. 지금은 거의 재구성이 불가능하지만, 과거 한 편의 완벽한 예술 작품이 있었음에 틀림없습니다. 그 피아노가 오보에나 바순, 바이올린이나 첼로와 협연하도록 되어 있었는지 현악 사중주나 다른 종류의 악기들과의 협연이었는지 전혀 알 도리가 없었습니다. 만일 다른 파트의 악보가 발견된다면, 그들은 지금 자신들 앞에 놓인 한 천재의 휘갈겨 쓴 빛바랜 악보에 든 그 미완성의 아름다움을 보완하여 완벽하게 느낄 수 있을 텐데 말입니다.

[어쨌든 궁금히 여길 사람이 있을 경우를 대비해서, 이 단락은 필라델피아의 한 도서관 사서가 발견한 베토벤의 악보가 베토벤의 마지막 현악 사중주곡 가운데 하나에서 "대 푸가"(Great Fugue)를 피아노 두 대를 위해 베토벤이 직접 편곡해 놓은 것임이 판명되기 몇 달 전에 쓴 글임을 밝힙니다. 인생과 예술은 다양한 상호 모방 가운데서 함께 춤을 추는 신기한 습관을 가지고 있습니다.]

아름다움에 대면할 때 우리는 이런 상황에 처합니다. 세계는 아름다움으로 가득 차 있지만, 그 아름다움은 미완성입니다. 아름다움이란 무엇인가, 그것이 무슨 뜻이며, 무엇을 **위해** 존재하는지에 대한 우리의 혼란은 좀더 큰 전체에 속하는 일부만을 바라보기 때문에 불가피하게 일어나는 결과입니다. 다시 말해, 아름다움은 동일한 목소리의 또 다른 메아리인데, 이 메아리는 (우리 앞에 놓인 증거를 볼 때) 여러 다양한 것 중 하나를 말할 수 있습니다. 그러나 만일 우리가 그 목소리를 온전히 듣게 된다면 지금 우리가 보고 듣고 알고 사랑하고 '아름답다'고 일컫는 바가 무엇인지 확실하게 이해할 수 있을 것입니다.

## :: 덧없는 아름다움

정의와 마찬가지로 아름다움은 움켜쥐려고 하면 우리 손가락 사이로 슬쩍 빠져나가 버립니다. 사진기로 석양을 찍을 때 우리가 얻는 것은 그 순간에 대한 기억일 뿐 그 순간 자체가 아닙니다. 공연을 보고 음반을 구입하지만 집에 가서 그 음악을 들으면 교향악은 제 맛을 내지 못합니다. 산에 올라 정상에서 내려다보는 전경은 대단하지만, 그 광경은 우리를 더 감질나게 만듭니다. 그 자리에 집을 짓고 하루 종일 그 전경을 바라본다 할지라도 마음속의 갈증은 사라지지 않을 것입니다. 실로 아름다움이란 때로 갈망 그 자체에 있는 것처럼 느껴집니다. 아름다움은 무언가를 애타게 바라는 것이며, 멋들어지지만 여전히 채워지지 못한 쾌락입니다.

사실 마지막 어구―"멋들어지지만 여전히 채워지지 못한"(exquisite, yet leaving us unsatisfied)―는 오스카 와일드(Oscar Wilde)가 담배를 두고 한 말입니다. 그리고 이 말은 가시지 않는 역설과 더불어 아름다움이 우리에게 제시되는 방식에 관해 뭔가 다른 점을 보여줍니다. 오늘날 폐암에 관한 통계를 보면서 담배에 대해 그같이 고상한 미적 태도를 견지하는 사람은 거의 없을 것입니다(종종 오스카 와일드의 경우가 그렇듯, 재치 있는 명언의 일차적 기능이 충격 요법이라 할지라도 말입니다). 그러나 다른 많은 경우와 마찬가지로 아름다움과 관련해서도 취향과 유행은 변합니다. 그 변화가 너무 심해서, 아름다움이란 결국 바라보는 자의 눈에 달린 것이 아닌지, 혹은 좌절 하면서도 흥분했던 음악 수집가들처럼 완벽한 전체 중에서 최소한 일부분이라도 소유하도록, 아름다움에 대한 훨씬 더 만족스런 설명이 가능한지를 묻지 않을 수 없을 정도입니다.

저는 세계 곳곳에서, 그 당시 동시대의 사람들이 지극히 아름답다고 생각했을 여인의 그림을 볼 때마다 이 당혹스러움에 대해 생각합니다. 그리스의 화병에 그려진 그림들이나 폼페이의 벽화들을 보십시오. 그리고 분명 그 아름다움이 지극히 높이 평가되었을 것이 분명한 귀부인들을 그려 놓은 이집트의 벽화들을 보십시오. 불과 300-400년 전에 그려진 초상화 몇 점을 보고, 그 시대 사람들이 그 그림들을 어떻게 생각했는지 알아 보십시오. 솔직히 말해서, 그 중에 요즘 길거리에서 마주친다면 고개를 돌려 쳐다볼 만한 미녀는 없습니다. 트로이의 헬렌이 당대에는 천여 척의 배가 몰려들 만한 미색이었을지 모르지만, 오늘날 우리는 대부분 그녀를 나룻배 한 척 띄울 만한 가치도 없다고 평가할 것입니다.

자연의 아름다움도 마찬가지입니다. 지난 200여 년 동안, 특히 워즈워드와 영국 북서부의 레이크랜드 시인들이 등장한 이래, 대부분의 사람들은 영국 레이크 디스트릭트(Lake District)의 자연 풍광을 매우 아름답고 감동을 불러일으키며 강력한 것이라 여겼습니다. 화가들이 수많은 풍경화를 그렸습니다. 레이크 디스트릭트 근처에도 가 본 적이 없는 많은 영국인이 랑데일 파이크스(Langdale Pikes)나, 케스윅(Keswick) 마을이 산자락에 자리 잡은 스키도우(Skiddow)를 그려 넣은 식탁보를 소유합니다. 마치 많은 미국인이 요세미티(Yosemite)의 아름다움을 드러내는 앤셀 애덤스(Ansel Adams)의 사진 작품들을 소유하듯이 말입니다 그렇지만 옛날에는 산악 지대의 풍경이 아름답고 감동적이라기 보다는 두렵고 어둡고 위험스런 것으로 여겨졌습니다. 유행이란 어찌 그리 쉽게 변하는 것일까요?

이것은 부분적으로, 관점의 변화라는 현상으로 설명할 수 있습니다. 우리는 멀리 떨어진 알프스의 빙벽에서 쏟아져 내리는 눈사태의 멋진 광경과 힘에 찬탄을 보냅니다. 그렇지만 그 아래에 어찌할 도리 없이 놓여 있는 마을을 보는 순간 우리의 기분은 즉시 바뀝니다. 우리는 해변가로 밀려드는 파도의 모습에 매료됩니다. 각각의 파도는 부드러운 곡선과 부딪히는 힘이 만난 기적입니다. 하지만 쓰나미의 악몽 앞에서는 그 기쁨이 공포로 둔갑합니다.

이렇듯 관점과 취향의 문제는 복잡하게 구성되어 있습니다. 더구나 취향은 세대마다 바뀔 뿐만 아니라 같은 시기, 같은 마을, 같은 집에 사는 개인마다, 하부 문화마다 다릅니다. 신혼 부부는 **신랑이** 벽에 걸고 싶어 하는 그림이 **신부의** 눈에는 천박한 예술품으로밖에 보이지 않는다는 것을 알게 됩니다. 기하학 증명이 거의 초월적인 멋을 지니는 것으로 보는 교사는 자기 반 학생들에게는 그 증명이 숫자와 선과 각도에 불과하다는 사실을 알게 됩니다.

어떻게 아름다움이 그처럼 신속하게 사라질까요? 아름다운 석양은 곧 사라집니다. 싱싱한 젊음으로 뭇시선을 사로잡는 젊은 이가 관리를 잘 하고 어느 정도 화장의 도움을 받는다면 한 동안은 그 모습을 유지할 수 있을지도 모릅니다. 그러나 앞으로 어떤 일이 벌어질지 우리는 잘 압니다. 비록 우리가 인간의 아름다움에 대한 성숙한 평가를 내릴 수 있게 되고, 노인에게서 지혜와 친절한 모습을 사랑하기를 배운다 할지라도, 사랑과 슬픔, 기쁨과 용기를 노래하는 수많은 시구를 안다 할지라도, 그 길을 가면 갈수록, 다시 한번 우리는 석양의 역설에 한걸음 더 가까이 가게 됩니다.

## :: 아름다움과 진리

시인 키츠(Keats)는 "아름다움이 진리며, 진리가 곧 아름다움이다"라고 썼습니다. 허나 우리가 간단히 살펴본 난제들은 그같이 쉬운 공식을 반대합니다. 우리가 알고 사랑하는 아름다움은 기껏해야 진리의 일부분이며, 항상 가장 중요한 부분도 아닙니다. 실제로 앞의 단락들에 비추어 볼 때 아름다움과 진리를 동일시하는 것은 오늘날 우리가 포스트모더니즘의 딜레마라 생각하는 바 "진리"의 전적인 붕괴를 향한 큰 발걸음을 내딛는 것일 것입니다. 만일 아름다움과 진리가 하나이며 똑같다면, 진리는 사람마다 연령층마다 심지어 같은 사람의 경우에도 해마다 달라질 것입니다. 만일 아름다움이 보는 사람의 눈에 감추어져 있다면, "진리"는 단지 그 눈에 따라 형성되는 내적인 느낌들에 대한 언급에 불과할 것입니다. 이것은 우리가 통상적으로 "진리"라는 말을 사용하는 방식이 아닙니다.

아름다움과 진리에 대한 모든 종류의 동일시와 더불어 배제해야 할 바는 아름다움이 하나님께, '신성'에게 혹은 어떤 유의 초월 영역에 직접 접근할 수 있게 해준다는 식의 생각입니다. 음악이 더 큰 전체 가운데 흘러가도록 설계되었다는 사실만으로는 그 전체가 어떤 모습일지에 대해 아무런 직접적인 실마리를 제공해 주지 않습니다. 동물에 대한 사전 지식이 없다면, 전성기의 호랑이 수컷을 직접 대면하고는 그 모양과 색깔과 우아함과 힘의 완벽한 본보기 앞에서 넙죽 엎드려 경배하고픈 유혹을 받을 수 있습니다. 그렇지만 그것은 너무나도 뻔한 우상 숭배일 것입니다. 아름다움은 그보다 훨씬 더 복잡합니다. 우리가 언급한 역설들은 하나님과 자연 세계를 쉽사리 동일시하는 일을 엄중히 반대합니다. 어떤 세대들은 이 둘을 동일시하는 경향이 있었습니다. 허나 자연 세계의 아름다움은 그 목소리 자체가 아니라 기껏해야 그 목소리의 메아리에 불과합니다. 그래서 우리가 그 아름다움을—말 그대로 나비 표본을 손에 든 나비 수집가가 하듯이—핀으로 꼭 집어 고정하려 할지라도 핀을 고정하는 순간 여러분은 핵심 그 자체, 우리로 하여금 계속해서 더 살펴보게 만드는 종잡기 어려운 아름다움을 놓치게 됩니다. 아름다움은 여기에 있지만, 또한 여기에 있지 않습니다. 아름다움은 이것—이 새, 이 노래, 이 석양—이지만, 또한 이것이 아닙니다.

따라서 아름다움에 대한 진술은 어떠한 진술이든, 특히 아름다움이 그 자체를 넘어서는 영역을 가리키는 이정표임을 제시하는 설명은, 지금까지 우리가 설명한 두 가지 점을 고려해야만 합니다. 한편으로, 우리는 자연 질서건 인간의 창작물이건 그 속에 드러나는 아름다움은 때로 아주 강렬해서 우리의 가장 깊은 경탄과 경이, 감사와 존경의 감정들을 이끌어 낸다는 점을 인정해야만 합니다. 거의 모든 인간은 적어도 인생의 어느 순간엔가는 이 점을 느낍니다. 물론 무엇이, 어떤 느낌을, 왜 불러일으키는지에 대한 의견차는 크지만 말입니다. 다른 한편으로, 의도적으로 냉소적이거나 파괴적이려는 의도가 전혀 없이도, 이러한 견해차와 난해함 때문에 아름다움은 그저 마음이나 상상이나 유전자 속에 있을 뿐이라고 말하는 사람들이 충분히 있을 수 있다는 점을 인정해야 합니다. 아름다움은 진화에 의해 일어난 조건의 결과일 뿐이라는 의견을 제시하는 사람도 있을 것입니다. 당신이 어떤 특정한 풍경을 좋아하는 이유는 그저 당신의 아주 먼 조상이 그 자리에 먹을거리가 있다는 사실을 알았기 **때문**이라는 것입니다. 무의식적인 성적 충동에서 힌트를 얻는 사람들도 있을 것입니다. 어째서 남자아이들은 기차가 터널로 들어가는 모습을 바라보면서 좋아하는가 말입니다. 또 어떤 사람들은 상당히 합리적으로 말해서 아름다움이 단지 대리만족일 뿐이라고 말합니다. 그림 속 만찬의 손님으로 참석하고 싶은 마음이 그 그림을 아름답게 느낀다는 것입니다. 우리는 두 가지 견해를 다 견지해야 할 것 같습니다. 즉, 아름다움은 우리 바깥에서 우리를 불러내는 그 무엇인 **동시에** 우리 내면의 깊은 감정들에 호소하는 그 무엇이기도 합니다.

이 점에서 몇몇 철학자는 플라톤에게까지 (아주 상당히) 소급해서 그 두 측면을 하나로 연결합니다. 그들의 주장은 이렇습니다. 한편으로 자연 세계와 다른 한편으로 예술가들이 자연 세계를 재현한 것은 둘 다 더 높은 세계, 시공간과 (특히) 물질 너머에 있는 세계에 대한 그림자라는 것입니다. 이 이론에 따르면, 플라톤이 "형상"(혹은 이데아)의 세계라 일컬은 세계가 바로 궁극적인 실재입니다. 현세의 모든 것은 그 세계에 있는 어떤 것의 모사 혹은 그림자입니다. 이것은 우리 세계의 모든 것이 저 너머 세계의 어떤 것을 가리키는 지시물임을 의미합니다. 우리는 이 너머의 세계를 관조하고 그 자체만을 사랑하기를 배울 수 있습니다. 만일 우리가 이런 전환을 하지 못하고, 그저 자연과 인공적인 아름다움을 있는 그대로 받아들이는 데 그친다면, 좀더 면밀한 검토 끝에 아름다움이 우리 자신의 주관적인 느낌에 불과하다 할지라도 전혀 놀랄 필요가 없습니다. 아름다움은 현세와는 멀리 떨어진 전적으로 다른 세계를 가리킵니다.

이 주장은 일면 매력적입니다. 이 주장은 실로 우리 경험의 상당 부분을 이해할 수 있게 해줍니다. 그러나 세 가지 위대한 유일신 종교의 입장에서 볼 때(혹은 그 종교들의 주류 입장에서 볼 때) 최소한 이 주장은 지나치게 많은 것을 내어줍니다. 이 주장은 현세의 아름다움이 혼란스럽고, 일시적이며, 때로 피부 한 꺼풀의 깊이밖에 되지 않으며, 속에서는 벌레들이 우글거리고 온통 썩어 있다고 말하는 것과 같습니다. 그러나 한걸음 더 나아가면, 이 주장은 시간과 공간과 물질로 된 현세는 **그 자체가** 나쁘다고, 악하다고 말하는 것입니다. 만일 현세가 하나의 이정표라면, 그 이정표는 이미 썩어 버린 나무로 만들어진 것입니다. 만일 그것이 어떤 목소리라면, 그것은 도저히 여행길에 나설 수 없는 절망적인 병자가 건강이 넘치는 땅이 있다고 우리에게 외치는 목소리와 같습니다. 이런 것은 유대교와 기독교와 이슬람교라는 큰 전통에 전혀 들어맞지 않습니다. 이 위대한 유일신 신앙들은 모순처럼 보이는 증거를 다 감안하면서, 언제나 존재해 왔고 여전히 존재하는 시공간과 물질의 현세가 선하신 하나님의 선한 창조물이라고 선언합니다.

또한 그 주장은 우리가 아는 모든 문화와 시간대의 인간 경험에도 거의 부합하지 않습니다. 이 모두가 다 환각이고, 인간의 마음에 존재할 뿐이며, 우리의 본능과 유전자 구조로 다 설명할 수 있음을 인정하고 항복할 채비를 하는 그 순간, 우리는 골목을 돌아 멀리 언덕을 바라보고 새로 깎은 잔디의 푸릇푸릇한 냄새를 맡고 지저귀는 새 소리를 듣습니다. 그리고 바위를 걷어차는 존슨 박사처럼 이 세계가 진짜며, 우리 외부에 있으며, 그저 상상의 결과가 아니라고 선언합니다. 하늘과 땅은 영광으로 가득 차 있습니다. 그 영광은 그 사실을 인식하는 인간들의 감각으로 격하되기를 완강히 거부합니다.

## :: 아름다움과 하나님

그러나 그 영광은 누구의 영광입니까?

기독교 전통은 그 영광이 창조주 하나님의 것이라고 말하며, 그렇게 노래해 왔습니다. 험준한 절벽에 울려 퍼지는 메아리와 석양 가운데 들려오는 속삭임은 그분의 목소리입니다. 파도가 부딪칠 때, 사자가 포효할 때, 우리는 그분의 힘을 느낍니다. 수천 가지 얼굴 생김새와 모양에는 그분의 아름다움이 드러나 있습니다.

사람이 절벽에서 떨어지고, 해가 진 후에는 길을 잃고, 파도에 익사하고, 사자에게 먹힌다는 사실을 냉소적인 사람이 조소할 때, 얼굴은 늙어 주름살이 생기고 체중이 늘고 병약해진다는 사실을 지적할 때, 우리 그리스도인들은 그게 다 실수라고 주장하지 않습니다. 우리는 플라톤의 안전 장치(safety hatch)를 활용해서 **진짜** 세상은 시공간과 물질의 세상이 아니라 우리가 피할 수 있는 다른 세상이라고 말하지 않습니다. 우리는 현세가 진짜 세상이며, 지금은 형편이 보기 좋지는 않지만 회복되기를 예상한다고 말합니다. 다시 말해서 우리는 제1장에서 말했던 그 이야기, 즉 세상을 원래 설계된 선한 질서대로 되돌리기 원하시는 선하신 창조주에 대한 이야기를 전합니다. 우리는 두 가지 일을 행하시는 하나님의 이야기를 들려줍니다. 적어도 언젠가는 우리 모두가 그 두 가지 일을 원하며 필요로 할 것을 우리는 압니다. 하나님은 자신이 시작하신 일을 완성하시는 하나님이시며, 지금처럼 하나님을 잃어버리고 세상에서 노예가 된 사람들을 구출하기 위해 임하시는 하나님이십니다.

구출하기 위해 오시는 하나님과 창조 세계를 완성하고 바로잡으시는 하나님의 모습은 위대한 옛 이스라엘 예언자 중 한 사람이었던 이사야의 책에 강조되어 있습니다. 이사야 11장에서 예언자는 바로잡힌 세상에 대한 그림, 늑대가 어린양과 함께 누우며 바닷물이 바다를 덮는 것과 같이 하나님의 영광이 가득 찬 땅에 대한 그림을 그립니다. 우리의 뇌리를 떠나지 않는 이 장면은 참으로 기이합니다. 왜냐하면, 다섯 장 앞에서 예언자는 온 땅이 하나님의 영광으로 가득 차 있다고 노래하는 천사들을 본다고 말했기 때문입니다. 논리적인 측면에서, 지구가 그 영광으로 **이미** 가득 차 있다는 것인지 아니면 이 일이 미래에 일어날 일인지를 저자에게 묻지 않을 수 없습니다. 아름다움을 이해하는 문제로서, 우리가 그 순간에 보는 그 아름다움이 완성된 것인지, 아니면 불완전하지만 장래에 이루어질 아름다움을 가리키는지 묻지 않을 수 없습니다. 그리고 더 시급한 질문으로서, 그 글을 쓴 이의 뒷덜미를 잡아 흔들면서 만일 지구가 하나님의 영광으로 가득 차 있다면 어째서 온 땅에 고통과 비명과 번뇌와 절망이 이처럼 가득한지를 묻지 않을 수 없습니다.

예언자(혹은 이사야서를 지금 우리가 보는 형태로 편집한 누군가)는 이 모든 질문에 대한 답을 가지고 있습니다. 그러나 그 답변들은 우리가 우편 엽서의 뒷면에 간단히 적어 줄 수 있는 그런 종류가 아닙니다. 아직 우리가 그 답변들을 탐구할 단계는 아닙니다. 이 단계에서 우리가 주목해야 할 것은—성경 저자들은 지금 우리만큼이나 세상의 고통을 다 알았지만—신구약 성경 모두에서, 현세의 고통으로 인해 창조 세계가 진정 선하신 하나님의 선한 창조라는 주장에 대해 그들이 전혀 흔들리는 법이 없다는 사실입니다. 그들은 그 긴장과 더불어 삽니다. 그렇게 살되, (일부 플라톤주의의 경우처럼) 현재의 창조 질서가 비루한 이등급 신이 만든 초라한 이등급 세계라 상상하면서 그 긴장을 견디지 않습니다. 그들은 한 분 창조주 하나님이 자신의 아름다운 세계를 건져내시고 바로잡기 위해 무슨 일을 하시는지 말함으로써 그 긴장을 견딥니다. 그리고 앞으로 살펴보겠지만, 그들이 말하는 이야기는 현세가 진실로 더 큰 아름다움, 더 깊은 진리에 대한 이정표임을 시사합니다. 그 이야기는 진정 어떤 대작의 일부분에 해당하는 진짜 필사본입니다. 의문은 이것입니다. 그 대작의 전체의 모습은 어떤 것일까 그리고 어떻게 우리가 그 작품을 작곡하면서 의도했던 대로 음악을 듣기 시작할 수 있을까 하는 것입니다.

그 이야기의 요점은 그 대작이 벌써 작곡자의 마음에 존재한다는 것입니다. 지금은 악기도 연주자도 작품을 연주할 준비가 되어 있지 않습니다. 그러나 악기도 연주자도 다 준비를 마치면 우리가 이미 가진 필사본—그 모든 아름다움과 난처한 의문점을 다 지닌 현재의 세상—이 진짜 그 대작의 일부분임이 판명될 것입니다. 우리가 지금 소유한 일부분에 있는 결핍들은 좋은 점이 될 것입니다. 지금 당장에는 이해할 수 없는 것들이 우리가 전혀 꿈꾸지 못한 조화와 완벽함을 드러낼 것입니다. 오늘날 그 음악에서 거의 완벽에 가깝게 보이지만 2% 부족한 점들은 완벽해질 것입니다. 이것이 바로 그 이야기가 견지하는 약속입니다. 이 세상 나라들이 하나님의 나라가 되는 것이 신약 성경의 위대한 주장이듯, 이 세상의 아름다움이 하나님의 아름다움 가운데 펼쳐질 것입니다. 그 아름다움은 하나님 자신의 아름다우심만이 아니라 현세가 건짐받고 고침받고 회복되고 완성됨으로써 그분이 창조하실 아름다움입니다. 이는 하나님이 탁월한 창조주이시기 때문입니다.

:: **삶의 영광스런 복잡성**

얼마 전에 저는, 제가 지금까지 했듯이, 정의와 영성, 관계와 아름다움에 관하여 강연한 적이 있습니다. 강연 후에 어떤 사람이 제게 어째서 진리에 대해서 똑같은 시간을 할애하지 않았는지를 물었습니다. 적절한 질문이었습니다. 어떤 의미에서 진리의 문제는 지금까지도 이 책의 전체 논의에서 떠나지 않는 문제입니다. 앞으로도 계속해서 그럴 것입니다.

"무엇이 진리인가?", "우리는 어떻게 아는가?"라는 질문들은 대부분의 주요 철학자가 다루었던 중심적인 문제들이었습니다. 이 질문들은 우리를 다시 더 심오한 질문들, 사상가들이 끈질기게 붙드는 성가신 문제들로 이끕니다. "진리"라는 말이 무슨 뜻일까요? 그리고 그 점과 관련해서 "안다"는 것은 무슨 뜻일까요? 지금까지 이 책에서 저는 네 가지 쟁점을 다루었는데, 대부분의 문화권의 대부분의 사람이 의문을 제기할 수 있는 쟁점들이며, 실현되지 않은 가능성들을 지적할 만한 그런 쟁점들입니다. 이 쟁점들은 모든 유형의 인간 사회에서 엄청나게 중요하면서도, 우리가 런던에서 뉴욕까지의 거리를 측정하는 방식이나 올바른 당근 조리법과 같은 식으로는 파악할 수 없는 어떤 것을 가리키는 안내 표지판으로 기능할 수 있는 것들입니다. 그리고 제가 보기엔 이 쟁점들이 다 이처럼 중요한 어떤 것이 좀더 일상적인 문제들보다 더 심오하며 종류가 다른 "진리"일 가능성을 가리키는 것 같습니다. 더욱이 그것이 다른 종류의 진리라면, 그것을 파악하기 위해서는 다른 종류의 인식이 필요할지도 모른다는 점을 예상해야 할 것입니다. 그 점에 대해서도 나중에 적당한 때 다루겠습니다.

사실 우리는 지극히 복잡한 세계에서 살아갑니다. 그리고 그 복잡다단한 세계에서 아마도 우리 인간이 가장 복잡한 존재일 것입니다. 언젠가 어느 위대한 현대 과학자가 이렇게 말하는 것을 들은 적이 있습니다. 현미경을 통해서 우리가 식별할 수 있는 가장 작은 물체를 바라보든지 망원경을 통해서 대기권 밖의 무한한 우주 공간을 응시하든지 간에, 여전히 세상에서 가장 흥미로운 것은 그

렌즈에서 5센티미터쯤 떨어져 있는 인간의 두뇌라는 것입니다. 인간의 두뇌는 정신과 상상력과 기억과 의지와 인격성을 비롯하여 수천 가지 다른 기능을 포함합니다. 우리는 이것들이 모두 독립된 기능이라고 생각하지만, 모두가 각각 나름의 방식대로 서로 맞물려서 인간의 복잡한 개인적 정체성의 기능들을 이룹니다. 우리는 세계와 그에 대한 우리의 관계가 최소한 우리의 경우처럼 복잡하리라 예상해야 합니다. 만일 하나님이 계신다면, 우리는 그러한 존재가 적어도 복잡한 존재일 것이라고 예상해야 합니다.

제가 이런 말씀을 드리는 이유는 인생의 의미나 하나님이 존재할 가능성 등에 관한 논의가 아주 단순한 개념의 수준에서 좀더 복잡한 단계로 넘어가면, 흔히 사람들이 불평을 해 대기 때문입니다. 어떤 세상도, 음악과 섹스, 웃음과 눈물, 산과 수학, 독수리와 지렁이, 조각상과 교향악, 눈송이와 석양 같은 것들이 있는 세상 그리고 그 모든 것 한가운데 우리 인간이 있는 세상은 단순히 예와 아니오라는 간단한 대답만을 요구하는 질문들이 허용하는 것보다 훨씬 더 복잡한 세상입니다. 진리에 대한, 실재에 대한, 우리가 확신할 수 있는 것에 대한 탐구가 무한히 복잡하게 연결된 그런 세계일 수밖에 없습니다. 이 세상에는 고유한 복잡성과 고유한 단순성이 동시에 존재합니다. 알면 알수록, 우리는 인간이 매우 복잡한 피조물이라는 사실을 발견합니다. 그렇지만 다른 한편으로, 인생은 모든 문제가 너무나 단순함을 깨닫는 순간의 연속입니다.

한번 생각해 보십시오. 출생의 순간, 죽음의 순간, 사랑의 기쁨, 소명의 발견, 생명을 위협하는 병의 엄습, 때로 전율하게 만드는 불가항력적인 고통과 분노를 생각해 보십시오. 그럴 때 우리 인간이 지닌 인간됨의 다양한 복잡성은 하나로 결집되면서 단 하나의 큰 느낌표를 형성하거나 단 하나의 큰 물음표로 맺어집니다. 기쁨의 탄성이나 고통의 울부짖음, 웃음이나 눈물을 터뜨립니다. 갑자기 우리 유전자 프로그램의 풍부한 하모니가 일제히 한 가락으로 노래하면서 좋고 싫음을 표출하는 것 같습니다. "바로 이거야"하고 외칩니다.

우리는 끊임없이 다음 다섯 가지를 함으로써 우리의 복잡성과 단순성을 존중하며 축하합니다. 이야기를 말합니다. 의식(儀式)들을 거행합니다. 아름다움을 창조합니다. 공동체에서 일합니다. 믿는 바를 행동으로 옮깁니다. 더 많은 예를 들 수 있지만, 일단 지금은 이것만으로도 충분합니다. 사랑과 고통, 두려움과 믿음, 예배와 의심, 정의에 대한 추구, 영성에 대한 갈증, 인간 관계의 약속과 문제가 이 다섯 행위를 관통합니다. 어떤 절대적인 의미에서 "진리"라는 것이 있다면, 그 진리는 이 모든 것과 그 이상의 것에 연관되어야 하며 이 모든 것에 맞아 떨어져야 합니다.

이야기들, 의식들, 아름다움, 노동, 신념…. 저는 지금 그저 소설가와 극작가와 예술가와 기업경영자와 철학자에 대해 말하는 것이 아닙니다. 이들은 각기 다른 분야의 전문가들입니다. 저는 우리 모두에 대해 말하는 것입니다. 그렇다고 제가 여러분 인생의 전환기나 가족의 결혼식 등과 같은 특별한 경우에 대해 말하는 것은 아닙니다. 저는 지금 일상의 순간들에 대해 말하는 것입니다. 여러분은 하루 일과를 마치고 귀가합니다. 그날 하루 무슨 일이 있었는지 이야기합니다. 텔레비전이나 라디오에서 흘러나오는 더 많은 이야기에 귀를 기울입니다. 요리를 하고, 식탁을 차리며, 수백 가지 익숙한 일을 합니다. 이 모두가 우리가 진행하는 단순하면서도 심원한 의식입니다. 이것이 바로 우리 존재를 말해 주는 것입니다. 이것이 바로 우리가 존재하는 곳을 보여 줍니다. 여러분은 꽃꽂이를 하거나 방 정리를 합니다. 그리고 때때로 그 모든 것의 의미를 토론하기도 합니다.

흔히 그렇듯, 이 중 어느 하나(이야기나 의식, 아름다움, 노동, 신념)라도 빼먹어 보십시오. 그러면 인간의 삶은 현격하게 축소되고 맙니다. 우리의 지극히 복잡다단한 생활들은 크고 작은 수백만 가지 방식으로 앞에 언급한 것들이 상호 작용함으로써 이루어집니다. 방금 전에 지적했던 삶의 다양한 요소는 계속해서 변하는 만화경의 패턴 가운데서 모두를 하나로 묶습니다. 기독교의 이야기가 전해지는 곳이 바로 그 복잡한 세계입니다. 그리고 기독교의 이야기는 이 세계가 왜 그런 모습인지를 이해할 수 있게 해준다고 주장합니다. 그 복잡성 가운데서 우리는 어떻게 "진리"라는 말을 사용할지 주의해야 합니다.

지난 세대 동안 서구 문화에서 진리는 줄다리기 경기에서 양측의 손에 잡힌 줄의 신세와 같았습니다. 한 편에서는, 모든 진리를 '사실'로 축소하기를 원합니다. 진리란 기름이 물보다 더 가벼움을 혹은 2 더하기 2는 4임을 증명할 수 있듯이 증명할 수 있는 것이라고 보기 원합니다. 다른 한 편에서는, 모든 진리가 상대적이며, 모든 진리 주장은 단지 권력욕에 대한 포장일 뿐이라고 믿습니다. 이러한 줄다리기 싸움과 그 사회적·문화적·정치적 파급 효과에 대해 잘 모르는 보통 사람들도 진리가 무엇인지에 대해 어떤 불확실성을 느낍니다. 물론 진리가 중요하다는 사실을 여전히 인식하지만 말입니다.

'진리'라는 말로 우리가 의미할 수 있으며 의미해야 하는 것은, 무엇에 관해 말하느냐에 따라 다양할 것입니다. 시내로 나가려는 사람이 있다면, 그에게 53번 버스를 타라고 말한 사람이 진실을 말하느냐 그렇지 않느냐는 중요합니다. 그러나 모든 진리가 결단코 그런 종류의 것은 아니며 그런 식으로 검증될 수 있는 것도 아닙니다. 만일 정의에 대한 추구의 배후에 어떤 진리가 놓여 있다면, 세상은 도덕적으로 혼탁해서는 안 되는 것입니다. 하지만, 그런 "안 되는 것"이라는 말은 무슨 뜻입니까? 어떻게 우리가 그렇다는 것을 압니까? 만일 영성에 대한 갈증에 어떤 진리가 있다고 한다면, 그것은 단지 사람들이 자신의 삶의 어떤 "영적" 차원을 탐구하는 데서 만족을 찾는다는 말일 수도 있으며 혹은 우리 인간이 오직 영적으로만 알 수 있는 다른 존재자와 관계를 형성하면서 살아가도록 태어났다는 말일 수도 있습니다. 그래서 관계에 대해 말할 때, 어떤 관계의 '진실'은 관계 그 자체에, 상대방에게 '진실한' 데 있습니다. 이것은 서로 53번 버스에 대해 진실을 말하는 것보다 (아마도 그런 점도 포함하겠지만) 훨씬 더 많은 것을 포함합니다. 아름다움에 대해서는, '진리'를 무너뜨려 '아름다움'으로 만들어 버리는 것은 진리를 해체하는 위험한 일입니다. 앞서 지적했듯이, 현재 이 땅에서 우리가 아는 아름다움은 덧없고 모호한 것입니다.

이와 같이 '안다'는 말로 우리가 의미하는 바가 무엇인지에 대해서는 더 조사할 필요가 있습니다. 우리가 지금까지 암시해 온 더 심오한 종류의 진리를 '안다는 것'은 한 사람을 '아는 일'에 훨씬 더 가깝습니다. 시내로 들어가는 올바른 버스를 타는 방법을 '아는 것'과는 좀 다릅니다. 사람을 아는 일은 훨씬 더 오래 걸리며, 상당한 신뢰와 시행착오를 거쳐야 합니다. 그것은 주체와 객체가 서로 얽히는 종류의 앎이기에, 순전히 주관적이라거나 순전히 객관적이라고 말할 수 없습니다.

이 같은 더 깊고 풍성한 종류의 앎에 적당한 단어는 그리고 더 깊고 풍성한 종류의 진리와 더불어서 존재하는 앎은, '사랑'입니다. 그러나 거기에 이르기 앞서, 우리는 심호흡을 크게 하고 그 이야기의 한가운데로 풍덩 몸을 던져야 합니다. 기독교 전통에 따르면, 그 이야기는 정의와 영성과 관계와 아름다움과 또한 실로 진리와 사랑에 대한 우리의 갈증이 있는 이유를 이해할 수 있게 해줍니다. 우리는 먼저 하나님에 관한 말로 시작해야 합니다. 그 말은 마치 우리가 태양을 응시하는 법을 익혀야 한다는 말과 같습니다.

# 제2부
# 태양을 응시하기

5장　하나님

6장　이스라엘

7장　예수와 하나님 나라의 도래

8장　예수: 구원과 갱신

9장　하나님의 생명의 숨

10장　성령을 의지하는 삶

# 제5장

# 하나님

기독교 이야기는 하나님과 세상에 대한 참된 이야기라 주장합니다.

마찬가지로, 기독교 이야기는 그 자체를, 정의를 추구하며, 영성을 탐구하고, 관계를 열망하며, 아름다움을 흠모하는 가운데 듣게 되는 메아리의 원래 소리에 대한 설명으로 제시합니다. 정의나 영성, 관계나 아름다움은 그 어느 것도 그 자체만으로는 하나님—기독교의 하나님은 차치하고 어떤 신(神)도—을 직접적으로 가리키지 못합니다. 기껏해야 그것들은 자기들의 손을 흔들고 대략적인 방향만 알려 줄 뿐입니다. 마치 동굴에 있는 사람이 그 안에서 울리는 어떤 목소리를 듣기는 듣지만, 그 소리가 어느 방향에서 나오는지를 전혀 알 수 없는 경우와 같습니다.

표현을 바꾸어서, 지금까지 우리가 제공한 성찰들은 어떤 미로의 한가운데로 이끌어 가며 그 목표 가까이로 우리를 인도해 주긴 하되, 두터운 울타리 하나에 가로막혀 그 한가운데로 들어가지 못해서 안타깝게 만드는 길들과 같습니다. 저는 그 길들이 아닌 다른 어느 길도 인간 스스로 무신론으로부터 기독교 신앙에까지 이를 수 있도록 생각을 이끌어 준다고 믿지 않습니다. 그 길들은 하나님의 존재나 그분의 특정한 성격을 '증명'하지도 못합니다. 그것은 단순히 가능성 있는 길이란 길은 다 살펴보아도, 어느 길도 우리를 우리가 가려는 곳으로 인도해 주지 못할 것임을 알게 된다는 그런 얘기가 아닙니다. 그것은 그보다 훨씬 더 깊은 문제입니다. 그 문제는 "하나님"(God)이라는 말 자체의 뜻과 관련이 있습니다.

다시 표현을 바꾸어 봅시다. 거리의 불빛으로부터 멀리 떨어진 시골에 외따로 있는 한 집 안에 있다고 상상해 보십시오. 어느 늦은 겨울 저녁, 전기가 나가서 주위의 수킬로미터 내 모든 것이 칠흑같은 어둠에 잠깁니다. 당신은 탁자 위에 성냥을 올려두었던 기억을 떠올리고 더듬어서 성냥을 찾습니다. 성냥을 한 개피씩 그어 양초를 둔 식품 창고의 선반을 찾아 나섭니다. 그리고 불을 붙인 양초는 당신이 손전등을 찾을 동안 계속해서 당신 주위를 밝혀 줍니다.

다 이해가 되는 것들입니다. 성냥불, 촛불, 손전등은 다 어둠 속에서 볼 수 있도록 도움을 주는 것들입니다. 그런데 전혀 납득이 되지 않는 것은 마침내 동이 거의 터 올랐을 때 성냥이나 양초나 손전등에 불을 밝히고 나가 해가 떠올랐는지를 알아보려는 것입니다.

하나님의 존재, 하나님의 본성, 세상에서 하나님의 활동 등 하나님에 관한 수많은 논의는 태양이 과연 빛나는지를 알아보기 위해 하늘을 향해 손전등 불빛을 비쳐 보는 것과 같습니다. 하나님을 마치 우리 세상에 있는 대상이나 실체들에 대해 우리가 사용하는 것과 똑같은 종류의 기술을 사용해서 조사할 수 있으며, 음악이나 수학을 연구할 때 사용하는 것과 똑같은 방식으로, 우리의 연구 대상이 될 수 있는 이 세상의 존재자나 어떤 실체인 양 말하고 생각하는 잘못을 범하기가 너무나 쉽습니다. 소련의 첫 우주 비행사였던 유리 가가린(Yuri Gagarin)은 몇 차례 지구의 궤도를 돌고 착륙한 뒤, 하나님이 존재하지 않음을 자기가 입증했다고 선언했습니다. 자기가 그 곳에 올라갔을 때 하나님이 있다는 징후는 전혀 볼 수 없었다고 말했습니다. 어떤 그리스도인들은 가가린이 하나님에 대한 징후들은 충분히 목격했지만 그가 그것들을 어떻게 해석해야 하는지를 몰랐다고 지적했습니다. 문제는 어떤 의미든지 간에 기독교적 의미에서 하나님에 대해 말하는 것은 마치 태양을 응시하는 것과 같다는 것입니다. 해를 바라보면, 눈이 부십니다. 사실 해를 바라보는 일은 피하고 해가 충분히 떠올라 다른 모든 것을 똑똑히 바라볼 수 있는 때를 누리는 편이 훨씬 더 쉽습니다.

문제의 일부는 우리가 사용하는 그 단어에 있습니다. 대문자 G를 사용하든 그렇지 않든, 영어 단어 'God'은 이중적인 역할을 수행합니다. 먼저 그 단어는 ('의자', '탁자', '개', '고양이'와 같이) 보통 명사로서 신적 존재를 가리킵니다. "고대 이집트인들은 어떤 종류의 신들(gods)을 믿었는가?"라고 말할 때, 우리 모두는 그 질문의 의미를 이해합니다. 우리는 이것을 다양한 전통에서 언급되고 예배의 대상이 된 다양한 종류의 신과 여신이 있었다는 뜻으로 받아들입니다. 그러나 'God'이라는 단어와 그 동의어들은 위대한 유일신 종교들(유대교, 기독교, 이슬람교)에 영향을 받은 언어에서 일정하게 고유 명사 혹은 인칭 명사로 사용됩니다. 오늘날처럼 세속화된 서구 세계에서조차도 만일 당신이 누군가에게 "당신은 하나님(God)을 믿습니까?"라고 묻는다면, 그 질문은 '유대-기독교 전통의 유일신'을 믿느냐는 의미로 들릴 것입니다(아마도 그런 의미가 의도되어 있을 것입니다). 이 질문은 "당신은 신이 있다는 것을 믿습니까?"(Do you believe in a god?)와는 상당히 다른 질문입니다.

물론 오늘날 많은 사람은 기독교가 하나님에 관해 무슨 말을 하는지에 대해 아주 희미한 생각만을 가질 뿐입니다. 때때로 사람들은 하나님을 믿느냐는 질문을 받을 때, 일주일 동안 믿어 보려고 애를 써도 양식 있는 사람이라면 도무지 믿을 수 없을 이미지를 떠올립니다. 그것은 [윌리엄 블레이크(William Blake)의 훌륭한 데생 작품에서처럼] 희고 긴 수염을 늘어 뜨린 한 노인이 구름 위에 앉아서 우리 인간이 세상을 뒤죽박죽으로 만드는 모습을 진노하면서 바라보는 이미지입니다. 이런 이미지는 진지한 기독교 사상과는 거의 관계가 없습니다만, 놀랍게도 아주 많은 사람이 그것이 바로 우리 그리스도인들이 "하나님"이라는 말을 할 때 의미하는 것이라고 생각합니다.

그러나 말하고자 하는 요점은 이것입니다. 우리의 탐구 방향이나 조사와 질문이 어쩌면 하나님을 발견할 수 있는 방향으로 우리를 이끌어 줄 수도 있을 것입니다. 그러나 그런 것들만으로는 하나님께까지 파고 들어가 그분을 파악했다고 주장할 수 없습니다.

어떠한 우주선도 하나님의 모습을 슬쩍이라도 볼 수 있을 만큼 멀리 날아갈 수 없듯이, 하나님은 (만일 그러한 존재가 실존한다면 그리고 만일 그 존재가 위대한 유일신 종교들이 가정하는 것과 조금이라도 비슷한 점이 있다면) 우리의 우주에 존재하는 물건이 아니기 때문에, 어떠한 인간의 논의도 이를테면 하나님을 한쪽 구석에 몰아서 핀으로 꾹 찔러 벽에 박아놓고 표본을 조사하듯 살펴볼 수 없을 것입니다.

하나님이 진정으로 명확하게 파악되고 인간의 면밀한 조사 대상이 되셨을 뿐만 아니라, 재판의 심리와 고문과 투옥과 죽음의 대상이 되셨던 순간이 있었다는 것이 바로 기독교 이야기의 일부분입니다. 그러나 이 이야기는 상당히 생소한 주장이기 때문에 나중에 더 자세히 논의하도록 하겠습니다. 어쨌든, 여기까지 이 책을 읽어 오면서 자신이 들은 어떤 목소리의 메아리들을 충분히 유의해서 따라갈 경우 그 메아리들이 자신을 그 목소리에게로 인도해 줄지를 묻고 싶어 하는 독자들에게는 나사렛 예수를 학대했던 사람들의 행동은 거의 모델이 될 수가 없습니다.

기독교 이야기의 다른 부분에 나오는 이미지를 하나 빌려 봅시다. 하나님의 존재를 입증(혹은 반박)하는 논증들을 들이대는 사람들은 부활의 아침에 예수의 무덤에 찾아갔던 여인들이 받았던 것과 같은 뜻밖의 충격을 받을 가능성이 언제나 있습니다. 여인들은 죽은 친구, 죽은 지도자, 메시아가 될 뻔했던 사람에게 적절한 일을 해주려고 무덤을 찾았습니다. 그러나 그는 (말하자면) 그들의 앞에 서 계셨습니다. 그 여인들의 출발점이 어디였는지를 생각해 볼 때, 그들의 행위는 적절했습니다. 그러나 그분의 부활은 모든 것을 새롭게 바라보게 만들었습니다. 그분에 대해서는 적절한 때에 살펴보도록 하겠습니다. 왜냐하면, 그 새로움은 예수에 관해서만이 아니라 (다시금 마치 해와 같이) 다른 모든 것에도 빛을 비추기 때문입니다. 핵심은 이것입니다. (만일 하나님이 존재하신다면) 그분은 우리 세계에 있는 어떤 대상도, 인간의 **지적** 세계에 속하는 어떤 사상도 아니기 때문에, 우리가 가고자 하는 만큼 미로의 중심을 향해 더듬어 들어갈 수는 있지만, 우리 자신의 노력만으로는 그 중심에 결코 도달하지 못할 것입니다.

그러나 어떤 하나님이 계시는데, 그 하나님이 스스로 그 미로의 한가운데서 나오신다고 가정하면 어떻게 됩니까? 기실 그것이 바로 위대한 유일신 종교의 전통들이 말하는 바입니다. 그 가능성을 고려하기 위해서는 한걸음 물러나 우리가 무슨 말을 하는지를 좀더 신중하게 생각해 봐야 할 것입니다. 만일 하나님이 하늘에 계시지 않는다면, 대체 어디에 계신단 말입니까?

## :: 하늘에 계신 하나님?

"하나님은 하늘에 계시고 너는 땅에 있음이니라. 그런즉 마땅히 말을 적게 할 것이라"(전 5:2). 어느 성경 기자는 단호한 태도로 이렇게 말합니다. 이 말은 저술과 강연으로 먹고 사는 우리 같은 사람들에게는 경고로 다가옵니다만, 이것은 성경 전통이 항상 주장하는 바를 부각합니다. 즉, 만일 우리가 어느 곳에서든지 '살아 계신' 하나님에 대해 생각한다면, 그 곳이 바로 "하늘"이라는 것입니다.

당장에 두 가지 오해를 제거할 필요가 있습니다. 첫째, 후대의 몇몇 신학자가 그런 상상을 했던 것 같긴 하지만, 고대 성경 기자들은 자신이 우주로 여행을 할 수 있게 되더라도 조만간 하나님이 사시는 곳에 이르게 되리라는 가정은 하지 않았습니다. 인정하는 바지만, 히브리어나 그리스어로 "하늘"(heaven)이라는 단어는 '창공'(the sky)을 의미할 수 있습니다. 그러나 성경 기자들은 그 의미(시공간 및 물질 세계 내의 장소)와 '하나님이 거하시는 처소'라는 통상적인 의미—즉 전적으로 다른 **종류**의 '장소'—사이를 대부분의 현대 독자들보다 훨씬 더 자유롭게 넘나듭니다. (이 말을 '문자적' 의미와 '은유적' 의미의 문제와 혼동해서는 안 됩니다. 이 점에 대해서는 제14장에서 논의하겠습니다.) 성경에 매우 편만한 이 후자의 의미에서의 "하늘"은 우리의 영역에 **대립되는** 하나님의 영역을 가리킵니다. 이 하늘은 우리의 시간과 공간의 우주 **안에 있는** 하나님의 장소가 아닙니다. 문제는 하나님의 영역과 우리의 영역이 교차하느냐, 만일 그렇다면, 언제 어디서 어떻게 교차하느냐 하는 것입니다.

두 번째 오해는, "하늘"이라는 단어가 매우 빈번하게 '하나님의 백성들이 죽은 후에 하나님과 함께 지복의 상태 가운데 있게 될 장소'라는 뜻으로 잘못 사용되기 때문에 생겨납니다. 이처럼 이 단어는 종착지, 복받은 영혼들이 쉼을 얻는 최종적인 안식처라 생각되기에 이르렀습니다. 그래서 이 단어는 그 반대말이라 여겨지는 '지옥'과 한 쌍으로 등장합니다. 그러나 "천국"은 초기 기독교 전통에서 구속받은 성도들의 최종 목적지였기 때문이 아니라 그 단어가 하나님이 항상 계신 곳에 대해 말하는 방식을 제공하기 때문에, 그래서 '하늘에 간다'는 표현이 견지하는 약속을 의미하기 때문에, 좀더 정확하게 말한다면 '하나님이 언제나 계시는 곳에 하나님과 함께 있게 될 것'을 뜻하기 때문에, 이 의미를 갖게 된 것입니다. 그렇기 때문에 "하늘"(천국)은 단지 미래의 실재가 아니라 현재의 실재이기도 합니다. 이리하여 우리는 앞서와 똑같은 질문을 다른 각도에서 대하게 됩니다. 이 '장소', 이 '곳'이 어떻게 우리의 세계와 상호 작용하는가? (제가 인용 부호를 사용한 까닭은 제가 가리키는 것이 우리의 시공간과 물질 세계 안에 있는 곳이나 장소가 **아니기** 때문입니다.) 실제로 어떻게 그런 일이 이루어지는가?

성경은 우리의 세계를 "땅"이라 일컫습니다. "하늘"은 창공을 가리킬 수도 있지만, 흔히는 우리의 현실에 대립되는 하나님의 차원을 가리킵니다. 따라서 "땅"이라는 단어도 우리 발밑의 땅을 가리킬 수도 있지만, 또한 앞서 인용된 전도서의 말씀처럼 우리의 영역, 우리의 현실이라는 차원을 일정하게 가리킵니다. "하늘은 여호와의 하늘이라도 땅은 사람에게 주셨도다"(시 115:16). 성경이 하늘과 땅에 덧붙여서 '땅 아래'의 장소들을 언급하기도 하지만, 통상적인 언어의 쌍은 성경의 첫 구절에서 볼 수 있는 말입니다. "태초에 하나님이 천지(하늘과 땅)를 창조하시니라."

이 점을 바로잡으면, 그 배후에 있는 질문을 좀더 직접적으로 표현할 수 있는 바탕을 마련할 수 있습니다. 하늘과 땅, 하나님의 영역과 우리의 영역이 어떻게 서로 관계를 맺으며, 어떻게 연결되어 있습니까?

## :: 하늘과 땅-그 수수께끼

하나님의 영역과 우리의 영역이 서로 어떤 식으로 관련되는지를 생각할 수 있는 방식으로는 기본적으로 세 가지가 있습니다. (물론 거기서 약간씩 변형된 방식들도 있습니다.) 유대-기독교 전통의 모든 사상가가 그런 것은 아니지만, 많은 사상가는 이런 식으로 그 관계를 바라보았습니다. 오늘날 많은 사람은 경제학이나 핵물리학 같은 복잡한 주제들의 기본을 압니다. 하지만, 그리스도인을 포함한 많은 사람이 신학의 기본적인 견해들에 대해서는 거의 알지 못합니다.

첫 번째 견해는 이 두 영역을 하나로 여깁니다. 이 견해에서는, 하나님의 영역과 우리의 영역이 기본적으로 동일합니다. 다시 말하자면, 그 두 영역은 똑같은 것을 말하는 두 가지 방식일 뿐입니다. 하나님은 자기 영토의 한 구석에 몸을 숨기시지 않고, 스스로 임재하여 모든 것을 채우십니다. 하나님은 모든 곳에 계십니다. 그리고 이 말을 유의하십시오. 모든 곳이 하나님입니다. 또는 이렇게 표현하고 싶다면, 하나님이 모든 것이며, 그래서 모든 것이 하나님입니다.

이것은 "범신론"이라 알려져 있습니다. 범신론은 주후 1세기에 주로 "스토아주의"라는 철학을 통해서 고대 그리스와 로마 세계에 널리 알려졌습니다. 그리고 몇 세기 후에 쇠퇴했다가 우리 시대에 점차 인기를 끌고 있습니다. 원래 그것은 제우스(혹은 주피터), 포세이돈(혹은 넵튠) 등 그리스와 로마에서 숭배했던 옛날 신들을 다 하나로 뭉뚱그려 집어넣는 방식이었습니다. 바다의 신, 하늘의 신, 불의 신, 사랑의 신, 전쟁의 신 등이 있었으며, 나무나 강도 신성을 소유했습니다. 모든 것이 다 신성하거나 최소한 그 안에 신성의 불꽃을 지녔습니다. 이런 식의 다신론은 복잡하고 혼란스럽습니다. 많은 고대 사상가는 '신성'(the divine)을 만물에 스며들어 있는 힘으로 보는 것이 훨씬 쉽고 깔끔하며 잘 정돈된다고 여겼습니다. 따라서 인간의 주요 책임은 자신과 주변 세계에 들어 있는 신성에 접하고 신성과 조화를 이루는 것입니다. 오늘날 많은 사람은 이 관점이 매우 호소력이 있다고 여깁니다.

고유한 범신론은 상당히 무리한 요구를 동반합니다. 모든 것에 신성이 있다고 믿으려면, 말벌과 모기와 암 덩어리와 쓰나미와 허리케인을 포함한 **모든 것**에 신성이 있다고 믿으려 애써야 합니다. 이것이, 최소한 부분적으로는 몇몇 사상가가 범신론의 미묘한 변이형인 "범재신론"(pan**en**theism)을 선호하는 이유이기도 합니다. 이 견해는 비록 만물이 그처럼 신은 아닐 수 있지만, 실존하는 모든 것은 하나님 "안에" 있다는 것입니다. ("범"=모든 것, 만유, "재"=안에 있음, "신"=하나님). 이 견해에는 몇 가지 장점이 있습니다. 그러나 범재신론의 장점들은 세 번째 견해(아래를 보라)의 관점에서 더 잘 이해될 수 있을 것입니다.

범재신론, 더 넓게는 범신론의 문제점은 그 견해가 악의 문제에 대처할 수 없다는 것입니다. 범신론이 성장해 나온 다신적인 이교 사상에는 뭔가가 잘못 되었을 때 탓할 수 있는 신이 있었습니다. 아마도 당신이 그 신에게 해주어야 할 일을 잊어버렸기 때문에 그

신―여신이나 남신―이 당신을 잡으러 나왔으리라는 것입니다. 그러나 (당신 자신을 포함해서) 모든 것이 신성에 동참하거나 신성의 일부라면, 뭔가 잘못될 경우 호소할 수 있는 상위의 법정이 존재할 수 없습니다. 당신을 구하러 올 존재는 전혀 있을 수 없습니다. 세계와 '신'은 있는 그대로이니, 당신이 그 사실에 익숙해지는 편이 더 좋을 것입니다. 유일한 최종 대답은 (주후 1세기에 많은 스토아주의자들이 제안했고, 오늘날 서구 세계에서 점점 더 많은 사람이 제안하는 대답은) 자살입니다.

두 번째 견해는 두 영역을 확실하게 구분합니다. 이 견해에서는 하나님의 영역과 우리의 영역이 한참 멀리 떨어져 있습니다. 신들이 존재한다고 가정할 때, 신들은 그것이 어디든 무엇이든 간에 자기들의 하늘에 있습니다. 신들은 여기 지상에서 인간의 일에 끼어들지 않기 때문에 즐겁게 지냅니다. 이 견해 역시 고대 세계에서 인기가 있었습니다. 특히 위대한 시인이자 철학자였던 루크레티우스(Lucretius)가 이 견해를 가르쳤는데, 그는 예수보다 100년 앞서 살았던 사람으로, 그보다 두 세기 앞선 에피쿠로스(Epicurus)의 교훈을 해설하고 발전시켰습니다. 루크레티우스와 에피쿠로스에 따르면, 이 견해의 결론은 인간은 세상에서 혼자라는 사실에 익숙해져야 한다는 것입니다. 신들은 인간을 돕거나 해치기 위해 개입하지 않을 것입니다. 따라서 최선을 다해서 인생을 즐기는 것이 할 일입니다. 인생을 즐긴다는 것은 조용하고 신중하고 적절하게 중용의 삶을 사는 것을 의미했습니다. (혹자는 그 이후 "에피쿠로스적"이라는 말을 감각과 쾌락의 삶을 산다는 의미로 봅니다만, 에피쿠로스와 그의 추종자들은 그런 삶은 제대로 될 수 없다고 여겼습니다. 그들은 사람이 꾸준하고 분별력이 있어야 더 진정한 쾌락을 얻는다고 생각했습니다.)

이처럼 철저하게 하나님의 영역과 우리의 영역을 분리하면 무슨 일이 발생하는지 살펴봅시다. (많은 고대 철학자와 마찬가지로) 만일 여러분이 꽤 잘 살아서 멋진 집에 좋은 음식과 포도주, 여러분을 보살펴 줄 수 있는 종들을 소유할 수 있다면, 멀리 있는 신들이 나와 아무런 상관이 없다고 말하면서도 여전히 아무 문제 없으리라 기대할 수 있습니다. 그러나 만일 대다수의 사람처럼 여러분의 삶이 힘들고, 잔혹하며, 때로 너무나도 비참하다면, 여러분이 사는 세계가 본질적으로 어둡고 지저분하고 사악하며, 그러기에 최선의 소망은 죽든지(다시 이 말이 등장합니다) 아니면 지금 여기에서 은밀하게 행복한 생활을 즐기면서 죽은 후에는 더 나은 삶을 바라볼 수 있게 해주는 어떤 수퍼-영성(super-spirituality)을 통해 그런 세상으로부터 도피하는 것이라고 믿기 쉬울 것입니다. 이것이 바로 "영지주의"로 널리 알려진 철학이 발생하게 된 기반입니다. 영지주의에 대해서는 나중에 더 얘기해 보도록 하겠습니다.

존경은 할 수 있되 우리 인간의 영역에 나타난다거나 무슨 일을 **행하지는** 않을 멀리 계신 하나님이라는 식으로, 하나님의 영역과 우리의 영역을 에피쿠로스처럼 나누는 일이 18세기 ("이신론"이라는 운동을 통해) 서구 세계에 널리 퍼졌습니다. 그리고 이러한 생각은 오늘날까지도 많은 곳에서 여전히 인기가 있습니다. 사실 많은 서구인들은 "하나님"이나 "하늘"에 대해 말할 때 만일 그런 것이 존재한다면 아주 멀리 떨어져 우리와 직접적으로는 거의 혹은 전혀 상관 없는 존재와 장소에 대해 말한다고 가정합니다. 그런 까닭에, 많은 사람이 하나님을 믿는다고 말하면서도 숨도 쉬지 않고 곧바로, 자신은 교회에는 나가지 않고, 기도도 하지 않으며, 사실 1년 내내 하나님에 대해 거의 생각하지 않는다고 덧붙이려고 합니다. 그런 사람들을 탓하지 않습니다. 만일 제가 그처럼 멀리 떨어져 있는 하나님을 믿었다면, 저 역시도 주일 아침에 잠자리에서 일어나 교회에 가지 않았을 것입니다.

고대 세계의 에피쿠로스주의와 오늘날 이신론의 진짜 문제점은, 앞서 이 책에서 우리가 말했던 그 목소리의 모든 메아리에 대해 귀를 막아야 한다는 것입니다. 실제로 오늘날처럼 바쁘고 시끄러운 세상에서 그 일은 그리 어렵지 않습니다. 한 손으로는 휴대폰 문자 메시지를 보내면서 다른 손에 커피 전문점 커피 한 잔을 든 채 텔레비전을 보거나 이어폰으로 음악을 들을 때 그것은 식은 죽 먹기입니다. 현대의 에피쿠로스가 되는 일은 아주 쉽습니다. 그러나 그런 기계들을 다 끄고 다른 종류의 책을 읽고, 밤하늘 아래를 거닐어 보십시오. 그리고 무슨 일이 일어나는지 보십시오. 아마도 세 번째 견해가 무엇인지 궁금증이 일어날 것입니다.

## :: 하늘과 땅-겹침, 맞물림

세 번째 견해는 고전적인 유대교와 기독교에서 찾을 수 있습니다. 하늘과 땅은 같은 영역을 차지하지 않으며, 거대한 심연으로 나뉘어 있지도 않습니다. 오히려 여러 가지 방식으로 서로 중첩되고 맞물려 있습니다. 범신론과 이신론의 깔끔한 양자택일과 비교해서, 이 말은 처음에는 혼돈을 불러일으킬 수 있습니다. 그러나 이러한 혼동은 우리가 환영하는 종류의 혼동입니다. 앞장들에서 우리가 살펴보았듯이 인간의 삶이 실제로 복잡 미묘하며 다양한 측면을 가지고 있다면, 이 견해는 우리가 예상해야 마땅한 복잡성을 담고 있습니다. 여러분의 서재에 있는 셰익스피어의 작품들이 전부 희극뿐이라면, 그의 작품들을 통달했노라고 착각하기가 쉽습니다. 그런데 누군가가 여러분에게 비극이나 역사극 등을 포함해서 이 위대한 작가의 시가 상당량 수록된 시집 한두 권을 여러분에게 갖다 준다면, 갑자기 일이 점점 더 복잡해지고 혼란스러워졌다고 불평하게 될 것입니다. 그러나 사실 여러분은 셰익스피어를 제대로 이해하는 데 훨씬 더 가까워지는 셈입니다.

우리가 비유대인 세계의 고대 철학과 현대 철학으로부터 구약 성경의 세계, 고대 이스라엘의 세계, 아직도 여전히 소원한 자매 종교인 유대교와 기독교 그리고 정도에 있어서는 그보다 덜한 이슬람교의 토대를 형성하는 세계로 방향을 돌릴 경우, 이와 비슷한 일이 일어납니다. 구약 성경은 하나님은 하늘에, 우리는 땅에 속한다고 주장합니다. 그렇지만 구약 성경은 거듭해서 그 두 영역이 중첩되어 있어서 하나님이 땅의 영역에서 자신의 임재를 알리고 보여 주시고 듣게 하신다는 사실을 보여 줍니다.

이 기이한 임재는 초기의 많은 이야기의 부차적인 줄거리입니다. 아브라함은 계속해서 하나님을 만납니다. 야곱은 하늘과 땅 사이에 놓인 사다리를 천사들이 오르락내리락하는 것을 봅니다.

모세는 불붙어 타오르는 떨기나무를 바라보다가 자신이 거룩한 땅에 서 있다는 사실을 깨닫습니다. 다시 말해서 그 장소는 최소한 그 순간만큼은 하늘과 땅이 서로 만나는 곳입니다. 그런 다음 모세가 이스라엘을 이집트에서 인도하여 낼 때, 하나님이 낮에는 구름 기둥, 밤에는 불 기둥 가운데 그들 앞에 서서 전진해 나가십니다. 그들이 시내 산에 다다르자 하나님은 시내 산 꼭대기에 나타나 모세에게 율법을 주십니다. 그리고 하나님은 이스라엘의 근본적인 잘못 때문에 이의를 제기하시면서도 그들이 약속의 땅에 이르는 여정 가운데 동행하십니다. 실제로 출애굽기의 상당 부분은 (전반부에 빠른 속도의 줄거리가 이어진 다음에 놀랍게도) 하나님이 앞으로 자신의 백성들 가운데 거하실 이동식 신전을 묘사하는 데 할애됩니다. 우리의 머릿속에 그림에 그려지게끔, 이 신전은 "만남의 장막"이라 불립니다. 그 곳에서 하늘과 땅이 서로 만납니다.

하늘과 땅이 겹친다는 사실에 대한 고대 이스라엘 신앙의 주요 초점은 예루살렘의 성전에 있었습니다. 우선, 그들이 처음 그 땅에서 살게 되었을 때, 하나님의 임재의 표시는 "언약궤"였습니다. 언약궤는 율법의 돌판과 몇 가지 성물을 담은 나무 상자로, 성막 안에 잘 보관되었습니다. 그러나 다윗은 예루살렘을 수도―온 민족의 정치 중심지―로 삼은 다음 새로운 프로젝트를 계획했습니다. 그의 아들 솔로몬이 완성한 이 프로젝트가 바로 대성전 건축이었습니다. 대성전은 온 나라를 위한 유일한 성소였으며, 이스라엘의 하나님이 영원히 자신의 집을 삼으실 곳이었습니다.

이후로, 예루살렘 시온 산 위의 성전은 이스라엘 전통에 따라 하늘과 땅이 만나는 일차적인 장소가 되었습니다. "여호와께서 시온을 택하시고 자기 거처를 삼고자 하여 이르시기를 이는 나의 영원한 쉴 곳이라. 내가 여기 거주할 것은 이를 원하였음이로다"(시 132:13-14). 이스라엘의 하나님이 백성에게 복을 주셨을 때, 그분은 **시온에서부터** 그리 하셨습니다. 그 백성이 멀리 떠나 있었을 때, 그들은 성전을 **향해** 돌아서서 기도했습니다. 순례자와 예배자들은 예루살렘으로 올라가 성전에 들어가 예배를 드리고 제물을 드렸습니다. 그 때 그들은 자신들이 마치 하늘에 들어가는 것과 **같다고** 말하지 않고, 아마도 하늘과 땅이 겹치고 서로 만나는 곳으로 간다고 말했을 것입니다.

이런 의미에서의 하늘과 땅의 겹침, 그렇게 함으로써 하나님이 하늘을 떠나지 않으시고도 땅에 임재하신다는 의미가 유대 및 초기 기독교 신학의 핵심에 있습니다. 정확히 바로 이 점에서 많은 혼란이 발생합니다. 만일 다른 사상(말하자면, 첫 번째 견해나 두 번째 견해)의 틀에서 기독교의 주요 신로들을 생각하려고 시도할 경우, 이상하고 낯설며 심지어 자가당착처럼 느껴질 것입니다. 그렇지만 그러한 천명들을 그 자체의 고유하며 적절한 맥락에서 다시 살펴볼 경우에는 아주 잘 이해할 수 있습니다.

하늘과 땅이 거의 독립적이면서도 신비스럽게 서로 중첩되는 영역이라는 믿음은 고대 이스라엘과 초기 기독교 사상과 삶에서, 달리는 당혹스러울 수밖에 없는 몇 가지 점을 설명해 주는 데 크게 이바지합니다. 세상에서의 하나님의 활동이라는 개념과 더불어 창조를 생각해 보십시오.

범신론자에게 하나님과 세계는 기본적으로 같습니다. 만일 여러분이 그런 표현을 좋아한다면, 세계는 하나님의 자기 표현이라 할 수 있습니다. 이신론자들에게 세계란 진정 하나님(혹은 신들)이 지으신 것일 수 있지만, 현재는 신과 인간 사이에 아무런 접촉이 없습니다. 이신론자의 하나님은 창조 질서에 '개입'할 꿈도 꾸지 않습니다. 그렇게 하는 것은 질서를 어지럽히는 범주적 착오에 해당합니다. 그러나 고대 이스라엘과 초대교회 그리스도인에게 세계 창조는, 하나님의 강력한 사랑이 값없이 부어진 것이었습니다. 유일하신 참 하나님이 자신이 아닌 세계를 만드셨는데, 자신이 아닌 창조 세계를 만드시는 일이 바로 사랑이 즐겨 하는 일이기 때문입니다. 그런 세계를 만드신 다음, 하나님은 그 세계에 어떤 식으로 갇히거나 그 세계를 자신 안에 담아 버리지 않으시면서도 그 세계와 밀접하고 역동적이며 친밀한 관계를 유지하셨습니다. 하나님이 세상에서 하신 활동에 대해서, (혹 이런 표현이 더 좋다면) 하늘이 땅에서 한 활동에 대해 말하는 일은—그리고 그리스도인들이 주기도문을 외울 때마다 언급하는 그 일은—어색한 형이상학적 실수나, 지구에 속하지 않는 ('초자연적인'?) 힘의 무작위적인 침입이라는 의미에서의 '기적'에 대해서가 아니라, 사랑이 많으신 창조주의 창조 세계 안에서의 활동에 대해서 말하는 것입니다. 그 활동은 결코 그분의 임재의 표지들을 결여하지 않습니다. 사실상 그것은 메아리를 남기리라고 기대할 수 있는 그러한 활동들에 대해 말한다는 것입니다. 어떤 목소리의 메아리들 말입니다.

특히 이 하나님은 자신이 사랑하는 창조 세계가 부패하고, 반역했으며, 그 결과들을 당한다는 사실을 매우 심각하게 여기시는 것 같습니다. 이것은 범신론자는 (우리가 살펴보았듯이) 도무지 대처할 수 없는 사실입니다. 심지어 범재신론조차도 선하신 하나님이 악을 어떻게 대처하실 것인지에 대해서는 말할 것도 없고, 악의 극단적인 성격에 대해 진지한 설명을 제공하기가 어렵습니다. 이신론자의 하나님은 그저 어깨를 으쓱하고 말 일입니다. 세계가 이처럼 엉망진창이라 할지라도, 어째서 하나님이 상관해야 한단 말입니까? 인간 스스로 해결하려고 시도하는 편이 더 낫지 않을까요? 기독교 신앙에 대한 대중의 오해들은 대부분 바로 이 점에서 실수를 저지릅니다. 기독교 신앙을 이신론적인 생각의 잔재에 맞추려고 애쓰는 것입니다. 그들은 무심하고 근엄한 하나님이 그래도 결국에는 뭔가를 해야겠다고 별안간 결정을 내리시고, 자신의 아들을 보내 어떻게 하면 우리가 우리의 영역에서 피신하여 하나님의 영역에 가서 살 수 있을지를 가르치셨고, 그 아들로 하여금 모호하고 상당히 자의적인 요구 사항을 만족시켜야 하는 잔인한 운명을 감당하도록 몰아넣은 것으로 묘사합니다.

어째서 이것이 곡해인지를 이해하려면 그리고 기독교의 이야기가 이해될 수 있는 틀을 얻으려면, 유대 전통과 기독교 전통 모두에서 참 하나님이 개시하신 구출 작전을 좀더 면밀하게 검토해 봐야 할 것입니다. 세 번째 견해의 하나님이 악을 처리하기 위해서 결단을 내리실 때 무슨 일이 일어나는가 하고 말입니다.

오늘날 세계의 많은 사람이 놀랍게 여기겠지만, 그 대답은 하나님이 아브라함을 불러내신 일과 관련이 있습니다. 그러나 그것을 살펴보기에 앞서, 하나님에 대한 고대 유대인들의 신념에 대해 한 가지만 더 이야기하려고 합니다.

## :: 하나님의 이름

정확히 언제 이 일이 일어났는지는 확실히 알 수 없지만, 역사상 어느 순간엔가 고대 이스라엘 사람들은 자신들의 하나님을 특별한 이름으로 알게 되었습니다.

이 이름은 너무나도 특별하고 거룩하다고 간주되어서 예수의 시대에 이르러서는, 아마도 그보다 몇 세기 전부터 그 이름을 소리 내어 말하는 것이 금지되었습니다. (한 차례의 예외가 있었으니, 1년에 한 차례 대제사장이 성전 중심에 위치한 지성소에서 하나님의 그 특별한 이름을 부를 수 있었습니다.) 히브리어 글자는 자음만 사용했기 때문에, 그 이름을 어떤 식으로 발음해야 했는지를 지금 우리로서는 정확히 알 수가 없습니다. 그 이름은 YHWH인데, 그래서 이것을 어떻게 발음했는지에 대해 우리가 할 수 있는 최상의 추측은 "여호와"입니다. 오늘날까지도 정통 유대교도들은 이 이름을 발음하지 않으려 합니다. 그래서 하나님을 단순하게 '그 이름', 하쉠(*HaShem*)이라고 언급합니다. 또 그들은 그 이름을 쓰는 것을 꺼립니다. 그래서 심지어 "하나님"(God)이라는 일반적인 단어조차도 같은 이유로 "ㅎ-ㄴ-ㄴ"(G-d)이라고 적기도 합니다.

대부분의 고대 이름들처럼 여호와에도 의미가 있었습니다. 그 의미는 아마도 "나는 곧 나다"(한글 개역성경의 표현으로는, "나는 스스로 있는 자다"–편집자 주) 혹은 "나는 곧 나일 것이다"였던 것으로 보입니다. 이 하나님은 다른 어떤 것이나 다른 어느 누구에 의해서도 규정될 수 없습니다. '신성'이라는 것이 존재하는데 그분이 이 범주에 속하는 다른 예라거나 심지어 이 범주에서 최고의 존재라는 의미가 아닙니다. 또는 하나님을 포함해서 존재하는 모든 것이 소위 우리가 '존재' 혹은 '실존'이라고 일컫는 것에 다 참여해서 하나님이 그 중 최고의 존재라고 여길 수 있는 경우도 아닙니다. 오히려 하나님은 그 자신 그대로이십니다. 하나님은 더 큰 어떤 범주의 한 부분이 아니라 그 자체로 독립적인 범주입니다. 바로 그런 까닭에 우리가 우리의 세계로부터 하나님의 세계에까지 이르는 논증의 사다리를 세우기를 기대할 수 없습니다. 마찬가지로, 어떤 도덕적 성취의 사다리를 세워 하나님의 면전에 설 수 있을 만큼 우리 자신을 선하게 만들 것을 기대할 수도 없습니다.

하나님의 이름과 관련해서 우리가 해결해야 할 또 다른 혼동이 있습니다.

하나님의 개인적인 이름을 발설해서는 안 되었기에, 고대 이스라엘 사람들은 성경을 기록하면서 그것을 피할 수 있는 기술을 발전시켰습니다. 그래서 여호와라는 단어가 나오면, 대신에 '아도나이'('나의 주'라는 뜻)라고 발음했습니다. 그들은 이렇게 해야 한다는 사실을 스스로 상기하기 위해 때때로 여호와라는 단어를 기록할 때 '아도나이'에 해당하는 모음을 그 단어 밑에 표시해 두었습니다. 이러한 관행은 후대의 몇몇 독자에게 혼란을 가져다주어서 그들은 두 단어를 합쳐서 읽으려하게 되었습니다. 그리하여 약간의 무리수를 두면서 (Y와 J, W와 V를 포함해서 몇몇 글자가 서로 호환될 수 있었기에) 그들은 새로운 혼성어인 여호와(JEHOVAH)를 만들어 냈습니다. 고대 이스라엘 사람이나 초대교회 그리스도인들은 아무도 이 단어가 무슨 말인지 알아볼 수 없을 것입니다.

구약 성경의 거의 모든 영역본은 하나님의 개인적인 이름을 사람들이 발음하지 못하게 하는 관행을 그대로 유지해 왔습니다. 대신에 그 단어가 등장할 때마다 대개 "the Lord"(주 혹은 주님)로 번역합니다. 때때로 이 단어는 "the LORD"의 경우처럼, 대문자를 축소하여 쓰였습니다. 이것은 이중으로 혼란을 가중시키기에, 기독교뿐만 아니라 유대교가 하나님에 관해서 무엇을 믿는지를 이해하고자 하는 사람은 누구나 그 문제를 이해하고 넘어가는 편이 좋습니다.

상당히 일찍부터 (실제로 복음서들에 따르면 예수 당시에서부터) 그리스도인들은 예수를 "주"라 지칭해 왔습니다. 초대교회 그리스도인의 화법에서 이 어구는 최소한 세 가지 뜻을 지닙니다. (1) '주인', '우리를 종으로 두고 계신 분', '우리가 순종하겠다고 약속한 대상'. (2) (동일한 칭호를 주장했던 카이사르에게 반대되는) '진정한 주'. (3) 구약 성경에 언급된 대로의 여호와이신 "주". 이 모든 뜻이 가장 초기의 기독교 저자인 바울의 글에 나타납니다. 초대교회 그리스도인들은 이러한 유연성을 즐겼지만, 우리에게는 이것이 혼동의 원인이 됩니다.

이신론의 영향을 받은 현대 서구 문화에서 "주"라는 단어는 특정하게 예수를 가리키거나 구약 성경의 여호와를 가리키는 것에서 변질되었습니다. 그래서 대신에 그 단어는 단순히 예수와 관계될 수 있다고 생각할 수 있지만 마찬가지로 그렇지 않을 수도 있으며, 아마도 여호와와도 그다지 관련이 없을 수 있는 상당히 소원하며 일반화된 신을 가리키는 말이 되었습니다. 그러므로 고대 이스라엘 사람들의 양심의 가책과 중세의 오역과 18세기의 흐릿한 생각이 결합하면서 오늘날의 우리가 주후 1세기의 유대인이 여호와에 대해 생각할 때 이해했을 그리고 초대교회 그리스도인이 예수나 '주님'에 대해 언급하면서 말했을 중요한 의미를, 그리고 우리가 지금 이 전체적인 전통을 제대로 다시금 회복시켜 활용할 수 있는 길을 되찾기 어렵게 만들었습니다.

그렇지만 여전히 그러한 노력을 기울일 필요가 있습니다. 하나님에 관한 모든 언어는 궁극적으로 신비합니다. 그러나 그렇다고 해서 제대로 정리되지도 못하고 명확하지도 못한 생각을 변명하는 변명거리가 될 수 없습니다. 그리고 "주"라는 호칭은 예수에 관하여 초대교회 그리스도인들이 애용했던 언급 방식의 하나였기 때문에, 그 점을 명확히 파악하는 것이 중요합니다.

이 점을 좀더 깊이 있게 다루기 위해서는, 유일하신 참 하나님 여호와에 의해서 온 세상을 위한 그분의 특별한 백성이 되도록 부름받았다고 믿었던 민족—우주 전체에 대한 하나님의 구출 작전에 대해서 말했으며, 자신들을 그 계획의 수행자들이라 생각했던 민족—에 대해 좀더 면밀하게 살펴볼 필요가 있습니다. 이 민족의 이야기 안에서 우리는 기독교 신앙의 중심이며 초점인 나사렛 예수의 이야기를 제대로 의미 있게 이해할 수 있습니다. 그리고 앞으로 제시하겠다시피, 우리가 예수를 이해할 때에야 비로소 정의에 대한 갈망과 영성과 관계에 대한 굶주림, 아름다움에 대한 환희 가운데서 들려오는 그 메아리들의 원천인 그 목소리를 확인하기 시작한다고 말할 수 있습니다.

# 제6장

# 이스라엘

어쩌다가 역사적으로 우연히 나사렛 예수가 그 민족에서 태어났을 뿐인데, 어째서 그 민족을 다루느라 한 장을 다 할애할 필요가 있습니까?

초대교회 그리스도인들은 아무도 그런 식으로 생각하지 않았을 것입니다. 이런 질문이 제기될 수 있다는 사실 자체가 오늘날 기독교 세계가 그 뿌리에서 얼마나 동떨어져 있는지를 보여 주는 척도입니다. 나사렛 예수에게 일어난 일은 이스라엘의 장구한 이야기의 절정이었다는 것이 바로 가장 순전한 형태의 기독교 세계관의 토대입니다. 그 이야기가 무엇이며 어떻게 작용했으며 무슨 뜻인지 이해하지 못한 채 예수를 이해한다는 것은, 마치 야구나 크리켓이 무엇인지 전혀 모르면서, 어떤 사람이 왜 막대기를 들고 공을 치고 있는지를 이해하려 하는 것과 같습니다.

물론 어떤 그리스도인이 고대 이스라엘이건 예수 당시의 이스라엘이건 현대 이스라엘이건 간에, 이스라엘에 대해 많은 것을 말하기란 대단히 어렵습니다. 몇 주 전에 저는 예루살렘에 있는 야드 바솀(Yad Vashem, "기념 및 이름"을 의미함) 홀로코스트 기념관을 방문한 적이 있습니다. 이번이 처음은 아닙니다만, 거기서 저는 한 유대인 남자가 휘갈겨 쓴 증언을 읽었습니다. 그는 수십 명의 다른 사람과 함께 이미 생지옥과 같은 숨 막히는 가축 트럭에 실려 죽음으로 내몰렸던 사람이었습니다. 저는 보도블록 주위를 살펴보았습니다. 사각형의 돌이 깔린 그 보도블록에는 유럽 도시의 이름들이 새겨져 있었는데, 각 도시에서 수천 명의 유대인이 소집되어 차에 실려 사형지로 보내졌습니다. 우리 중 어느 누구라도 유대인들에 대해서는 슬픔을 머금고 이야기할 수밖에 없을 것입니다. (아직도 어떤 사람들은 '기독교 문화권'이라고 생각하는!) 유럽 문화권에서 그런 일이 벌어질 수 있었다는 것은 둘째치고, 그런 일을 생각조차 할 수 있었다는 것은 도저히 받아들일 수 없는 일이며 깊은 수치가 아닐 수 없습니다.

그러나 그렇다고 해서 더 이상 할 말이 없다는 뜻은 아닙니다. 실로 예수의 생애는 유대인의 이야기 가운데서 그 의미를 발견할 수 있습니다. 따라서 그에 관해 아무 말도 하지 않는다는 것은 히틀러가 반유대주의를 실천하기에 앞서 수년 동안 물밑에서 움직였던 반유대주의에 공모하는 것이나 다름없습니다. 그것이 부담스러운 일이라 할지라도 우리는 말해야 합니다.

우리를 가로막는 것은 단지 현대의 정서만이 아닙니다. 아브라함과 모세, 다윗을 비롯한 사람들에 관해서 우리가 진정으로 알 수 있는 것이 얼마나 되는지를 두고 엄청난 역사적인 논란이 있습니다. **진짜로** 출애굽 사건이 있었는가? 성경 기자들은 후기 청동기 시대와 초기 철기 시대(합쳐서 주전 1500-1000년 경)에 발생한 사건들을 우리에게 들려주는 것 같습니다. 이 사건을 당시에 기록하고 나중에 편집했는가 아니면 사건 이후 500-600년이 지나서야 기록했는가? 후자라면, 견실하게 전래된 자료에 근거를 두었는가 아니면 아무것도 없는 데서 만들어진 것인가? 이러한 것들이 논란거리입니다.

몇 가지 의문을 불러일으킬 가능성이 없지 않지만, **예수 시대의 유대인들이 그 이야기를 말했을 법한 방식으로** 혹은 최소한 그 비슷한 방식으로 얘기하도록 하겠습니다. 이렇게 시작하는 것이 안전할 것입니다. 우리에게는 히브리어(일부는 아람어) 구약 성경이 있으며 예수 시대보다 2-3세기 전에 쓰인 히브리어 구약 성경의 그리스어 역본이 있습니다. 이 그리스어 역본을 보통 칠십인역이라 부릅니다. 그런가 하면 예수 시대 100-200년 어간에 작성된 책도 몇 권 있습니다. 이 책들은 성경 이야기를 일부 혹은 전부 다시 언급하면서 특정 내용을 특별히 강조합니다. 이 중에서 가장 잘 알려진 책이 방대한 「유대 고대사」(*Antiquities of Jews*)로, 비록 독불장군이지만 탁월한 플라비우스 요세푸스(Flavius Josephus)가 쓴 책입니다. 유대 귀족인 그는 주후 60년대 중반 로마에 대항해 싸웠으나 변절하여 로마인들을 위해 일하다가 주후 70년 예루살렘 멸망 후 은퇴하여 로마의 연금을 받으면서 로마에서 살았습니다. 주후 1세기 유대인의 시각으로 이 이야기를 말하는 것은, 여전히 초기 시대를 둘러싼 방대한 역사적인 의문들을 피할 수 있으면서도, 나사렛 예수가 왜 그런 갈을 하고 그런 행동을 했는지를, 또 어째서 이 일이 그렇게 심대한 영향을 끼칠 수 있었는지를 우리가 이해할 수 있게 만들어 줍니다.

이 이야기의 시작에 관해서는 이미 언급했습니다. 이제는 그 초기 이야기의 핵심 사건의 하나인 아브라함을 부르신 일을 살펴봅시다. 이것은 이스라엘의 이야기보다 앞서며 그 이야기를 예비하는 희비극적 사건입니다.

## :: 아브라함을 부르심

"아하, 너희들이 **탑**을 세웠단 말이지? 다음에는 뭘 하겠다는 것인데?" 이것이 바로 창세기 11장에서, 크고 대단한 존재가 돼 보려는 인간의 불쌍한 노력을 보신 하나님이 냉소적으로 말씀하실 때 그분의 음성에서 우리가 들을 수 있는 어조입니다. 이야기는 점점 더 악화되었습니다. 에덴 동산의 반역(3장)에서 인류 첫 살인(4장)으로, 다시 폭력의 만연(6장)으로 그리고 이제 그 꼭대기가 하늘까지 닿는 탑을 건설한다는 정신 나간 생각으로까지 진행되었습니다. 하나님의 형상을 세상에 드러내야 할 자들, 즉 인간이 그 대신 자기 거울을 통해 자기 모습을 들여다보고 있습니다. 인간은 거울 속 자기 모습에 만족하는 동시에 깜짝 놀랍니다. 오만과 불안정한 인간은 스스로 중요한 척하면서 거드름을 피웠습니다. 하나님은 온 지면에 사람들을 흩으셔서, 인간의 언어를 혼잡케 하시고 더 이상 거대한 프로젝트를 추진할 수 없게 만드십니다.

바벨탑 이야기는 불의에 물든 세계, (스스로의 노력으로 하늘에 닿고자 하는) 가짜 영성을 추구하는 세계, 실패한 관계들, 건물 건축에 경도된 세계에 대한 기록입니다. 건물들로 인한 도시의 추악함은 아름다움을 증대하기보다는 인간의 자만심을 더 많이 보여 줍니다. 이 모든 것은 우리를 염려스럽게 하는, 익숙한 이야기들입니다. 바로 이 장면이 창세기 12장 대전환점의 배경입니다. 하나님은 아브람(그의 이름은 다섯 장 뒤에 가서 아브라함으로 길어집니다)을 부르시고, 그에게 놀라운 약속을 주십니다.

> 내가 너로 큰 민족을 이루고 네게 복을 주어 네 이름을 창대케 하리니 너는 복이 될지라. 너를 축복하는 자에게는 내가 복을 내리고 너를 저주하는 자에게는 내가 저주하리니, 땅의 모든 족속이 너로 말미암아 복을 얻을 것이라 하신지라(창 12:2-3).

마지막 구절이 중요합니다. 지구의 온 족속이 분열되고 혼란스러워졌습니다. 지금도 자신들의 삶과 주변 세계를 파괴합니다. 아브라함과 그의 자손들은 어떤 식으로든 이 사태를 바로잡는 하나님의 도구, 하나님의 구출 작전의 선봉이 되어야 했습니다.

어떤 식으로든이라니. 언뜻 보면, 그것은 당치도 않은 정신 나간 생각처럼 보입니다. 그러나 그 약속은 이후의 장들에서 반복

6. 이스라엘

되면서 발전해 나갑니다. 특히 하나님은 아브라함과 "언약"을 맺으십니다. 그것은 거래며, 구속력 있는 협정이며, 그 이후로부터 영원히 하나님과 아브라함을 묶어 놓는 약속입니다. 정확히 말하자면, 그것은 "계약"이 아닙니다. 계약이란 쌍방간에 어떤 동등성을 함축합니다. 그러나 처음부터 끝까지 이 협약을 확실하게 주관하고 주도하시는 분은 하나님입니다. 때때로 하나님은 아버지로, 이스라엘은 맏아들로 묘사됩니다. 때때로 하나님은 주인으로, 이스라엘은 종으로 묘사됩니다. 또 뇌리에서 쉽사리 사라지지 않도록, 때때로 언약은 결혼과 같은 것으로 언급됩니다. 하나님은 신랑이며, 이스라엘은 신부입니다. 이야기의 맛을 충분히 음미하려면 이 모든 이미지가 필요합니다. (물론 그것들은 이미지에 불과할 뿐 아니라, 현재 우리가 사는 세계와는 아주 다른 세계에서 온 이미지들임을 기억해야 합니다.)

핵심은 하나님이 아브라함과 맺은 언약이 세상을 창조하신 창조주의 편에서 아브라함과 그의 족속의 하나님이 되시겠다는 굳건한 공약이라는 것입니다. 아브라함과 그의 족속을 **통해** 하나님은 온 세상에 복을 주실 것입니다. 마치 아브라함이 유랑하며 다녔던 광야의 신기루처럼, 새로운 세계, 구출받은 세상, 창조주가 다시 한 번 복 주시는 세상, 하나님과 그분의 백성들이 조화롭게 살며 인간관계가 번영하며 아름다움이 추함을 극복하는 정의의 세상에 대한 비전이 어른거렸습니다. 그 세계는 모든 인간 의식 가운데서 울려 퍼지는 목소리들이 하나로 모여 살아 계신 하나님의 목소리가 되어 우리 귀에 도달하게 될 그런 세상일 것입니다.

언약이 하나님 편에서는 바위처럼 굳건하겠지만, 창세기 이야기에 나타나듯이, 아브라함 편에서는 그리 굳건하지 않았습니다. 우리는 처음부터 그 문제에 맞닥뜨리는데, 이야기가 진행되는 내내 그 문제점은 사라지지 않고 등장할 것입니다. 명색이 조난당한 배를 구하려고 출발한 구명선이 암초들과 파도 사이에 갇혀 구조되기를 기다려야 할 형편에 처했다면 어찌해야 하겠습니까? 구출 작전을 수행하라고 하나님이 선발해 놓은 구조 대원들을 구조해야 할 형편이며, 바로잡혀야 할 형편이라면 어찌해야 하겠습니까? 이스라엘이 문제의 해결사가 아니라 문제의 원인이 될 때 어찌해야 한단 말입니까? 활달한 노인 랍비인 라이오넬 블루(Lionel Blue)가 예전에 라디오 프로그램에서 나와 말했듯이, "유대인도 다른 사람들과 똑같습니다. 단지 더 그럴 뿐입니다." 구약 성경은 처음부터 끝까지 그 점을 강조합니다.

그러나 만일 값없고 무한하며 열정적인 사랑으로 세상을 만드신 하나님이 반역하는 세상을 목격하신다면, 구조 대원으로 선택한 사람들 때문에 오히려 작전에 차질이 빚어졌다면, 하나님은 어떻게 하실까요? 이제 와서 그게 다 실수였다고 말하실 수는 없는 노릇입니다. (그와 비슷한 하나님의 말씀이 창세기 6-8장에 나옵니다. 그러나 그 말씀의 의도는 하나님이 다시금 일을 추진하시기 위해 노아와 인간 이외의 피조물을 건져내신다는 것입니다.) 그 대신 하나님은 인간의 반역 때문에 일어난 다양한 문제를 해결하고 창조 세계를 회복하시기 위해, 온갖 모호함과 역설을 품은 창조 세계 안에서부터 행동에 착수하십니다. 또한 구출 작전을 완수하고 애초의 목적을 달성하기 위해 언약 백성 안에서부터 행동에 착수하십니다.

이 모든 것은 어째서 이스라엘의 이야기가 그 중심에 단 하나의 주제를 지니는지를 설명해 줍니다. 그 주제는 마치 바그너의 중심 주제가 반복되듯 다른 맥락과 다른 관점에서 거듭해서 나타납니다. 이것은 멀리 떠났다가 다시 고향으로 되돌아오는 이야기입니다. 노예 생활과 출애굽의 이야기며, 유배와 귀환의 이야기입니다. 나사렛 예수가 자신의 말씀과 행동에서 특히 자신의 죽음과 부활을 통해서 의식적으로 언급했던 이야기입니다.

:: **유배와 귀환**

구약 성경을 기록한 유대인 이야기꾼들은 멀리 나갔다가 다시 돌아오는 일을 중심 주제로 볼 수밖에 없었을 것입니다. 히브리 성경의 주요 부분은, 유대인들이 바빌론에 포로로 끌려가 고향 땅뿐만이 아니라 여호와가 그들과 함께하시겠다고 약속했던 성전에서도 멀리 떨어져 버린 슬픔 가운데 살았던 때 최종적으로 완성되었을 가능성이 가장 큽니다. ["우리가 이방 땅에서 어찌 여호와의 노래를 부를까?"라고 그 시절의 어느 시인은 한탄했습니다(시 137:4)]. 바벨탑의 땅 바빌론에서 살아가는 아브라함의 일족이라는 아이러니는 그들 가운데서 잊혀지지 않았습니다. 그러나 그들은 무엇을 소망해야 하는지 알았습니다. 그들은 이전에도 유배 상태를 경험해 본 적이 있었습니다. 그것이 그들의 모든 이야기의 중심 주제였습니다.

사실 그 중심 주제는 아브라함에서부터 시작됩니다. 유목 생활을 하면서 아브라함은 한동안 애굽으로 내려가게 되는데, 그 곳에 거의 정착해서 살 뻔했습니다. 자신의 목숨이 위험해지자, 그는 자기 아내 사라가 누이라고 거짓말을 합니다. (실제로 사라는 아브라함의 이복 누이이기도 했습니다.) 그제서야 그는 놓임을 받습니다. 이 이야기는 아브라함에게 그 위대한 약속이 처음으로 언급된 후에 바로 이어서 나옵니다. 마치 이렇게 말하는 것 같습니다. "봤지? 하나님이 이렇게 어마어마한 장래를 약속해 주시자마자, 그가 그 장래를 거의 말아먹을 뻔했지?" 똑같은 패턴이 갖가지 모습으로 거듭 되풀이됩니다. 예를 들어, 야곱은 자기 형 에서를 속이고 동쪽으로 도주합니다. 그러나 마침내 고향으로 돌아와 형을 대면하고, 더 중요하게는 하나님과 씨름을 하게 됩니다(창 32장). 이 이야기에는 상당할 정도로 정의와 영성, 회복된 관계의 문제가 개재해 있습니다. 이 큰 주제들은 성경의 기록자와 편집자들이 결코 잊을 수 없는 메아리들이었습니다.

그러나 창세기의 모든 방향은 요셉의 이야기를 향해 진행합니다. 요셉은 이집트로 끌려가 노예로 팔리지만, 곧 주인의 총애를 얻어 성공합니다. 기근이 고향 땅에까지 이르자 그의 온 가족이 마침내 이집트에 와서 그와 합류합니다. 요셉이 죽고 한 세대 만에 그 가족에게 주어진 총애는 사라지고, 그들 역시 노예 신분으로 전락합니다. 그러다가 최악의 상태에 이르렀을 때, 하나님은 그들의 부르짖음을 들으시고, 자신의 백성을 노예 상태에서 이끌어 내어 그들의 땅에서 자유롭게 살게 해주시겠다는 약속을 하십니다. 이 순간이 바로 유대인과 그리스도인들의 기억 속 위대한 순간들 가운데 하나입니다. 이 사건은 아브라함에게 하신 약속들에 대한 하나님의 신실하심을 보여 주며, 하나님의 백성이 고통받을 때 그들을 향한 하나님의 긍휼하심을 보여 주며, 하나님의 구원과 자유와 소망의 약속을 보여 주며, 무엇보다도 하나님의 이름과 그 중요성을 드러내 줍니다.

> 하나님이 모세에게 이르시되 "나는 스스로 있는 자(I AM WHO I AM)이니라." 또 이르시되 "너는 이스라엘 자손에게 이같이 이르기를 스스로 있는 자(I AM)가 나를 너희에게 보내셨다 하라." 하나님이 또 모세에게 이르시되 "너는 이스라엘 자손에게 이같이 이르기를 너희 조상의 하나님 여호와 곧 아브라함의 하나님, 이삭의 하나님, 야곱의 하나님께서 나를 너희에게 보내셨다 하라.
>
> 이는 나의 영원한 이름이요
> 대대로 기억할 나의 칭호니라.…
>
> 내가 말하였거니와 내가 너희를 애굽의 고난 중에서 인도하여 내어 젖과 꿀이 흐르는 땅…으로 올라가게 하리라"(출 3:14-15, 17).

약속이 이루어졌습니다. 하나님이 이교도들인 이집트 사람들을 심판하시고 자신의 백성을 구출해 내셨습니다. 이것이 바로 오늘날까지 이르는 유대인들의 큰 명절인 유월절 이야기입니다.

출애굽은 (부드럽게 표현하자면) 수월하게 앞으로 나갈 수 있었음에도 그리 수월하게 곧장 진행하지를 못했습니다. 하지만, 마침내 이스라엘 백성은 약속받은 땅에 도착했습니다. 그 곳에서도 역시 일은 잘 되기도 하고 잘못 되기도 했습니다. 그 땅에 먼저 자리 잡은 원주민들이 그들을 지배하게 되자 그들을 해방시켜 줄 또 다른 지도자들이 일어나기도 했습니다. 그와 같이 상당히 혼란스런 경험 때문에 백성들은 왕을 구합니다. 사울 왕은 잘못된 출발점이었지만, 곧 다윗이 등장하고, 그는 "하나님의 마음에 합한 자"라 칭송을 받습니다. 그러나 아브라함처럼 다윗 역시 하나님의 마음이 아니라 자신의 마음을 따라갔고, 불행한 결과들을 맞이합니다. 다윗 왕국이 확립되었다는 이야기가 있어야 할 자리에, 반역을 저지른 자신의 아들 압살롬에게 쫓기는 다윗의 이야기가 있습니다. 또 다시 그 패턴이 되풀이됩니다. 다윗은 유배지를 떠났다가 더 슬프고, 더 지혜로운 자가 되어 돌아옵니다. 그러나 두 세대 만에 다윗 왕국은 양분되었습니다. 그리고 200년 후, 두 왕국 중 좀더 큰 덩어리였으며, "이스라엘"이라는 이름을 달았던 북 왕국(남 왕국은 "유다")이 아시리아에게 멸망하고 그 땅에서 쫓겨납니다. 이 때 그 스토리라인은 끊어집니다. 이제 더 이상 돌아갈 고향이 없습니다.

유다 왕국은 예루살렘을 중심으로 고군분투합니다. 그러나 아시리아가 점점 쇠약해지자, 더 흉악한 대적 바빌론이 일어났습니다. 바빌론은 사방으로 뻗어나가면서 모든 것을 정복해 버리는 거대한 제국으로 성장했습니다. 그리고 유다라는 작은 나라를 마치 거대한 바다 괴물이 작은 물고기를 집어삼키듯 삼켜 버렸습니다. 성전을 비롯하여 예루살렘 전체가 파괴되었습니다. 다윗 일가는 치욕을 당하고 학살당했습니다. 여호와를 찬양했던 백성들은 낯설고 적대적인 땅에서 더 이상 노래가 나오지 않았습니다.

그런 다음에 다시 귀향이 이루어집니다. 70년 후 바빌론은 페르시아 제국에 망했습니다. 새로운 페르시아 제국의 통치자는 유대인들을 그들의 고향으로 복귀시키기로 결정했습니다. 예루살렘이 다시 사람들이 거주하고, 성전이 재건되었습니다. "여호와께서 시온의 포로를 돌려보내실 때에" 그 놀라운 기쁨을 표현하기 벅차서 시인은 이렇게 썼습니다. "우리는 꿈꾸는 것 같았도다. 그 때에 우리 입에는 웃음이 가득하고 우리 혀에는 찬양이 찼었도다"(시 126:1-2). 하늘과 땅이 성전에서 만난다는 신념, 여호와께서 그 곳에서 자신의 백성을 만나 용서하시고 함께 어울리신다는 신념, 모든 악조건에도 불구하고 자신의 백성을 구출하고 세상을 바로잡으시겠다는 그분의 프로젝트가 계속해서 진행 중이라는 신념 가운데서 예루살렘을 향해 다시 오르기 시작했던 사람들의 의식 속에, 그 시절부터 오늘날에 이르기까지 유대인들의 이야기의 대 주제인 유배와 귀환이라는 주제가, 뿌리 깊게 박히게 되었습니다.

## :: 짐승들에게서 구출되다

그러나 과거와 똑같지는 않았습니다. 적어도 다윗과 솔로몬이 다스렸던 세상과는 달랐습니다. 그 때는 이스라엘이 자유 독립 국가였습니다. 주변 민족들은 이스라엘에게 복종했습니다. 사람들이 멀리서부터 예루살렘의 아름다움을 보려고 찾아왔으며, 왕의 지혜를 듣고자 찾아왔었습니다. 이제 이스라엘이 바빌론에서 돌아왔지만, 그 시대의 몇몇 사람이 썼듯이, 그들은 자기 조국에서도 여전히 노예였습니다. 제국은 계속되어서, 페르시아, 이집트, 그리스, 시리아, 마침내 로마 제국으로 이어졌습니다. 유대 민족은 '이것이 과연 고향으로의 귀환이 의미하는 바였는가?'라고 의아하게 여겼습니다. 과연 이것이 하나님이 자신의 백성을 건져내어 세상을 바로잡으신 모습이란 말입니까?

그 와중에 한 학식 있는 유대인이 외국의 통치하에 등장했던 유대 영웅들과 환상가들의 이야기들을 담은 책을 편찬해 냈습니다. 핵심 인물의 이름을 따서 다니엘서라 이름붙인 그 책은 온 세계가 어떤 식으로든 아브라함의 하나님, 유일하신 창조주 하나님 여호와의 왕권 아래 질서를 잡게 되리라는 꺼지지 않는 소망을 강조했습니다. 그렇지만 이 책은 이 약속이 대부분의 유대인들이 상상했던 것보다는 훨씬 더 오랜 시간이 소요될 것이라는 점을 분명히 밝힙니다. 맞습니다. 그들은 분명 바빌론에서 고국으로 복귀했습니다. 허나 더 깊은 면에서, 그들의 '포로기'는 그저 70년에 그치지 않고 "일흔 이레", 70년 곱하기 7년 즉 490년 동안 지속될 것이었습니다(단 9:24). 오늘날 우리는 옛 예언들을 사용해서 현대의 사건들을 따져보려는 사람들을 많이 만납니다. 주전 마지막 2세기 동안 많은 유대인도 이 예언에 기초해서 언제 자신들의 포로기가 끝날지, 언제 하나님이 자신들을 구원하고 세상을 바로잡으실지를 따져보려고 했습니다.

바로 여기서 초기 기독교의 중심 주제 중 하나가 된 신념을 만나게 됩니다. 일찍이 이스라엘의 시인들과 예언자들은 자신들의 하나님이 진정 온 세상의 임금이 되시리라 선언했습니다. 다니엘은 이 신념을 이스라엘의 유배와 귀환이라는 줄거리에 새겨 넣었습니다. 마침내 하나님이 자신의 백성을 건져내실 때, 다시 말해서 압제하는 이교도들이 전복당하고 이스라엘이 자유를 찾게 될 때가 참 하나님이 자신의 모든 약속을 성취하시고 온 세상을 심판하시면서 모든 것을 바로잡으실 때가 되리라는 것입니다. 하나님의 백성을 공격했던 "짐승들"은 정죄받을 터인데, 그 짐승들을 심판하실 자는 어떤 낯선 인물, "인자 같은 이"―고난 후에 변호를 받는 하나님의 백성을 대표하는 대표자―일 것입니다(단 7장). 그 때 "하나님 나라", 즉 온 세상에 대한 하나님의 주권적인 통치가 임할 것입니다. 악을 심판하시고 모든 것을 바로 잡으실 것입니다. 그분과 더불어 우리는 그 일을 자기 필생의 사명으로 삼으신 분을 바라볼 단계에 거의 이릅니다.

## :: 이스라엘의 소망

거의 바라보게 되었다는 것이지, 아직 확실히는 아닙니다. 성경과 후대의 유대 문서들에서 우리가 볼 수 있다시피, 이스라엘의 이야기에서 소용돌이치는 네 가지 주제가 있습니다. 지금까지 우리가 약술한 것처럼, 이 주제들이 이야기에 뼈대와 내용을 제공해 줍니다.

첫째, 왕이라는 주제입니다. 하나님은 다윗에게 그의 왕조가 영원히 계속될 것이라는 특별한 약속을 주셨습니다(삼하 7장). 이 약속은 지상 모든 왕의 압제에 대한 예언자 사무엘의 엄중한 경고들에 이어 나옵니다(삼상 8장). 다윗 자신의 행동과 그의 아들 솔로몬의 비행은 사무엘이 말한 요점을 너무나도 잘 드러내 주었습니다. 다윗의 후계자들도 대부분 연약하거나 나쁜 왕이었습니다. 심지어 이스라엘의 삶과 예배를 성공적으로 회복시킨 왕들(히스기야, 요시야)까지도 유배라는 궁극적인 재난을 막을 수 없었습니다. 시편 전체에서 가장 장엄하며 뇌리에서 사라지지 않는 시편 중 하나인 89편은 그 문제점을 할 수 있는 한 명확하게 진술합니다. 한편으로 하나님은 다윗에게 이 모든 놀라운 약속을 주셨지만, 다른 한편으로 그 약속들은 다 무위로 돌아간 것처럼 보입니다. 이 시편은 양쪽을 다 하나님 앞에 내어놓습니다. 마치 이렇게 말하는 듯합니다. "자 보십시오. 이렇게 되었는데 하나님은 어찌 하시렵니까?"

그러나 이 당혹스런 모호함에서, 앞으로 언젠가 참 임금, 새로운 종류의 임금, 모든 것을 바로잡으실 왕이 왕위에 오를 것이라는 소망이 자라납니다. 처음에는 미미하지만, 마침내는 점점 더 명확해지고 확실해집니다. 참 임금이 왕위에 앉으실 때 마침내 가난한 자들이 정의를 얻고, 창조 세계가 기쁨을 노래할 것입니다.

> 하나님이여, 주의 판단력을 왕에게 주시고
>   주의 공의를 왕의 아들에게 주소서.
> 그가 주의 백성을 공의로 재판하며,
>   주의 가난한 자를 정의로 재판하리니,
> 의로 말미암아 산들이 백성에게 평강을 주며,

> 작은 산들도 그리하리로다.
>
> 그가 가난한 백성의 억울함을 풀어 주며,
>
> 궁핍한 자의 자손을 구원하며 압박하는 자를 꺾으리로다(시 72:1-4).

하나님이 옛적에 하셨던 약속들은 이렇게 성취될 것입니다. 기름부음받고 또한 하나님의 성령을 받은 새 왕이 왕위에 오르실 것입니다. (히브리어로 '기름부음 받은 자'는 "메시아"이며, 그리스어로는 "그리스도"입니다.) 그리고 그 왕은 세상을 제대로 된 질서로 회복시키실 것입니다. 정의를 요구하면서 울려나오는 그 소리가 마침내 응답받을 것입니다.

두 번째 주제는 성전입니다. 이미 살펴보았듯이, 이론상으로 유대인들은 성전이 하늘과 땅이 만나는 곳이라 믿었습니다. 그렇지만 아무리 뜯어보아도 소위 제2성전(바빌론에서 귀환한 후 재건되어 주후 70년 참혹하게 무너져 내리기 전까지 건재함)은 그에 앞서 세워졌던 성전의 장엄함에 필적할 수 없었습니다. 예언자 말라기가 불평했듯이, 새로 재건된 성전에서 봉사한 제사장들까지도 성전을 우습게 취급했습니다. 다윗 이래로 성전을 짓거나 재건해야 할 자는 왕이었는데, 그 일은 이루어지지 않았습니다. 예수 이전 수백 년 동안 두 사람이 성전 개축을 자신의 왕권을 주장하는 수단으로 활용했습니다. 두 사람 모두 다윗의 직계 혈통이 아니었음에도 불구하고 말입니다.

유다스 마카바이우스(Judas Maccabaeus)는 주전 164년 시리아에 대한 저항에서 대대적인 승리를 거두었습니다. 그는 외국의 압제자를 뒤엎어 버리고 성전의 본래 역할을 회복했습니다. (그 전까지는 성전에서 우상 숭배가 행해졌습니다.) 이런 활약으로 그의 가문은 한 세기 이상 왕조를 형성할 수 있었습니다. 그러다가 헤롯 대왕이 일어났습니다. 로마인들은 헤롯에게 "유대인의 왕"이라는 칭호를 주었는데, 그가 그 일대에서 가장 강력한 무장(warlord)이었기 때문입니다. 헤롯은 성전을 개축하고 미화하는 대대적인 사업을 추진했고, 뒤이어 그의 아들들도 사업을 지속했습니다. 그렇지만 그 사업으로도 그들은 권력을 유지할 수 없었습니다. 그들의 왕조는 주후 70년 성전이 무너지고 얼마 못 가 종식되고 말았습니다. 그러나 원칙은 확고해졌습니다. 진짜 왕이 등장하면, 그 왕이 해야 할 핵심적인 과업은 세상에 정의를 확립하는 일만이 아니었습니다. 하늘과 땅이 만나는 곳인 성전을 제대로 다시 세우는 일이 그 가운데 포함되었습니다. 영성에 대한, 하나님을 만나고자 하는 인간의 깊은 염원이 마침내 응답될 것이었습니다.

세 번째는 토라, 즉 모세의 율법입니다. 토라로 알려진 소위 모세오경은 아마도 바빌론 포로기에 최종적인 형태로 편집된 것 같습니다. 모세오경은 노예의 예속 상태와 자유, 유배와 귀환, 압제와 유월절에 대한 이야기를 강조하면서, 그렇게 하여 구출된 백성들의 생활 양식을 규정합니다. "하나님이 여러분을 예속 상태에서 해방시키실 때에 여러분이 처신해야 하는 태도는 바로 이것입니다. (마치 하나님께 도덕적인 빚을 진 것처럼) 하나님의 총애를 얻으려 애쓰지 말고, 여러분의 감사와 충성과 언약에 따라 살겠다는 결심을 표현하십시오. 하나님이 먼저 여러분을 구해 주셨기 때문입니다"라고 토라는 말했습니다. 이것이 바로 바빌론 포로기부터 예수 시대와 그 이후에까지 토라 연구와 실천에 대한 강조가 확산된 현상의 배후에 있는 논리입니다.

토라는 결코 개인을 위한 헌장이 아니었습니다. 마치 아무든 어디에서든 토라의 계명을 지키려고 노력하고 무슨 일이 일어나는지를 지켜보라는 식의 말씀이 아닙니다. 토라는 한 백성, 한 민족에게 주어졌고, 그 백성에 의해, 그 백성을 위해 편집되었으며, 그 백성에게 (적어도 바빌론 포로기 이후에) 적용되었습니다. 토라의 핵심은 어떻게 그 백성이 하나님 아래서 서로 조화롭게 즉 정의롭게 더불어 살아가느냐는 것이었습니다. 문화 인류학자들은 토라에 포함된 많은 금기 사항과 관례가 최소한 상징적인 차원에서 그 민족을 통합하며, 특히 이교도들의 침입기에 유일하신 하나님의 언약 백성된 정체성을 보호하려는 목적이 있음을 점차적으로 인식합니다. 예를 들어, 이것이 바로 유다스 마카바이우스와 그 일가가 시리아에 대항해서 반란을 일으킨 이유였습니다. 시리아인들은 아주 구체적이고도 의도적으로 성전에서 이교 신들에게 제사를 지냄으로써 성전을 더럽혔으며, 충성스런 유대인들로 하여금 토라를 어기도록 만드는 데 최선의 노력을 기울였습니다. 모두 그들의 민족적 정체성을 파괴하고 그 얼을 무너뜨리는 방법으로 의도된 조처였습니다. 마카바이우스의 반란은 성전을 지키려는 운동인 동시에 토라를 지키려는 운동이었습니다. 토라의 내용은 일체 하나님의 백성, 하나님의 가족으로 살아가는 일에 관한 것이었습니다. 하나님

및 다른 사람들과 진실한 관계를 누리기를 바라는 외침에 대한 답변이 바로 토라였습니다. 그 외침은 우리 모두의 마음 언저리에 메아리칩니다.

네 번째는 새로운 창조 세계입니다. 다니엘서 이외에도 하나님이 아브라함에게 약속하신 우주적인 약속을 언급하는 책이 있습니다. 이사야서의 중간 부분은 야곱 족속을 회복시키실 뿐 아니라 이교를 섬기는 열방에게까지 빛을 전해 주시려는 하나님의 뜻을 말해 줍니다(49:6). 그리고 왕과 성전과 토라, 전 세계적인 평화, 에덴 동산의 재건, 새로운 창조 세계에 대한 소망을 품고 열방이 함께 쇄도해 들어오는 장대한 광경을 볼 수 있는 곳도 바로 이사야서입니다. 이 신세계의 아름다움은 그 아름다움을 환기시키는 옛 시편의 아름다움과 잘 어울립니다. 이사야서의 여러 부분에서 따온 이 일련의 시어들을 살펴보기 바랍니다.

말일에 여호와의 전의 산이 모든 산 꼭대기에 굳게 설 것이요, 모든 작은 산 위에 뛰어나리니 만방이 그리로 모여들 것이라.

많은 백성이 가며 이르기를, "오라 우리가 여호와의 산에 오르며 야곱의 하나님의 전에 이르자, 그가 그의 길을 우리에게 가르치실 것이라 우리가 그 길로 행하리라" 하리니,

이는 율법이 시온에서부터 나올 것이요, 여호와의 말씀이 예루살렘에서부터 나올 것임이니라.

그가 열방 사이에 판단하시며 많은 백성을 판결하시니 무리가 그들의 칼을 쳐서 보습을 만들고 그들의 창을 쳐서 낫을 만들

것이며

　이 나라와 저 나라가 다시는 칼을 들고 서로 치지 아니하며 다시는 전쟁을 연습하지 아니하리라(사 2:2-4).

예언자는 평화와 소망의 비전을 펼쳐 보입니다. 이 비전은 이스라엘만 아니라 모든 열방을 위한 것입니다. 마침내 여호와께서 자신의 백성을 건져내고 예루살렘("시온")을 자신이 살고 다스리실 장소로 재확립하기 위해 행동하실 때, 그 은덕을 입게 될 나라는 이스라엘만이 아닐 것입니다. 처음으로 되돌아가 하나님이 아브라함에게 약속하셨듯이, 창조주 하나님은 이 백성을 **통해** 온 세상에 회복과 치유를 가져오실 것입니다.

좀더 구체적으로 말해, 하나님은 다윗의 후예이자 이스라엘 최고의 임금을 등장시켜 이 일을 이루실 것입니다. (이 임금은 종종 "이새의 아들"이라 일컬어집니다.) 이 왕은 하나님의 정의를 온 세상에 이룩하는 데 필요한 지혜를 소유할 것입니다.

　이새의 줄기에서 한 싹이 나며 그 뿌리에서 한 가지가 나서 결실할 것이요,

　그의 위에 여호와의 영 곧 지혜와 총명의 영이요, 모략과 재능의 영이요, 지식과 여호와를 경외하는 영이 강림하시리니,

　그가 여호와를 경외함으로 즐거움을 삼을 것이며,

　그의 눈에 보이는 대로 심판하지 아니하며, 그의 귀에 들리는 대로 판단하지 아니하며, 공의로 가난한 자를 심판하며, 정직으로 세

상의 겸손한 자를 판단할 것이며,

그의 입의 막대기로 세상을 치며 그의 입술의 기운으로 악인을 죽일 것이며,

공의로 그의 허리띠를 삼으며, 성실로 그의 몸의 띠를 삼으리라.

그 때에 이리가 어린양과 함께 살며 표범이 어린 염소와 함께 누우며, 송아지와 어린 사자와 살진 짐승이 함께 있어 어린아이에게 끌리며,

암소와 곰이 함께 먹으며, 그것들의 새끼가 함께 엎드리며, 사자가 소처럼 풀을 먹을 것이며,

젖 먹는 아이가 독사의 구멍에서 장난하며, 젖 뗀 아이가 독사의 굴에 손을 넣을 것이라.

내 거룩한 산 모든 곳에서 해 됨도 없고 상함도 없을 것이니, 이는 물이 바다를 덮음 같이 여호와를 아는 지식이 세상에 충만할 것임이니라(사 11:1-9).

이리하여 메시아의 통치는 온 창조 세계에 평화와 정의와 완벽한 조화를 가져다줄 것입니다. 이것은 이제 공개 초청장이 누구 하나 가릴 것 없이 모두에게 발부되었음을 의미합니다. 정의와 영성과 관계와 아름다움에 목마른 자는 누구든지 여기에 와서 그것을 찾으라는 초청장 말입니다.

오호라, 너희 모든 목마른 자들아 물로 나아오라. 돈 없는 자도 오라. 너희는 와서 사 먹되 돈 없이, 값 없이 와서 포도주와 젖을

사라.…

너희는 귀를 기울이고 내게로 나아와 들으라. 그리하면 너희의 영혼이 살리라. 내가 너희를 위하여 영원한 언약을 맺으리니 곧 다윗에게 허락한 확실한 은혜이니라.

보라, 내가 그를 만민에게 증인으로 세웠고 만민의 인도자와 명령자로 삼았나니, 보라 네가 알지 못하는 나라를 네가 부를 것이며 너를 알지 못하는 나라가 네게로 달려올 것은 여호와 네 하나님 곧 이스라엘의 거룩하신 이로 말미암음이니라. 이는 그가 너를 영화롭게 하였느니라.…

너희는 기쁨으로 나아가며 평안히 인도함을 받을 것이요, 산들과 언덕들이 너희 앞에서 노래를 발하고 들의 모든 나무가 손뼉을 칠 것이며

잣나무는 가시나무를 대신하여 나며 화석류는 찔레를 대신하여 날 것이라. 이것이 여호와의 기념이 되며 영영한 표징이 되어 끊어지지 아니하리라(사 55:1, 3-5, 12-13).

구약 성경의 위대한 시로부터 신약 성경의 탄성이 터져 나오는 기쁨에 이르기까지 계속해서 지적되는 핵심 주제는 하늘과 땅, 우주 전체의 갱신이며 이 신세계에서는 모든 것이 잘 되고 제대로 될 것이라는 약속입니다.

보라, 내가 새 하늘과 새 땅을 창조하나니 이전 것은 기억되거나 마음에 생각나지 아니할 것이라.

너희는 내가 창조하는 것으로 말미암아 영원히 기뻐하며 즐거워할지니라. 보라, 내가 예루살렘을 즐거운 성으로 창조하며 그 백성을 기쁨으로 삼고…

이리와 어린양이 함께 먹을 것이며, 사자가 소처럼 짚을 먹을 것이며, 뱀은 흙을 양식으로 삼을 것이니,

나의 성산에서는 해함도 없겠고 상함도 없으리라. 여호와께서 말씀하시니라(사 65:17-18, 25).

이러한 말씀을 담은 단락은 몇 배나 더 뽑아낼 수 있을 것입니다. 새 에덴(창 3장의 가시떨기와 찔레가 아름다운 관목들로 대체되는)이라는 주제는 이 전체 성경 이야기 배후의 주요 주제 중 하나를 끄집어냅니다. 결국 따지고 보면 진짜 유배, 진짜로 고향을 떠난 순간은 에덴 동산에서 인류가 추방된 순간이었습니다. 이스라엘이 겪은 여러 차례의 유배와 귀환은 그 최초의 추방을 재연하고, 귀환에 대한 소망, 인류가 회복될 것과 하나님의 백성들이 구출받을 것에 대한 그리고 창조 세계가 갱신될 일에 대한 소망을 상징적으로 표현하는 방식들입니다. 그리고 거듭해서 다시 되돌아오는 주요 주제의 하나는 새 창조 세계의 아름다움, 예루살렘과 그 거주민들의 아름다움, 평화로운 동물들로 가득 찬 전경의 아름다움, 기쁨으로 노래하는 산과 작은 언덕들의 아름다움입니다. 이 주제는 지금 우리 인간의 마음에서 울려 퍼지듯이, 옛 예언 언저리에서 끊임없이 솟아나오며 메아리칩니다. 이사야는 결코 하나님이 아브라함을 불러내신 가장 우선적인 이유가 창조 세계 전체를 바로잡고 하늘과 땅

을 하나님의 영광으로 가득 채우기 위한 것이었음을 잊지 않았습니다.

## :: 여호와의 종

그러나 새 창조는 오직 단 한 차례의 최종적이며 충격적인 유배와 회복을 통해서만 이루어질 것입니다. 왕과 성전, 토라와 새 창조, 정의와 영성과 관계와 아름다움이라는 주제들은 이사야서의 중심에 놓인 어두운 주제로 다 몰려 들어갑니다. 왕은 종, 여호와의 종이 됩니다. 그 종은 이스라엘의 운명을 몸으로 감당해야 합니다. 더 이상 자신의 소명에 충실할 수 없게 된 이스라엘을 대신해서 이스라엘이 **되어야만** 합니다. 구명선이 구조에 나섰다가 그 과정에서 구명선 선장이 물에 빠집니다. 이사야 11장에 묘사된 왕의 모습에서 발전되어 나온 그 주제는 고난에 대한 순종의 부르심이라는 의외의 새로운 전환과 더불어서 42, 49, 50, 52-53장에서 차근차근 전개됩니다. 이것은 하나님의 구출 작전이 어떤 식으로 일어나야 하는지를 보여 주는 듯합니다.

이 단락들은 소위 말해서 그 문맥과 '동떨어져' 있지 않습니다. 오히려 이사야서의 동일한 부분의 더 큰 주제들과 아주 밀접하게 연결되어 있습니다. 그 주제들은 열방에 대한 여호와의 주권, 마침내 여호와께서 이방 신들과 그것들을 의지하는 자들을 굴복시키리라는 사실, 이스라엘의 부정에도 불구하고 여호와께서 이스라엘과 맺으신 언약에 신실하시리라는 사실, 창조 때처럼 그분의 입에서 나오는 "말씀"이 이스라엘을 회복하고 언약을 갱신하며, 세상을 새롭게 하시리라는 사실입니다(40:8; 55:10-11). 궁극적으로, 그 종의 활약으로 하나님이 왕이시라는 메시지, 즉 바빌론이 무너지고 마침내 평화가 도래하며, 이스라엘이 구원받고 땅 끝에 이르기까지 온 땅이 하나님의 구원을 인식하게 될 것이라는 메시지가 예루살렘에 전달될 수 있습니다(52:7-12). 그 종은 포로기의 이스라엘처럼, 버림받고 수치와 고난과 죽음을 당할 것입니다. 그런 다음에 그 일들을 통과해서 다른 끝으로 나오게 됩니다. 이 메시지가 다른 예언들에서는 비록 수렴되기는 하지만 다른 방식들로 다루어집니다. 예레미야서에서는 새 언약이라는 주제를 통해 다루어지며, 에스겔서에서는 에스겔이 하나님이 자신의 백성들을 씻겨 주시고 새로운 마음을 주시며 구출 작전을 통해서 그들을 그들의 땅으로 귀환시킬 것이라고 선언합니다. 이 일에 대한 적절한 은유는 죽은 자의 부활뿐입니다.

그래서 이스라엘은 그 종을 바라보면서 놀라움을 금치 못하며 이렇게 말할 것입니다. "그가 찔림은 우리의 허물 때문이요, 그가 상함은 우리의 죄악 때문이라. 그가 징계를 받으므로 우리가 평화를 누리고, 그가 채찍에 맞으므로 우리는 나음을 받았도다"(사 53:5). 이스라엘의 하나님이 왕이시며, 바빌론의 신들은 왕이 아니라는 정치적 메시지의 핵심에서 우리는 유배와 회복의 이야기가 한 개인에 대한 예언으로 바뀌는 것을 볼 수 있습니다. 그것은 마치 안개 속에 서 있는 낯선 표지판처럼, 하나님과 이스라엘과 세상이 다 함께 수렴되는 곳을 가리킵니다.

그 문맥에서 또한 우리는 마침내 예수 당시의 이스라엘이 하늘과 땅이 서로 만나는 일에 대해 생각하고 말했던 다양한 방식을 볼 수 있습니다. 앞 장에서 우리는 성전이 그런 역할을 했다고 지적했습니다. 장막, 그 다음으로 성전에 거하셨던 여호와의 영광스런 임재는 '머무심'(the tabernacling), 즉 '쉐키나'(*Shekinah*)라고 일컬어졌습니다. 그것은 하늘의 하나님이 자신의 백성과 더불어 그들을 위하 땅에 임재하시는 한 가지 방식이었습니다. 예수 시대에는 구속을 받은 하나님 백성에 대한 하나님의 선물로서 토라와 관련하여 유사한 사상들이 발전되었습니다. 만일 여러분이 토라를 지켰다면, 그것은 마치 여러분이 성전 안에 즉 하늘과 땅이 만나는 곳에 있는 것과 같다는 것이었습니다. 조금 전에 우리는 똑같은 방향을 가리키는 또 다른 줄기를 살펴보았습니다. 만물을 지으신 말씀인 하나님의 말씀이 다시 한 번 하나님의 입에서 나와 만물을 새롭게 하시리라는 사실입니다. 하나님의 "지혜"에 대해서도 마찬가지로 말할 수 있습니다. 지혜 사상은 하나님이 세상을 만드실 때 지혜롭게 만드셨다는 생각에서부터 시작하여 "지혜"가 그 자체로 한 인물로까지 발전해 나가는 것 같습니다. ("지혜"에 해당하는 히브리어 *Hokmah*는 여성형이며, 그에 해당하는 그리스어인 *Sophia*도 마찬가지입니다.) 그러므로 "지혜"는 세상에서 일하시는 하나님의 행하심에 대해 그리고 하나님의 영역과 우리의 영역이 서로 만나는 일에 대해 말하는 또 하나의 중요한 방식입니다. 마침내 창세기로 다시 한 번 되돌아와서, 하나님의 강력한 바람, 하나님의 숨, 하나님의 성령(이 세 마디는 모두 원래 같은 단어를 번역한 것입니다)이 세상에 퍼져나가 새로운 생명을 불러 일으키시는 것입니다.

임재와 토라와 말씀과 지혜와 성령은 동일한 것을 말하는 다섯 가지 방식입니다. 이스라엘의 하나님은 이스라엘과 세상의 창조주시며 구속자이십니다. 자신이 하신 태고적의 약속들에 충실하게 하나님은 이스라엘과 세계 가운데 행하셔서 유배와 회복에 대한, 하나님의 구출 작전에 대한, 정의를 이루시는 임금에 대한, 하늘과 땅이 만나는 성전에 대한, 하나님의 백성들을 한데 묶어 주는 토라에 대한, 치유받고 회복되는 창조 세계에 대한 거대한 이야기를 그 정점에 올려놓으실 것입니다. 서로 만나는 것은 하늘과 땅만이 아닙니다. 하나님의 미래와 하나님의 현재도 만나게 됩니다.

이것은 기막힌 꿈입니다. 풍성하며 다층적이며 파토스와 권능이 충만한 꿈입니다. 그러나 어째서 누구나 다 그것 혹은 그 위에 세워질 수 있는 다른 어떤 것이, 결코 꿈에 불과한 것이 아니라고 가정해야 합니까? 어째서 우리가 그 꿈이 사실이라고 상상해야 하는 것입니까?

신약 성경 전체는 그 질문에 답하기 위해 기록되었습니다. 그리고 그 모든 대답은 나사렛 예수에게 초점을 맞춥니다.

## 제7장

## 예수와 하나님 나라의 도래

기독교는 실제로 **일어난** 사건에 관한 것입니다. **나사렛 예수에게** 일어난 일, 나사렛 예수를 **통해** 일어난 일 말입니다.

다시 말해서 기독교는 어떤 새로운 도덕 교훈에 관한 종교가 **아닙니다**. 마치 우리 인간이 어느 방향으로 가야 할지 종잡을 수 없는 상태라서, 참신하거나 더 명확한 지침이 필요하기 때문에 새로운 도덕을 제공해 주겠다는 것이 아닙니다. 예수께서 그리고 그분의 첫 추종자 중 몇몇이 놀라우리만큼 신선하고 지성적인 도덕 교훈을 제공했음을 부인하지 않습니다. 단지 그 같은 교훈을 더 큰 틀 **에서** 이해해야 한다는 말입니다. 그 틀이란 일어난 사건들—이 사건들을 통해 세상이 바뀌었습니다—의 이야기를 말합니다.

기독교는 예수를 놀라운 도덕적인 모범으로 제시하는 종교가 아닙니다. 마치 우리에게 필요한 것은 하나님과 다른 사람들에 대한 온전한 사랑과 헌신의 삶이 어떤 모습인지를 보고 그 모습을 본받으려고 노력하는 것이 전부인 양 말입니다. 만일 그것이 예수의 주된 목적이었다면, 그분의 삶이 어떤 영향을 끼쳤다고 확실히 말할 수 있을 것입니다. 어떤 사람들의 삶은 예수의 모범을 묵상하고 본받음으로써 진짜 변화되었습니다. 그러나 예수의 모범을 살펴보는 일이 사람을 오히려 낙심시킬 수 있습니다. 훌륭한 피아니스트인 리히터(Richter)가 연주하는 모습을 관람하거나, 타이거 우즈(Tiger Woods)가 골프공을 치는 것을 구경한다고 해서 꼭 그들을 흉내 내고 싶은 마음이 생기는 것은 아닙니다. 자신의 실력으로는 그들 근처에도 가지 못한다는 사실을 깨달을 뿐입니다.

또한 기독교는 사람들이 '죽어서 천국갈 수 있게' 해주는 새로운 통로를 예수께서 제공해 주거나, 보여 주거나, 심지어 그 통로를 새로 닦아 주는 것도 아닙니다. 부단히, 끈질기게 일어나는 이러한 오해는 중세의 생각에 기초합니다. 모든 종교의 핵심은—혹 이렇게 표현한다면, 종교라는 경기의 규칙은—인생이라는 신비한 연극을 끝마칠 때 여러분이 그 무대의 오른쪽(즉 지옥이 아니라 천국)에 혹은 시스틴 성당 벽화의 오른편에 설 수 있게 해주는 데 있다는 것입니다. 다시 말하지만, 이 말은 우리의 신앙과 행위가 영속적인 결과들을 가져온다는 사실을 부인하려는 것이 아닙니다. 오히려 이것이 예수의 사역의 초점 그리고 기독교의 요점은 아니라는 말입니다.

마지막으로, 기독교는 하나님에 관한 참신한 가르침을 세상에 제공하려는 것이 아닙니다. 물론 기독교의 주장이 진리라면, 우리는 예수를 봄으로써 진정 하나님이 어떤 분인지 더 많이 배웁니다. 기독교는 우리가 무지하기에 그 무지를 채워 줄 더 나은 정보를 주는 것이 아니라, 길을 잃고 헤매다가 구덩이에 빠져 죽어가는 우리를 구출해 줄 분을 소개합니다.

그렇다면, 도대체 기독교는 **무엇**에 관한 것입니까?

기독교는 이스라엘 이야기의 정점으로서, 자신의 모든 약속을 성취하는 살아 계신 하나님이 잃어버린 자아를 찾아 구원하고 그들에게 새 생명을 주시는 이 모든 일을 예수 안에서 성취하셨다는 믿음에 관한 것입니다. 하나님이 그 일을 행하셨습니다. 예수와 더불어, 하나님의 구출 작전은 단번에 영원히 효력을 발휘하게 되었습니다. 결코 다시는 닫히지 않을 커다란 문이 우주에 활짝 열렸습니다. 그 문은 그 동안 우리가 사슬에 매여 있던 감옥에 이르는 문이었습니다. 우리는 자유를 얻었습니다. 우리 스스로 하나님의 구원을 경험할 자유며, 열린 문을 통과하여 이제는 우리가 들어갈 수 있게 된 새로운 세계를 탐험할 자유가 주어졌습니다. 특별히 우리는 모두 예수를 따름으로써 이 새로운 세계가 진정으로 정의와 영성과 관계와 아름다움의 장소임을 발견하고, 우리가 그 같은 세상을 누릴 뿐만 아니라 그 세계가 하늘에서처럼 이 땅 위에서도 이루어지도록 수고하도록 초대받았습니다. 아니, 사실은 명을 받았습니다. 예수의 말씀에 청종함으로써, 우리는 인류의 마음과 생각 속에 내내 울려왔던 그 음성의 주인공이 누구인지를 발견합니다.

## :: 우리가 어떻게 예수에 대해 알 수 있는가?

예수에 관한 저술은 지난 100년 동안 급성장한 사업 분야 중 하나입니다. 이렇게 된 부분적인 이유는, 예수께서 과거나 현재의 다른 어떤 인물과도 달리 서구 문화의 기억과 상상 가운데서 떨쳐 낼 수 없는 분이었기 때문입니다. 지금도 우리는 예수의 탄생 시점으로 추측되는 때를 기준으로 연도를 산출합니다. (사실은 연도를 계산했던 주후 6세기의 수도사가 몇 년 착오를 일으켰습니다. 아마도 예수는 헤롯 대왕이 죽은 주전 4년이나 그 직전에 태어났을 것입니다.) 제가 사는 영국에서는, 예수에 대해 거의 혹은 전혀 모르는 사람들조차 그분의 이름을 욕설로 사용합니다. 예수의 문화적 영향력이 계속됨을 에둘러 보여 주는 모습이라고 생각할 수 있겠습니다.

미국에서는, 예수에 관한 가당치도 않은 주장들이 아직도 머릿기사를 차지합니다. 아마도 예수의 실제 행위나 말씀은 복음서의 내용과 딴판이었을 것이라든지, 예수께서 결혼했을 것이라든지, 예수는 자신이 하나님의 아들이라고 생각하지 않았을 것이라든지 등의 주장들입니다. 사람들은 예수에 관한 공상적인 해석을 줄거리로 삼는 이야기나 역사 소설 따위의 작품을 씁니다. 예를 들어, 댄 브라운(Dan Brown)의 「다빈치 코드」(*The Da Vinci Code*, 베텔스만코리아 역간)가 그런 종류의 책입니다. 댄 브라운은 (여러 다른 주장도 했지만) 예수께서 막달라 마리아와 결혼하여 자식을 낳았다고 주장합니다. 이 책의 비상한 인기는 단순히 이 책이 잘 쓰인 추리 소설이기 때문만은 아닙니다. 그런 책은 수없이 많습니다. 예수에 관한 무언가가 그리고 현재 우리 문화가 인식하는 것보다 더 많은 것이 예수께 있을지 모른다는 생각 때문에 수백만의 사람이 여전히 새로운 가능성과 기대감을 품습니다.

이 모든 현상의 부분적인 이유는 역사상의 모든 인물과 마찬가지로 예수도 재해석할 가능성이 있다는 점일 것입니다. 사람들은 윈스턴 처칠에 대해 수정된 관점으로 그의 전기를 다시 씁니다. 그에 관한 자료들이 몇 트럭분은 될 것입니다. 알렉산더 대왕에 대해서도 그런 전기를 씁니다. 알렉산더 대왕에 대해서는 상당히 적은 양의 자료가 남아 있을 뿐입니다. 사실 증거 자료가 많으면 많을수록, 이런 식으로 해석하거나 저런 식으로 해석할 여지가 더 많아집니다. 증거 자료가 적으면 적을수록, 빈틈을 메우기 위해 합리적인 추측을 더 해야 합니다. 그러므로 엄청나게 자료가 많은 최근의 인물을 살펴보든지 거의 아는 바가 없는 고대의 인물을 살펴보든지 간에, 역사가는 언제나 할 일이 참 많습니다.

예수에 관한 자료는 많기도 하고 적기도 하며, 그 밖의 것들 또한 많습니다. 분명 우리에게 있는 예수에 대한 자료는, 말하자면 처칠이나 존 에프 케네디에 대한 자료보다는 훨씬 못 미칩니다. 그러나 고대 세계 대부분의 사람—말하자면, 예수께서 죽으셨을 당시 로마의 황제였던 티베리우스나 동시대의 유대 통치자 헤롯 안티바스—에 대해서보다는 예수에 대해 더 많이 압니다. 사실 예수께서 하셨다고 하는 말씀도 많고, 그분이 행하셨다고 하는 행위도 너무 많아서 그 중에서 선택을 할 수밖에 없습니다. 이 장과 다음 장에서 간단히 다루려다 보니 그 중에서 겨우 몇 가지만 다룰 수 있을 따름입니다. 그러나 동시에 예수의 아동기와 청년기의 대부분을 비롯하여 현대 전기 작가라면 알고 싶어 할 것들 중에서 안타깝게도 알 수 없는 부분들이 있습니다. 예수께서 어떻게 생기셨는지, 아침 식사로는 무엇을 잡수셨는지에 대해서는 아무도 말해 주지 않습니다. 더 중요하게는, 예수께서 성경을 어떻게 읽으셨는지 혹은 예수께서 어떻게 기도하셨는지에 대해서도 간략한 언급 이외에는 우리에게 알려 주는 사람이 아무도 없습니다. 그러므로 관건은 예수께서 뭘 하려고 하셨는지, 무엇을 이루라는 소명을 받았다고 믿었는지에 대한 역사적이고, 개인적이며, 신학적인 의미를 이해할 수 있도록, 예수의 세계—즉 복잡하고 위험천만한 주후 1세기 중동 지방—를 이해해야 한다는 것입니다.

이미 언급했듯이, 고대나 현대 역사의 어떤 인물보다도 예수를 이해하려는 시도를 더욱 복잡하고 격렬하게 만들어 주는 무엇인가가 더 있습니다. 그리스도인들은 애초부터, 비록 예수께서 지금은 더 이상 팔레스타인 땅을 걷지 않고, 그런 면에서 우리가 그분을 만날 수도 없고 알 수도 없는 형편이지만, 아주 다른 의미에서 예수께서 실제로 '우리와 함께' 계시며, 우리가 다른 사람들을 아는 것과 같은 방식으로 예수를 알 수 있다고 주장해 왔습니다.

그 까닭은 나사렛 예수 안에서 하늘과 땅이 단번에 그리고 영원히 만나게 되었다는 사실이 단순히 기독교 교의만이 아니라 기독교적 경험의 중심을 차지하기 때문입니다. 하나님의 영역과 우리의 영역이 교차하고 맞물리는 곳은 더 이상 예루살렘 성전이 아닙니다. 성전에 대한 주장이 말이 되게 해주었던 것과 동일한 우주

론이 이 주장도 의미 있게 해줍니다. 다시 말씀드리지만, 유대와 기독교 사상에서 "하늘"이란 수킬로미터 위 상공이 아니라 우주에서의 하나님의 차원을 가리킵니다. 그래서 그리스도인들은 지금 예수께서 "하늘에" 계시다고 믿지만, 예수는 현재 우리의 세계에 임재하시며, 우리가 그분에게 접근할 수 있으며 실로 이 세상에서 활약하십니다. 그러므로 이러한 사실을 믿고 그에 따라 살아가려는 사람이면 누구에게나 예수의 역사를 쓴다는 것은 과거 어떤 인물의 삶을 추적하여 문서화하는 것보다 훨씬 더 복잡한 일입니다. 마치 여전히 살아서 우리를 놀라게 할 수 있는 친구에 대한 전기를 쓰려는 것과 같다고 말할 수 있습니다.

그렇다면, 역사상의 인물인 예수에 대해 쓰기를 포기하고 대신에 현재 우리가 경험하는 예수에 대해 써야 한다고 말하는 편이 좀더 간단하지 않을까요? 오늘날 많은 사람이 그렇게 해야 한다고 강력하게 주장합니다. 이해하다시피, 그 동안 학자들과 인기 저술가들이 쓴 몇몇 쓰레기 같은 책 때문에 적잖이 식상했기 때문입니다. (쓰레기 같다는 말은 그렇게 지나친 말이 아닙니다.) 그러나 그렇게 해서는 안 될 것입니다. 우리가 역사적인 증거를 아주 진지하게 연구한다 할지라도 예수를 우리 자신의 이미지대로 재구성하는 일을 피하기는 매우 어렵습니다. 그런 판에 만일 우리가 역사를 내팽개쳐 버린다면, 브레이크가 제거되면서 예수에 대한 그림이 완전히 공상으로 빠져 버릴 것입니다.

그 중에서도 가장 매스꺼운 공상이 1930년대 몇몇 독일 신학자의 시도였습니다. 그들은 유대인이 아닌 예수(실로 반-유대적인 예수)를 만들어 내려고 노력했습니다. 이런 시도는 좀더 최근에 이루어진 예수에 대한 비-유대적인 묘사들과 몇 가지 우려할 만한 유사성을 지닙니다. 현대 학계의 건강한 징후들 가운데 한 가지는 예수를 예수 시대의 유대교 안에서 새롭게 이해하려는 단호한 노력이 이루어진다는 사실입니다. 물론 이러한 노력은 그 자체로 몇 가지 해결되지 않는 의문점들을 남겨 놓습니다. 예수께서 주후 1세기의 유대인이었다는 점을 인정한다고 할 때, 그분은 주후 1세기에 속하는 어떤 종류의 유대인이었는가? 적어도 이 질문이 우리에게 올바른 출발점을 제공해 줍니다.

## :: 복음서는 신뢰할 만한가?

예수 연구에서 핵심적인 질문은 바로 이것입니다. 과연 우리가 복음서를 믿을 수 있는가? 제가 말씀드리는 책은 마태복음, 마가복음, 누가복음, 요한복음이라 알려진 신약 성경의 '정경'—즉 초대교회가 일찍부터 틀림없으며 권위 있는 책으로 인정했던 네 권의 책(그래서 종종 '정경'의 복음서로 알려져 있는 책들)입니다. 최근 들어, 이 네 권의 복음서가 초대교회에 돌아다닌 수십 가지 유사한 작품 중에 네 가지였을 뿐이며 이 네 권이 마침내 특권을 누리게 되면서 그 외의 다른 책들은 뒤로 밀려나고 억압되고 혹은 금서화 되었다고 생각하도록 강요하는 학술서들과 대중적인 책들이 쏟아져 나옵니다. 때때로 제시되듯이, 이 네 권이 채택된 일차적인 이유는 그 책들이 기독교가 로마 제국의 공식 종교가 되었던 주후 4세기 지배

권력층에게 편리한 예수관을 지지했기 때문이라는 것입니다.

이 말은 우리가 이제는 정경의 복음서들에 기초한 예수의 모습을 다 찢어 버리고 완전히 다시 시작해야 한다는 뜻일까요? 절대로 그렇지 않습니다. 1945년 이집트의 상류 지역에 위치한 나그 함마디(Nag Hammadi)에서 발견된 한 은닉처에서 온갖 종류의 다른 문헌이 등장했습니다. 그 중 몇 가지는 그 글들이 작성되었던 시기에 사람들이 예수에 관해 무슨 말을 했는지에 대한 흥미로운 사실을 우리에게 제공해 줍니다. (그런데 나그 함마디 문서들이 발견된 지 얼마 되지 않아서 발견된 사해 사본들은, 상당 부분 잘못된 정보를 지닌 정반대의 주장들과는 달리, 예수나 초대교회 그리스도인들에 관해서 아무런 말도 하지 않습니다.) 그러나 그러한 문헌들은 그 어느 것도 사실상 우리가 이미 가지고 있던 복음서들을 밀쳐 버릴 수 없습니다.

가장 유명한 나그 함마디 문서이자 가장 긴 문서 중 하나를 예로 들어봅시다. 예수께서 하셨다는 말씀들을 수집해 놓은 '도마복음서'(the Gospel of Thomas)입니다. 이 책은 예수 자신에 대한 역사 자료로서 정경 복음서들에 최소한 필적하며 더 우월할 수도 있는 책으로 볼 수 있으며, 그리 취급되어야 한다고 종종 주장되는 책입니다. 나그 함마디 문서들이 대부분 그렇듯, 우리가 현재 가진 '도마복음서' 역본은 그 당시 이집트에서 사용되던 콥트어(Coptic)로 기록되어 있습니다. 그러나 도마복음이 시리아어를 (콥트어로) 번역한 것임이 입증되었습니다. 시리아어는 예수께서 사용하셨음에 틀림없는 아람어와 아주 비슷한 언어였습니다. (물론 예수께서는 오늘날 많은 사람이 영어를 제2외국어로 하듯이 그리스어도 잘 하셨을 것입니다.) 그러나

'도마복음서'가 담고 있는 시리아 전승들은 거의 확실하게 1세기가 아니라 2세기 중반에 속하는 것으로 연대가 잡힙니다. 이는 예수 시대로부터 거의 100여 년 이후입니다. 다시 말해서, 초대교회 내에 광범위하게 네 권의 정경 복음서가 사용되었던 시기로부터 70년에서 100년 정도 후에 작성된 것입니다.

더욱이, 반증을 찾아내려는 노력들에도 불구하고, '도마복음서'의 예수의 말씀들은 정경 복음서들의 병행 자료들처럼 오리지널한 것이 아니라는 명백한 증거들이 드러납니다. 많은 경우 '도마복음서'의 말씀들은 상당히 다른 관점을 표현하기 위해서 은근하게 변즈되었습니다. 예를 들어, 마태복음과 마가복음, 누가복음은 예수께서 "가이사의 것은 가이사에게, 하나님의 것은 하나님에게 바치라"고 말씀하시는데, '도마복음서'에서는 그 말씀의 말미에 "그리그 나의 것들은 나에게 (바치라)"는 별도의 어구가 붙어 있습니다. 이것이 무슨 말이냐 하면, '도마복음서'가 표상하는 세계관에서는, "하나님"이라는 단어가 **현재의 악한 세상을 만든 이등급 신**을 지칭합니다. 예수는 그 세상에서 사람들을 구출해 내기 위해 오셨다는 것입니다. '도마복음서'를 비롯한 나그 함마디 문서들은 대부분 "영지주의"(Gnosticism)라 하는 세계관을 표현하는데, 그에 따르면, 현재 세상은 어둡고 악한 곳이며 우리는 그 곳에서 건짐을 받아야 한다는 것입니다. 이 세계는 예수께서 속했던 유대 세계와 사복음서들의 세계와는 아주 다릅니다.

'도마복음서'와 그 같은 여타의 저술들—즉 신약 성경에 속하지 않는데도 소위 "복음서"라 일컫는 문서들—은 말씀을 수집해 놓은 것입니다. 예수께서 행하신 일이나 그분께 일어났던 일들에 관한 이야기는 거의 들어 있지 않습니다. 그러나 네 권의 정경 복음서는 그와는 아주 다릅니다. 정경의 복음서들은 단순히 예수의 말씀 모음집이 아닙니다. 그 복음서들은 한 **이야기**를 들려주는데, 그것은 이스라엘 이야기의 절정이며, 창조주이자 아브라함과 이삭과 야곱의 언약의 하나님의 약속들의 성취라 언급되는 예수 자신의 이야기입니다. 나그 함마디와 그 비슷한 문헌들은 이 책의 제5-6장에서 살펴본 세계—만일 예수께서 실제로 주후 1세기 초의 믿을 만한 유대인의 한 사람이었다면 반드시 속했을 세계—와는 완전히 동떨어져 있습니다. 네 권의 정경 복음서들은 모두 예수를 그 세계에 자리매김할 것을 주장합니다. 물론 불행스럽게도 예배를 드리면서 성경의 일부분만 조금 떼어서 읽는 교회의 전통 때문에 이 사실이 흐려져 있지만 말입니다. 예수와 복음서들에 대해서 역사 연구를 하는 부분적인 이유는 세상에게는 말할 것도 없고 교회에게도 복음서들이 실제로 말하는 것이 무엇인지를 거듭해서 일깨워 줄 필요가 있기 때문입니다.

더욱이 그 네 권의 복음서는 아무리 늦게 잡아도 주후 90년경에는 다 작성되었음에 틀림없습니다. (제 개인적으로는 사복음서가 그보다는 훨씬 전에 기록되었으리라 생각합니다. 더 늦을 수는 없습니다.) 2세기 초반의 그리스도인 저술가들은 사복음서를 알았고, 그 이름도 언급했습니다. 이 시기는 나그 함마디라고 지금 우리에게 알려진 자료에 대해 어느 누구라도 논의를 시작하기 훨씬 전입니다. 그리고 사복음서는 훨씬 더 초기로 소급되는 구전들과 기록된 자료들—예수의 추종자들이 대부분 생존하여 초기 기독교 운동 가운데서 활약했을 뿐만 아니라 그 운동의 성장기에 그 새로운 운동을 의식하면서 곁에서 바라보았거나 반대했던 이들이나 관리들이, 아직도 그 운동 주위에서 신망을 얻으면서 퍼져나가던 이야기들에 도전하거나 반박할 태세를 갖추던 때에 나온 자료들—을 수록하며, 그 자료들에 기초를 둡니다. 팔레스타인은 아주 작은 땅덩어리입니다. 인쇄물이나 전송 매체가 전혀 없었던 세상에서 사람들은 비범한 사람이나 사건에 대한 이야기를 듣거나 전하는 데 열심이었습니다. 요한이 그의 복음서 말미에서 시사하듯이, 복음서 기자들이 기록한 것보다 예수에 관하여 입수할 수 있었던 자료가 실제로 훨씬 더 많았을 가능성도 있습니다. 예수의 삶과 사역의 핵심적인 특징들은 잘 알려져 있었음에 틀림없습니다. 일찍이 복음을 전파했던 어느 설교자의 말처럼, 이런 일들은 어느 한쪽 구석에서 일어난 일이 아니었습니다.

때때로 그런 상상이 있기는 했지만, 그렇게 상상하듯이 복음서들의 자료를 재구성하기란 쉽지 않습니다. 특히 저는 "Q 자료"라고 널리 일컬어지는 자료를 찾아내려는 열정에 공감할 수 없습니다. Q 자료란, 마태복음과 누가복음의 배후에 있다고 많은 사람이 가정하는 자료를 말합니다. 설혹 그런 자료가 세상에 존재했다 할지라도, 먼저 그 자료를 재구성한 다음에 그렇게 재구성해 낸 것을 가지고 다시 거꾸로 마태복음과 누가복음을 재단하는 척도로 사용하는 것은 극히 형편없는 자세입니다. (물론 그렇게 말한다고 해서 그런 시도를 하려는 대담한 영혼들을 막을 수는 없습니다.) 더구나 최근 몇몇

학자가 그랬던 것처럼, 그러한 자료가 초기 기독교의 신앙 내용들과 생활 방식 및 초기 기독교 전체의 특색을 대변한다고 주장하는 것은 훨씬 더 취약합니다. 제가 판단하기로, 복음서 기자들이 많은 경우 구전 형태나 직접 목격한 목격자들의 증언으로 이루어진 다양한 자료에서 끌어다 썼을 가능성이 훨씬 더 크다고 여겨집니다. (그 세계는 기록된 보고서보다는 구전이 훨씬 더 가치 있게 여겨지던 세계였습니다.)

물론 이 말은 그렇다고 해서 복음서들이 말하는 모든 것이 자동적으로 그 정당성을 입증받게 된다는 뜻은 아닙니다. 그 자료들의 역사적 가치 판단은 꼼꼼한 역사 연구를 통해서만 이루어질 수 있습니다. 저와 다른 학자들은 상당히 길게 이 작업을 시도해 왔습니다만, 지금 이 책과 같은 종류의 책에서는 그렇게 할 수가 없습니다. 저는 간단히, 네 권의 정경 복음서가 넓게 말해서 진짜 역사에 확고하게 근거를 둔 나사렛 예수에 대한 그림을 제시한다는 저의 확신을 기록합니다. 「기념비적인 세계사」(*History of the World*, 1980)의 저자인 역사가 존 로버츠(John Roberts)가 요약하듯이, "[복음서들은] 배격될 필요가 없습니다. 그보다는 훨씬 더 견고한 주제들에 대한 훨씬 더 부적절한 증거가 종종 [역사를 서술할 때] 채택되어야 하는 일이 있습니다." 정경의 복음서들에서 우리가 발견하는 예수의 모습은 주후 1세기의 20년대와 30년대 팔레스타인의 세계에 들어맞는 모습입니다. 무엇보다도 그 모습은 그 자체로 일관성을 지닙니다. 복음서의 묘사 가운데 떠오르는 예수는 역사상의 인물로서 철저하게 믿을 만합니다. 물론 우리가 그 예수를 바라보면 바라볼수록, 더욱 더 태양을 응시하는 것과 같이 느껴지지만 말입니다.

## :: 하나님 나라

"하나님 나라가 가까이 왔느니라." 이 선언은 예수의 공적 선포의 핵심이었습니다. 예수께서는 우리가 바로 앞 장 말미에서 기술했던 그 세계를 향해 말씀하셨습니다. 그 세계에서 유대 민족은 하나님이 자신들을 이교도들의 압제로부터 건져내고 세상을 바로 잡으시기를—다시 말해서 최종적으로 그리고 온전하게 왕이 되어 주시기를—염원했습니다. 복음서들은 그 모든 중심에 예수를 두고서 옛날부터 전해져 오던 약속들과 당대의 긴급한 상황을 하나로 엮어 그 이야기를 전합니다. 이것이 바로 예수께서 자신이 하는 일을 바라보았던 그대로라는 사실을 의심할 만한 이유가 전혀 없습니다.

그러나 하나님 나라가 가까이 왔다는 예수의 말씀은 무슨 뜻이었을까요? 예언자 이사야는 시편 몇 편과 다른 성경 구절들과 맥을 같이하면서, 도래하는 하나님의 나라를 (a) 하나님의 약속과 목적이 성취될 때와 (b) 이스라엘이 이교도들의 압제로부터 건짐을 받게 될 때와 (c) 악이 (특히 압제적인 제국들의 악이) 심판받을 때와 (d) 하나님이 정의와 평화의 새로운 통치를 알리실 때로 언급했습니다. 다니엘은 짐승들(즉, 이교도들의 제국들)이 극악한 일들을 저지르고, 하나님이 모든 것을 평정하고 자신의 백성들을 변호하실 때가 임할 것을 그렸습니다. 세계는 마침내 바른 길을 드러낼 것이었습니다. 하나님의 나라가 현재 세상에 이르렀음을 말하는 것은 그 전체 줄거리를 환기시키고 그 이야기가 절정에 달하게 되었음을 선언하는 것과 같습니다. 하나님의 미래가 현재 속으로 침투해 왔습니다. 하늘이 땅에 도래했습니다.

하나님 나라에 대한 예수의 메시지는 당시 사람들이 처음 들은 말은 아니었습니다. 예수의 소년기 동안, 두 차례나 유대 혁명가들이 자신의 동포들에게 인구 조사와 그 결과로 부과되는 세금에 대해 로마 제국에 저항할 것을 촉구했습니다. "하나님 외에는 왕이 있을 수 없다"고 그들은 말했습니다. 다시 말해서 이 부패한 인간 왕국들이 아니라 하나님의 왕국을 위한 때라는 것입니다. 로마인들은 언제나 그렇듯이 차가움과 잔인함으로 철저하게 반역자들을 진압했습니다. "하나님의 나라"라는 말은 당시의 많은 유대인에게 다시 한 번 반역자들에 대한 본보기 사형 집행이었던 십자가 처형을 떠올리게 만들었을 것이 틀림없습니다. 그러면 사람들에게 말씀을 전하면서 예수께서는 무슨 의미로 하나님의 나라가 임한다고 말씀하셨을까요?

예수께서는 옛날부터 전해 내려온 예언들이 성취된다고 믿으셨습니다. 예수께서는 이스라엘의 하나님이 급진적인 방식으로 이스라엘을 새롭게 하고 재건하시면서 새로운 일을 행하신다고 믿으셨습니다. 그분의 사촌이었던 세례 요한 역시 하나님 나라의 도래를 선포했으며, 자기 뒤에 오실 다른 누군가를 맞이할 채비를 하라고 사람들에게 말했습니다. 세례 요한은 도끼가 나무뿌리에 놓여 있다는 극단적인 표현까지 사용했습니다. 하나님이 땅의 돌들로부터도 아브라함의 자손들을 일으킬 수 있다고까지 말했습니다.

　　이것을 구출 작전이라고 한다면, 거기에는 한 가지 차이점이 있습니다. 이 작전은 그저 이스라엘의 하나님이 악한 이교도들을 써워 물리치고 자신의 백성을 방어해 주는 것에 그치지 않고, 매우 광범위한 것이었습니다. 하나님은 이교도들만이 아니라 이스라엘도 심판하셨습니다. 아무도 당연시 할 수 없는 전혀 새로운 방식으로 하나님은 행동하셨습니다. 하나님은 자신의 약속을 지키시되, 아무도 예상하거나 예기치 못한 방식으로 성취하셨습니다. 하나님은 이스라엘에게, 아브라함에게 하셨던 자신의 약속들을 생각나게 하는 참신한 도전을 하셨습니다. 이스라엘은 진정 세상의 빛이지만, 현재의 정책은 그 빛을 나무통 안에 가두는 것이었습니다. 이제는 과감한 조처를 취할 때가 왔습니다. 흔히 있었던 군사적인 반란 대신에, 싸움과 폭력 대신에, 원수들에 대한 사랑으로 다른 편 뺨을 돌려대고 오 리 대신 십 리까지도 동행해 줌으로써 진정 하나님이 어떤 분인지를 이교도들에게 보여 줄 때였던 것입니다. 이것이 바로 우리가 "산상수훈"이라고 부르는 일련의 가르침(마 5:1-7:29)에서 예수께서 던지셨던 도전입니다.

　　여러분은 그처럼 급진적인 메시지를 어떻게 사람들에게 납득시키겠습니까? 어떻게 여러분은 상당히 다른 것을 기대하는 사람들에게 그처럼 과감한 것을 말할 수 있겠습니까? 구체적으로 두 가지 방법으로 그렇게 할 수 있을 것입니다. 하나는 상징(특히 연극적인 행위)을 통해서 그리고 다른 한 가지는 이야기를 통해서 그렇게 할 수 있습니다. 예수께서는 두 가지 방법을 다 사용하셨습니다. 열두 제자를 택하신 것은 그 자체가 강력한 상징이었습니다. 그 선택은 하나님의 전체 백성, 야곱의 열두 아들로부터 이어져 내려온 이스라엘의 열두 지파를 다시금 재구성하신다는 사실을 말합니다. 그처럼 하나님의 백성을 다시금 새로 만드신다는 사실은 예수의 놀라운 치유 사역의 중심을 차지했습니다. 역사적으로 예수께 치유의 권능이 있었다는 사실은 전혀 의심할 여지가 없습니다. 바로 그 때문에 예수께 많은 군중이 모여들었으며, 또한 마귀와 한 패라는 비난도 감수하셔야 했습니다.

그러나 예수께서는 자신의 치유 사역을 단순히 근대 이전의 이동 병원의 일종으로 보지 않으셨습니다. 치유가 중요한 일이긴 하지만, 예수께서는 단지 병 때문에 환자를 고쳐 주지는 않으셨습니다. 또 치유 사역이 예수의 메시지를 듣도록 사람들을 끌어 모으는 수단도 아니었습니다. 오히려 치유는 그 메시지를 극적인 형태로 보여 주는 징표였습니다. 세계의 창조자이신 하나님은 자신이 약속해 주신 일을 이루도록, 먼 눈을 뜨게 하고 막힌 귀를 열어 주며, 백성들을 구출해 내고 모든 것을 제자리로 되돌리기 위해서 예수 안에서 일하셨습니다. 그래서 바닥에 있던 자들이 스스로도 매우 놀랄 정도로 꼭대기에 있음을 알게 될 것입니다. "온유한 자는 복이 있나니, 저희가 땅을 기업으로 받을 것임이요"라고 예수께서 말씀하셨습니다. 그리고 그 일이 일어나게 하기 위해 가셨습니다.

마찬가지로 예수께서는 이야기를 말씀하셨습니다. 그분의 이야기는 당대의 사람들을 동하게 만들었습니다. 정확히 그 이유는, 그 이야기들이 자신들이 기대하던 이야기이기도 하며 아니기도 했기 때문이었습니다. 옛 예언자들은 말하기를, 유배라는 긴 겨울이 지나면 하나님이 이스라엘을 다시금 심어 주실 것이라 했습니다. 예수께서는 사람들이 씨를 뿌리는 이야기, 어떤 씨앗은 열매를 맺지만 상당수의 씨는 쓸데없이 버려지는 이야기, 씨가 은밀하게 자라 갑자기 수확하게 되는 이야기, 아주 작은 씨앗이 커다란 관독을 이루는 이야기들을 들려주셨습니다. 이 '비유들'은 종종 가정하듯 '하늘의 의미를 지닌 지상의 이야기'가 아니었습니다. 예수의 사역의 전체 요점은 하늘을 땅으로 이끌어 임하게 하고, 그 둘이 영원히 결합하도록 만들며, 하나님의 미래가 현재 가운데 진입하게 만들고 그 자리에 계속해서 거하도록 하는 데 있었습니다. 그러나 하늘이 땅에 임하여 땅이 아직 준비되지 않았음을 알게 될 때, 아직 사람들이 잠들어 있을 동안 하나님의 미래가 현재 안에 도착하게 되었을 때, 폭발이 일어날 것입니다. 그리고 그런 일이 실제로 일어났습니다.

구체적으로 오늘날 식으로 말하자면 '종교적 우파'(the religious right)라고 일컬을 수 있는 사람들이 있었습니다. "바리새인"이라 불리던 인기 있지만 비공식적인 압력 단체가 이들을 이끌었습니다. 이들은 하나님의 나라가 이런 식으로 자신의 사역을 통해서 임한다는 예수의 가르침에 강력하게 반발했습니다. 그들은 예수께서 하나님 나라를 이 '모든 제대로 되지 못한 사람들과 더불어서'— 가난한 자들, 사회적으로 버림받은 사람들, 증오의 대상인 세금징수원들과 더불어서—실제로는 하나님 나라에 합류하고 싶어 했던 사람이면 누구나 다 가리지 않고 받아들이면서 축하하는 사실 때문에 큰 충격을 받았습니다. (이것도 또 하나의 강력한 상징이었습니다.) 바로 이러한 비판에 응답하면서 예수께서 매우 통렬하면서도 강력한 비유 몇 가지를 말씀하신 것입니다. 이러한 비유 중에 종종 "탕자의 비유"(눅 15장)라 일컫는 이야기가 있습니다. 두 아들 중 작은 아들은 집을 떠나 자신과 가족에게 불명예를 끼치고, 회개하면서 돌아왔을 때 깜짝 놀랄 환영을 받습니다. 집에 남아 있던 큰아들은 돌아온 탕자를 분에 넘치도록 후하게 환영하는 아버지의 태도에 분노합니다. 이 이야기에는 오랫동안 흘러나왔던 성경의 메아리들—야곱과 에서 그리고 유배와 회복의 메아리들—이 들어 있습니다. 예수의 비유가 대부분 그렇듯, 이 이야기는 청중으로 하여금 그 현장에 들어가서 예수에 관한 진실을 그리고 그들 자신에 대한 진실을 발견할 것을 요구합니다. 이 비유는 한 가지 특정한 점을 지적하기 위해 베풀어졌습니다. 이것이 바로 그 모든 잘못된 사람, 그 자리에 있어서는 안 될 사람들이 참석하는 잔치가 진행되는 이유라는 것입니다. 그리고 이것이 바로 만일 당신이 합석하기를 거부할 경우 비쳐지는 당신의 모습이라는 것입니다. 하나님의 나라는 당신의 코앞에서 진행되는데, 당신은 그것을 볼 수 없다는 말입니다. 더욱이 만일 주의하지 않으면, 당신도 (하나님 나라) 문 밖에 있게 될 것입니다.

그러나 예수의 가르침에 주의를 기울이던 사람들은, (당연히) 토라에 대한 이스라엘의 충성에 대해, 예수께서 자기들의 전통과 잘 부합되지 않는 것을 백성에게 가르치신다는 사실의 위험성을 염려하던 비공식적인 압력 단체들만이 아니었습니다. 이미 살펴보았듯이, 하나님 나라 선포는 반역을 의미했습니다. 그래서 그 당시 복잡하게 얽혀 있었던 권력 체계를 살펴보지 않을 수 없습니다. 헤롯 안티파스(Herod Antipas)는 이 시기에 공식적인 '유대인의 왕'이었습니다. (헤롯 안티파스는 그의 아버지 헤롯 대왕의 그늘에서 왕 노릇을 했지만, 상당히 강력하고 사악했습니다.) 그는 그 이야기의 페이지마다 그림자를 드리웠습니다. 그러나 권력의 중심지인 예루살렘에는 대제사장들과 성전을 지키는 자들이 있었습니다. 실제로는 그들이 일을 운영했습니다. 그리고 그 모든 사람의 배후에서, 가까이 시리아에서 지원군을 요청할 수 있었던 총독을 통해 역사하던 로마의 권력이 자리잡고 있었습니다. 예수 당시의 유대인들은 네 마리 바다 괴물이 하나님의 백성을 공격하기 위해 다가오는 다니엘의 이야기를 읽을 때 로마가 가장 강력한 네 번째 괴물일 것이라고 해석했습니다. 이제는 하나님이 일어나서 자신의 보좌에 앉으시고, 자신의 백성을 구출해 내시고, 자신의 나라를 진입시키시고 세상을 바로잡으실 때였습니다. 예수께서 사용하셨던 '왕국-언어'는 정확히 그러한 반향을 불러일으켰을 것임에 틀림없습니다.

그러면 예수께서는 이 모든 것을 통해 무엇을 의도하셨던 것일까요? 다음에 무슨 일이 일어날 것이라고 생각하셨을까요? 어째서 이런 식으로 어려움을 자초하셨을까요? 그리고 어째서 예수께서 그렇게 난폭한 죽음을 당한 뒤에, 예수가 유일하신 참 하나님의 살아 있는 현현이라고 생각하는 일은 말할 것도 없고, 그를 심각하게 받아들였던 사람이 생겼던 것일까요?

제8장

## 예수: 구원과 갱신

예수께서는 이제 마침내 하나님 나라가 다가왔음을 선포하시면서 팔레스타인 일대를 두루 다니셨습니다. 그 메시지는 입을 열어 전한 말씀을 통해 전파되듯, 예수께서 행하신 일을 통해서도 전파되어 나갔습니다. 그 메시지는 옛 예언들이 실현되리라는 것, 이스라엘의 이야기가 마침내 그 목적지에 도달하리라는 것, 하나님 자신이 다시 한 번 행동하셔서 자신의 백성을 구출하고 바야흐로 세상을 바로잡으시리라는 것이었습니다.

따라서 예수께서 그의 제자들에게 "인자가 많은 고난을 받고 죽임을 당하고 사흘 만에 다시 살아나야 할 것을"(막 8:31) 말씀하시기 시작했을 때, 제자들은 예수의 말씀이 (구약) 성경의 예언들을 반영하면서 하나님 나라의 도래를 즉 하나님의 미래가 현재에 도달하면서 그들의 오랜 염원이 성취될 것을 가리키는 일종의 암호라 이해했을 것이 틀림없습니다. 그들은, 예수께서 종종 그러셨듯이, 성경에 바탕을 둔 채, 핵심을 명료하게 지적하기 위해 다듬어진 수수께끼와 비유로 말씀하신다고 가정했을 것입니다. 그렇지만 이번만큼은 예수의 말씀이 무슨 뜻인지 파악할 수 없었습니다.

그리 놀랄 일은 아닙니다. 제자들은 예수를 이스라엘의 메시아, 여호와의 기름부음 받은 자, 그 민족이 오래도록 기다려 온 왕으로 여기게 되었기 때문입니다. 기억하시겠지만, "메시아"라는 말은 "기름부음을 받았다"는 뜻의 히브리어나 아람어 단어입니다. 이를 (당시의 공용어인) 그리스어로 번역하면서 "그리스도"라는 말이 나왔습니다. 초대교회 그리스도인들에게 "그리스도"라는 단어는 단순한 이름에 불과하지 않았습니다. 특정한 의미를 지닌 호칭이었습니다.

당시의 모든 유대인이 임하실 메시아를 믿거나 원한 것은 아니었습니다. 그러나 그렇게 믿고 기대한 사람들이 많았는데, 그들은 기름부음 받은 자가 오셔서 무슨 일을 하실지에 대해 거듭 언급되는 기대들을 소중하게 간직했습니다. 메시아는 이스라엘의 원수들에 대항해서—특히, 로마 군대에 대항해서—전투를 벌일 것입니다. 그는 성전을 재건하거나 최소한 정화하고 복원하실 것입니다. 앞서 지적했듯이, 이 일은 자신들이 진정한 왕가라는 주장을 강화하기 위해서 헤롯 가문이 감당했던 과업이었습니다. 메시아는 이스라엘의 장구한 역사를 그 정점으로 끌어올리고, 다윗과 솔로몬의 치세 때와 같이 왕권을 재확립할 것입니다. 메시아는 이스라엘에 대해서는 하나님의 대표가 되고, 하나님에 대해서는 이스라엘의 대표가 될 것입니다.

이상의 모든 사실은 당시의 여러 문헌 그리고 역사의 페이지를 스쳐지나간 몇몇 자칭 메시아 가운데서 볼 수 있습니다. 예수 이후 100년이 지난 뒤에, 당대의 가장 위대한 랍비 중 한 사람이었던 아키바(Akiba)가 시므온 벤 코시바(Simeon ben Kosiba)를 메시아로 추앙했습니다. 시므온은 로마 군대가 자신의 반란을 진압하기 전 첫 해와 둘째 해, 셋째 해에 주화를 발행했습니다. 그 중 한 주화에는 성전 모습이 새겨져 있었습니다. 그 당시 성전은 주후 70년의 재난 이후에 여전히 폐허 상태로 남아 있었습니다. 시므온의 목표는 그렇게 폐허가 된 성전을 재건하고, 그렇게 함으로써 자신을 다윗과 솔로몬, 히스기야와 요시야, 유다스 마카바이우스, 헤롯…유대인의 모든 왕, 모든 성전 건축자나 성전 재건자의 반열에 올려놓으려는 것이었습니다. 이를 위해 그는 이교도들의 군대에 대항해서 최후의 결전을 벌여야 했습니다. 시므온의 모든 계획은 메시아 유형에 정확히 부합하는 것입니다.

그렇다면, 어째서 예수의 추종자들은 그분을 메시아로 추앙했을까요? 그분은 군사 봉기를 이끌지도 않았고, 그렇게 하려고 했던 것 같지도 않았습니다. (어떤 사람들은 그랬을 것이라고 주장하려 애썼습니다만, 그런 주장은 입증하기 어렵습니다.) 예수께서는 성전 재건에 대해서도 언급하지 않으셨습니다. 실제로 예수께서는 성전에 대한 어떠한 명확한 가르침도 자신의 공적 선포의 일부로 삼지 않았습니다. 예수께서는 능력을 행하셔서 군중을 모으고 붙들어 두셨으나,

백성이 그분을 왕으로 추대하려고 하자 슬며시 빠져나가 피하셨습니다(요 6:15). 대부분의 백성은 그분을 예언자로 보았고, 예수께서도 그런 견해를 부추길 만한 행동과 말씀을 하신 것 같습니다. 그럼에도 불구하고, 예수를 가장 가까이에서 따랐던 사람들은 그분을 예언자 이상으로 보았습니다. 그리고 예수 자신도 사촌인 세례 요한에 관하여 수수께끼 같은 말씀을 하시면서 이 점을 암시하셨습니다. 구약 성경의 마지막 예언자들 가운데 한 사람은 예언자 엘리야가 장차 임할 큰 날을 위하여 세상을 예비시키기 위해 되돌아올 것이라고 말한 적이 있었습니다. 엘리야 이후로 올 사람으로는 유일하게 한 사람만 남는데, 그가 곧 메시아였습니다. 예수께서는 세례 요한이 엘리야였다고 말씀하셨습니다. 그 말의 함축적인 뜻은 분명했습니다(마 11:9-15).

그러나 이 시기에 아무도 그 메시아가 죽음은 고사하고 고난을 당해야 하리라고 가정하는 사람은 없었습니다. 오히려 그런 가정은 정상적인 기대와는 정반대되는 것이었습니다. 메시아는 적의 손에 죽임당하는 것이 아니라 이스라엘의 원수들에 대항하여 싸움을 벌여 승리를 이끌어낼 것이라고 기대되었습니다. 바로 이런 이유 때문에, 그들의 비상한 지도자가 실로 하나님의 기름부음 받은 자라고 보게 된 제자들은 예수께서 장차 임할 자신의 죽음과 부활에 대해 말씀하셨을 때 문자 그대로 죽음과 부활을 뜻했으리라고는 전혀 생각할 수도 없었던 것입니다. 유대인이 믿기로는 부활이란 역사의 중간에 한 사람에게가 아니라 역사의 맨 마지막에 하나님의 모든 백성에게 일어날 일이었습니다.

예수께서는 다르게 보셨던 것 같습니다. 그리고 여기서 우리는 자기 소명에 대한 예수의 이해의 중심에 다가가게 됩니다. 이미 지적했듯이, 이사야의 예언의 핵심에는 "고난받는 종"이라는 인물이 있었습니다. 이 사상은 이사야서의 앞부분에서 왕에 대해 생각하면서 발전되어 나온 것이었습니다. 현존하는 자료들을 통해 우리가 판단하는 한, 예수 당시의 유대인들은 이 인물을 두 가지로 다르게 이해했습니다. 어떤 유대인들은 그 종을 메시아로 보았습니다. 그러나 이사야가 말한 "고난"은 메시아가 이스라엘의 대적들에게 가져다줄 고난이라고 보았습니다. 또 다른 유대인들은 그 종을 고난받을 자로 보았습니다. 그러나 이 말의 뜻은 불가피하게도 그들의 눈으로 볼 때 그 종은 메시아일 수 없음을 의미했습니다.

예수께서는 이 두 가지 해석을 창조적으로, 실로 폭발적으로 결합하신 것 같습니다. 이 종은 왕인 동시에 고난받는 자가 될 것입니다. 그리고 그 종은…예수 자신일 것입니다. 예수께서 자신의 소명 의식을 이사야서 본문에서만 끌어내신 것은 결코 아닙니다. 그분이 상당 기간 생각하고 기도하시면서 자신의 소명을 찾아냈다고 생각해야 합니다. 그러나 바로 이사야서에서, 특히 그 중심 단락에서, 우리는 도래하는 하나님의 왕국, 뚜렷한 치유 사역에서 적잖게 표현된 창조 세계의 갱신, 구원하고 회복시키는 하나님의 "말씀"의 권능, 세상의 모든 "바빌론"에 대한 최후의 승리, 종이라는 인물 자체라는 주제들이 결합되어 있는 것을 봅니다. 그리고 아주 놀랍게도 복음서들에서 다시금 그러한 주제들이 결합되어 나타나는 것을 봅니다. 우리가 시력 검사표를 읽을 수 있을 때까지 검안사가 우리

눈앞에 여러 다른 렌즈를 갖다 대듯이, 예수께서 무슨 일을 하도록 왜 부름을 받았다고 믿었는지를 이해하려면 이 모든 주제와 이미지를 명심할 필요가 있습니다.

예수 당시의 다른 수많은 유대인이 신중하게 통찰력을 가지고 집중해서 성경을 연구했습니다. 예수께서도 똑같이 하셨을 것이며, 이런 연구를 통해서 자신이 무슨 일을 해야 할지에 대한 의식을 형성했으리라고 가정할 만한 이유가 충분합니다. 자신의 과업은 이스라엘의 위대한 이야기를 그 절정에 올려놓는 일이라고 예수께서는 믿으셨습니다. 세상을 악으로부터 건져내고 마침내 모든 것을 제자리로 돌려놓겠다는 창조주 하나님의 장기적인 계획은 그분에게서 실현될 것입니다. 어떤 측면에서 볼 때 정의의 엄청난 실패로 볼 수 있는 그분의 죽음은 또한 예언자 이사야가 말했듯이 예수께서 "우리의 허물 때문에 찔리고, 우리의 죄악 때문에 상처를 입게"(사 53:5) 되는 바로 그 순간이기도 했습니다. 세상을 악으로부터 건져내겠다는 하나님의 계획은 그 종에게—즉 예수 그분에게—악이 가장 극악무도한 일을 저지름으로써 그리고 그렇게 하여 그 힘을 다 소진함으로써 효력을 발휘할 것이었습니다.

## :: 성전, 만찬 그리고 십자가

예수께서 자신이 제자들 및 늘어나는 군중과 더불어서 마지막 유월절을 위해 예루살렘에 도착하셨을 때, 일은 절정에 달했습니다. 그 명절을 선택하신 것은 결코 우연이 아니었습니다. 예수께서는 옛 성경 이야기들의 상징적인 힘에 대해 어느 사람만큼이나 민감한 분이셨습니다. 그분의 전체 비전은, 하나님이 이스라엘과 세계를 속박하던 "바빌론들"로부터 그들을 구출해 내시어 새로운 약속의 땅, 새로운 창조 세계로 인도해 줄 최종적인 대 "출애굽"을 실행하신다는 것이었습니다. 예수의 치유 사역은 그 출애굽, 새로운 창조를 미리 보여 주는 표지판이었습니다.

그러나 많은 사람의 예상과 달리, 예수께서는 예루살렘에 이르러 로마 군대의 분견대를 공격하지 않고 성전을 공격하셨습니다. 성전이 부패했다고 선언하시면서(당시의 많은 유대인도 동의했을 지적입니다) 예수께서는 진열대를 뒤엎으면서 그분의 위대한 상징적 행위 중 하나를 행동으로 옮기셨습니다. 그리하여 짧은 시간이나마, 통상적인 일 즉 희생 제물을 끊임없이 드리는 일이 진행되지 못하도록 막으셨습니다. 곧이어 돌풍처럼 퍼부어진 말씀은 예수의 의중에 있던 생각이 무엇이었는지를 잘 드러내 줍니다. 다시 말해서, 이것은 결코 성전을 깨끗이 하겠다는 숙정 작업이 아니라 성전이 하나님의 심판 아래 있음을 드러내 주는 징표였습니다. 예수께서는 이스라엘의 하나님의 이름으로, 하나님이 자신의 백성과 더불어 살고 일하시는 곳이어야 할 바로 그 장소를 향해 도전하셨습니다. 그분의 상징적 행동이 대부분 그렇듯이, 예수께서는 그와 같은 점을 지적하는 자세한 가르침을 통해 이 행위를 뒷받침하셨습니다. 하나님이 그 도성과 성전을 멸망시키시고, 유대 민족 전체가 아니라 예수와 그 추종자들을 변호해 주시리라는 것입니다.

예수께서는 십중팔구 어떤 결과가 올지 아셨을 것임에 틀림없습니다. 물론 원하신다면 아직도 체포를 피할 수 있었을 테지만 말입니다. 그 대신 유월절이 다가오자, 예수께서는 마지막 식사를 위해 열두 제자를 모으셨습니다. 이 마지막 식사는 아마도 일종의 유월절 식사였을 것입니다. 예수께서는 이 식사에 새롭고 경이로운 상징적 해석을 제공하셨습니다.

모든 유대 명절은 의미로 가득 차 있습니다만, 그 중에서도 유월절은 가장 뜻깊은 명절입니다. 유월절은 한 편의 드라마처럼 출애굽 이야기를 극적으로 다시 전해 주는 역할을 합니다. 그리하여 당시의 모든 사람에게 언제 이교도 독재자가 엎드리게 되고, 언제 이스라엘이 해방되었으며, 언제 하나님이 강력하게 행동하셔서 자신의 백성들을 구하셨는지를 되새기게 해주었습니다. 오늘날까지도 유월절을 지키는 일은 언제나 하나님이 다시 그렇게 하실 것이라는 소망을 전해 줍니다. 추상적인 이론이 아니라 해석된 행동으로 주어진 유월절에 대한 예수의 신선한 이해는 그 미래가 즉각적으로 현재 속으로 도래할 것을 말해 주었습니다. 바야흐로 하나님은 그분의 나라를 불러들이기 위해 행동을 취하실 것이었습니다. 그렇지만 예수의 추종자 중 어느 한 사람도 예상치 못했던 방식으로 그렇게 하실 것이었습니다. (물론 예수께서는 그들에게 일러 주려고 시도하셨습니다.) 예수께서는 메시아의 싸움을 싸우시되 패배하시는 싸움을 하실 것입니다. 결국 진짜 적은 로마가 아니라 인간의 자만과 폭력의 배후에 있는 악의 권세들, 이스라엘의 지도자들이 숙명적으로 공모하던 악의 세력들이었습니다. 이제 예수의 행적 내내 그분을 뒤쫓던 악이—비명을 질러대던 광인들과 음모를 꾸미는 헤롯

당들과, 트집거리를 찾으려고 혈안이 된 바리새인들과 궁리를 하던 대제사장들과 예수의 제자 중에 있던 배신자와 예수 자신 속에서 속삭이던 음성들이—하나의 거대한 파도를 이루어 온 힘을 다해 예수의 머리를 덮치려고 집결하는 때였습니다.

그래서 예수께서는 유월절에 떼는 떡을 자신의 벗들을 위해 내어줄 자신의 몸이라고 말씀하셨습니다. 예수께서 자신의 몸으로 악의 무게를 직접 감당하셔서 벗들이 그 무게를 감당할 필요가 없게 하셨습니다. 또한 예수께서는 유월절의 잔을 자신의 피가 담긴 잔이라고 말씀하셨습니다. 성전 희생 제물의 피처럼, 이 피는 언약을 세우기 위해 부어질 피였습니다. 그러나 이번에는 예언자 예레미야가 언급했던 새 언약이었습니다. 이제는 마침내 하나님이 자신의 백성과 온 세상을 단지 정치적인 대적들로부터가 아니라 악 그 자체로부터, 그 백성과 세상을 노예 삼은 죄로부터 건져내실 때가 이르렀습니다. 성전과 그 제사 제도가 가리키긴 했지만 실제로는 결코 달성하지 못했던 일을 그분의 죽음이 이룰 것입니다. 자신을 향해 돌진해 오는 운명을 맞이함으로써, 예수께서는 하늘과 땅 사이의 공중에 달리셔서 하늘과 땅이 만나는 장소가 될 것입니다. 예수께서는 하나님의 미래가 현재 속으로 도래하는 장소가 되시며, 폭력의 악순환에 합류하기를 거절함으로써 세상 나라들에 대하여 그 승리를 경축하는 하나님의 나라가 임하는 곳이 될 것입니다. 그분은 자신의 원수들을 사랑하고, 다른 편 뺨을 내어 주고, 5리 대신 10리까지도 가 주실 것이었습니다. 마침내 그분은 자신에게 고난당하는 메시아에 대해 말해 주었던 옛 예언들에 대한 자신의 해석을 실행에 옮기실 것입니다.

그 다음, 비극적이고 잔인한 몇 시간이 이어졌습니다. 예수께서는 겟세마네 동산 어둠 속에서 기도하며 씨름하셨습니다. 체포를 기다리는 동안, 자기를 삼키려고 그 어둠이 침을 삼키고 있는 것을 느끼셨습니다. 대제사장들의 행동은 크게 예상을 어긋나지 않아서, 신속하게 즉심에 준하는 절차를 진행했습니다. 물론 성전에 거스르며 궁극적으로는 하나님을 모독하는 선동적인 발언을 했다는 고소를 날조하기에 충분한 절차를 진행시켰습니다. 이 고소는 로마 총독의 편의를 위해서, 간편하게 로마에 대항하는 선동을 했다는 죄목으로 바뀔 수 있었습니다. 로마 총독은 유약하고 우유부단했으며, 제사장들은 사람을 주무르는 솜씨가 뛰어났습니다. 예수께서는 그 죄목—로마에 대한 실제 반란죄—에 대해서는 무고한 일로 사형에 처해졌습니다. 반면에 예수 당시의 대부분의 유대인은 그 죄목에 대해, 최소한 의도의 측면에서는 유죄였습니다. 예수 대신에 반역의 수괴였던 바라바가 석방되었습니다. 자신의 1,000번째 희생자를 올려다보던 백부장은 전혀 예상치 못했던 광경을 목격하고, 아마도 이 사람은 진짜 하나님의 아들**이었을** 것이라고 중얼거렸습니다.

이 이야기의 의미는 큰 줄거리뿐 아니라 모든 세세한 부분에서도 찾을 수 있습니다. 모든 고통과 눈물이 갈보리에서 함께 만났습니다. 하늘의 슬픔이 땅의 번민과 결합했습니다. 하나님의 미래에 쌓여 있던 용서하시는 사랑이 현재 속으로 퍼부어졌습니다. 수백만 사람의 마음속에서 메아리치는 목소리들—정의를 향한 부르짖음, 영성에 대한 갈망, 관계에 대한 추구, 아름다움에 대한 사모—이 이 고독한 최후의 외침 속으로 다 이끌려 들어갔습니다. 이교의 모든 역사 가운데 시간과 의도와 의미의 이러한 조합에 근접하는 예는 하나도 없습니다. 유대교의 어떤 것도 혼란스럽고 모호한 예언의 경우를 제외하고는, 그 일에 대해 준비하지 않았습니다. 유대인의 왕, 이스라엘의 운명을 짊어진 자, 자기 백성에 대한 하나님의 옛 약속의 성취인 나사렛 예수의 죽음은 세상이 지금껏 보아 온 것 중에서 가장 어리석고 무의미한 낭비이자 오해이거나, 세계의 역사가 다 그 주위를 도는 지렛대의 받침점입니다.

기독교는 그분의 죽음이 후자였으며, 지금도 그렇다는 믿음에 근거합니다.

## :: 첫 번째 부활절

그리스도인들은 나사렛 예수가 처형당한 뒤 사흘째 되는 날—한 주간의 첫째 날인 일요일—에 죽은 자들 가운데서 육체적으로 부활하여 빈 무덤을 뒤로 하고 나오셨다고 믿습니다. 바로 그것이 우선적으로 우리가 예수의 죽음은 난처한 비극적인 사고가 아니라 악의 모든 세력에 대한 하나님의 놀라운 승리였다고 믿는 이유이기도 합니다.

예수의 부활에 관해 충실한 사실을 언급하지 않고서는 역사적 현상으로서 기독교의 발흥을 설명하기란 지극히 어렵습니다. 그러나 그 설명에 앞서 두 가지 점을 명확히 할 필요가 있습니다.

첫째, 여기서 우리가 말하는 것은 소생(resuscitation)이 아니라 부활(resurrection)이라는 사실입니다. 아무리 사람을 죽이는 일에 관해서라면 노련한 전문가들인 로마 군인들이 어쩌다가 예수를 십자가에서 산 채로 끌어내리는 실수를 저질렀다 할지라도 그리고 밤새 고문과 채찍질을 당하고 낮에는 십자가에 못박힌 후에 예수께서 생명을 부지해서 무덤에서 가까스로 나올 수 있었다 할지라도, 그 누구도 자신이 **죽음을 통과해서 죽음 저편으로 나오게 되었다**고 설득시킬 수는 없었을 것입니다. 그는 설사 그렇다 치더라도, 장기간에 걸쳐 천천히 원기를 회복하는 내내 도움을 받았어야 했을 것입니다. 우리가 확실히 알 수 있는 사실 한 가지는, 비록 그런 일이 일어났다 할지라도, 아무도 예수가 그 메시아였다거나 하나님의 나라가 임했다거나 이제는 예수가 그 나라의 적법한 주재자라고 세상을 향해 말해야 할 선교의 때라고 말하지 않았으리라는 것입니다.

이러한 결론에 반대했던 이론이 몇 년 전에 상당히 유행했습니다만, 지금은 거의 폐기되었습니다. 몇몇 사회학자가 이런 주장을 펼쳤습니다. 그 제자들이 "인지부조화 장애"(cognitive dissonance)를 앓았다는 것입니다. 인지부조화 장애란 어떤 사실을 강력하게 믿는 사람이 정반대의 증거에 부딪쳤을 때 훨씬 더 강력하게 계속해서 믿는 사실을 말하는 현상을 가리킵니다. 나타나는 부정적인 징후들을 인식하지 못한 채 점점 더 깊이 사실을 부정하는 상태에 빠져들기 때문에 그런 사람들이 취할 수 있는 유일한 방법이란 더 큰 소리로 외치고 다른 사람들을 설득해서 자기 편으로 끌어들임으로써 자신의 입장을 유지하는 것입니다.

다른 상황에서라면 이런 현상이 가능하겠지만, 그것이 무엇이든지 간에, 이 설명이 초대교회의 출현을 적절하게 설명해 줄 가능성은 전혀 없습니다. 아무도 누군가가 설혹 그가 메시아라 할지라도, 죽었다가 다시 살아날 것을 기대하지 않았습니다. 십자가에 달린 메시아는 실패한 메시아였습니다. 주후 135년 시므온 벤 코시바가 로마 군대에 죽임을 당했을 때, 그가 메시아이기를 그토록 바랐던 사람들이건만, 그가 죽은 후로는 진짜로 그가 메시아였다고 말하는 사람은 아무도 없었습니다. 하나님의 나라는 어떤 공상의 세계가 아니라 실제 삶에서 일어나야 했습니다.

혹은 몇몇 저자가 즐겨 말하는 것처럼, "부활" 사상은 고대 근동 지방 전역에 걸쳐 있는 종교들에서 발견되는 것도 아닙니다. 죽었다가 다시 부활하는 '신들'—곡식의 신, 다산을 관장한다는 신 등—을 믿었던 종교들이 있었습니다. 예수를 따랐던 유대인 추종자들도 그 같은 이교신들의 전통을 알았을 것이라고 생각할 수 있습니다. 그렇지만 그런 종교들을 믿었던 사람들 중에서 아무도 그런 일이 실제로 인간 개개인에게 일어났다고 생각한 적이 없었습니다. 전혀 없습니다. 지금까지 기독교의 발흥을 설명해 주는 최선의 설명은 실제로 예수께서 다시 나타나셨다는 것입니다. 이리저리 얻어 터지고 피를 흘리면서 겨우 목숨만 건진 상태도, 유령도 아니라 (이야기들은 그 점을 매우 분명하게 지적합니다) 살아 있는 육체를 지닌 한 사람으로 다시 나타나셨습니다.

그러나 그 몸은 뭔가 달랐습니다. 복음서의 이야기들은 이 시점에서 그 이전이나 이후와는 다릅니다. 한 뛰어난 학자가 지적했듯이, 복음서 기자들은 자신들로서는 정확한 어휘를 발견할 수 없는 무엇인가를 설명하려고 애썼던 것 같습니다. 예수의 부활의 몸은 보통의 육체와 많은 면에서 동일한 속성들을 지녔습니다. (그 몸은 말하고 먹고 마시며, 손으로 만질 수 있었습니다.) 그러나 다른 속성들도 있었습니다. 그 몸은 나타났다가 사라졌다가 할 수 있었으며, 잠긴 문을 통과할 수 있었습니다. 유대인들의 문헌이나 상상에서는 그 어느 것도 이와 같은 묘사를 받아들일 수 있게 만들어 줄 만한 것이 없었습니다. 만일 복음서 기자들이 기존의 생각에 맞추어서 뭔가를 꾸며냈다면, 그들은 틀림없이 부활하신 예수를 별처럼 빛나는 분으로 묘사했을 것입니다. 다니엘 12:3에 따르면(이 구절은 당시 유대인들의 사상에 매우 큰 영향을 끼치고 있었습니다), 이것이 바로 의인이 부활 시에 나타날 모습이었습니다. 그러나 예수께서는 그렇지 않았습니다. 예수의 몸은 선례도 없고, 예언도 없으며, 앞으로도 그 같은 두 번째 예가 전혀 없을 방식으로 변화한 것 같습니다.

그런 종류의 결론은 과학적인 관점에서 볼 때 언제나 좌절스러울 수밖에 없습니다. 결국 과학이란 실험실의 조건에서 재현될 수 있는 현상들을 연구하는 것이기 때문입니다. 그러나 역사는 그렇지 않습니다. 역사가들은 단 한 차례 일어난 일들을 연구합니다. 비록 비슷한 예들이 있다 할지라도 각각의 역사 사건은 유일합니다. 그리고 역사적인 논증은 상당히 분명합니다. 반복해서 말합니다. 예수의 난폭한 죽음 이후 어째서 기독교가 시작되었는지에 대한 최상의 설명은 그분이 변화된 몸으로 사흘 후에 진짜 육체적으로 살아나셨다는 것입니다.

이러한 설명(혹은 다른 어떤 주장)이 모든 사람으로 하여금 예수께서 죽은 자들 가운데 부활하셨다고 믿도록 **만들 수 있다고** 말하는 것은 아닙니다. 어떤 사람이라도 이렇게 말할 가능성은 언제나 열려 있습니다. "좋아요, 기독교의 발흥에 대해 이보다 더 나은 설명은 없다고 말할 수 있겠지요. 그렇지만 저는 죽은 사람은 결코 부활하지도, 그럴 수도 없다고 알기 때문에, 반드시 다른 어떤 설명이 있을 겁니다." 논리적으로는 합당한 입장입니다. 물론 문제는, 예수께서 죽은 자 가운데서 부활하셨다고 믿는 일에는 최소한 고정되고 변경 불가능한 것으로 간주되는 것들에 대한 판단 유보를 포함한다는 것입니다. 좀더 적극적으로 말해서, 그 믿음은 세계관을 바꿀 것을 요구합니다. 그러한 일들은 발생할 수 없다고 말하는 세계관을, 먼저는 이스라엘의 전승에서 그리고 그 다음으로는 예수에게서 충만히 그리고 확정적으로 자신을 나타내신 창조주 하나님의 개념을 수용하면서 예수의 부활은 그런 관점에서 볼 때 완벽하게 이해가 된다고 말하는 세계관으로 바꿀 것을 요구합니다. 믿음을 강요할 수는 없지만, 불신앙에 도전할 수는 있습니다. 사람들이 예수의 부활에 대해 증거하기 시작했을 때 맨 처음부터 항상 그랬습니다.

　　사실 이런 종류의 것에 대해 부분적으로 병치되는 점들이 정확히 현대 과학 세계에 존재합니다. 과학자들은 기이하게 보이며 심지어 비논리적으로 보이는 것들을 우리에게 믿으라고 말합니다. 천체 물리학이나 양자 역학 분야에서는 적잖게 있는 일들입니다. 예를 들어, 빛과 같이 기본적인 것을 말할 때 빛은 파동이라고도 말하고 혹은 입자라고도 말합니다. 이 두 가지는 서로 양립될 수 없는데도 그렇게 말하는 것입니다. 때때로 우리 앞에 있는 실제 증거를 이해하기 위해서 우리는 우리의 세계관과 가능성의 세계에 대한 우리의 감각을 새로운 틀에 맞추어야 합니다. 부활에 관한 증거도 바로 그런 종류의 것을 요구합니다.

그러나 부활은 도대체 무엇을 **의미합니까?** 이 지점에서 최근의 서구 그리스도인들은 엄청나게 잘못된 방향으로 가 버렸습니다. 주위에 세속적인 세계가 늘어나면서 또한 무덤을 넘어서는 어떠한 생명도 있을 수 없다는 부정에 직면하여, 많은 그리스도인은 예수의 부활을 '죽음 이후의 삶'이 진짜로 있다는 표시로 바라보았습니다. 이런 입장은 사태를 혼란하게 만드는 경향이 있습니다. 부활은 "죽은 다음에는 천국에 간다"는 말을 멋지게 표현한 것이 아닙니다. 부활은 그런 식의 '죽음 이후의 삶'에 관한 것이 아닙니다. 오히려 부활은 육신적으로 죽은 상태의 시기 이후에 육체적으로 다시 살아가는 일을 말하는 방식입니다. 부활은 사후 생명의 **두 번째 단계**—"**죽음 이후의 삶**' 이후의 삶"—입니다. 예수의 부활이 사람들이 죽은 다음 그들에게 무슨 일이 일어나는지에 대해 뭔가를 '입증'해 준다면, 이것이 바로 그것입니다. 그러나 흥미롭게도, 복음서들이나 사도행전의 부활 이야기 중에 어느 것도 어떤 식의 사후 생명이 존재함을 증명하는 사건에 대해서는 말하지 않습니다. 그 대신에 이렇게 말합니다. "만일 예수께서 부활하셨다면, 그것은 하나님의 새로운 세계, 하나님의 나라가 진정으로 임했음을 뜻하며, 우리에게 해야 할 일이 있음을 뜻합니다. 세상은 이스라엘의 하나님,

창조주 하나님이 자신의 메시아를 통하여 무슨 일을 달성하셨는지를 들어야 합니다."

어떤 사람들은 한걸음 더 나가 곁길로 빠져 버렸습니다. 그런 사람들은 부활의 사건들을 앞서 제가 설명드렸던 두 번째 견해—즉 하나님과 세계가 통상적으로 완전히 분리되어 있는 상태로 보는 견해—에 맞추려고 노력합니다. 이 견해에서는, 보통은 다른 어느 곳, 우리의 세계에서 완전히 동떨어진 바깥 어디엔가 계신 하나님이 이따금씩 개입하여 극적인 일들을 행하십니다. 그리고 이런 극적 사건들은 (이 견해에서는) 보통의 일상적인 사건 과정에 끼어드는 개입으로 봐야 한다는 것입니다. 이것이 바로 오늘날 대부분의 사람에게 '기적'이라든지, '초자연적'이라는 말이 의미하는 바입니다. 이런 입장을 따르는 예수의 부활에 대한 해석('가장 위대한 기적')은 그게 예수에 대해서는 다 좋은데, 그렇다면 다른 모든 사람에 대해서는 어떻게 되는 것이냐는 질문을 되묻도록 만들었습니다. 만일 하나님이 그 같은 기교를 부릴 수 있으시다면, 어째서 하나님이 홀로코스트나 히로시마 때에는 그런 식으로 개입하여 그 일을 막지 않으셨단 말입니까?

이에 대한 답변은 예수의 부활은—그리고 그 점에서 예수에 관한 다른 모든 것도—두 번째 견해에는 부합하지 않는다는 것입니다. 두 번째 견해의 어떤 다양한 변이형이 있다 해도 그에 부합하지 않습니다. (비록 제가 예수를 단순히 '자연적인' 과정의 새로운 출현으로 만들어 보려는 시도들을 이따금씩 본 적이 있긴 하지만, 그 점에서 예수께서는 첫 번째 견해에도 맞지 않습니다.) 만일 부활이 어떤 식으로든 말이 된다고 한다면, 부활은 제가 세 번째 견해라고 설명한 고전적 유대 세계관에 훨씬 더 가까운 틀 안에서 이해될 수 있습니다. 즉, 하늘과 땅은 동일하지도 않고, 서로 멀리 떨어져 있지도 않으며, 서로 여러 가지 면에서 신비스럽게 겹치며 맞물려 있다는 것입니다. 그리고 하늘과 땅을 만드신 하나님은 지금도 세상 바깥에서뿐만 아니라 세상 안에서도 일하시며, 세상의 고통에 동참하신다는 것 즉 실로 그 고통의 무게를 자신의 어깨로 다 감당하신다는 것입니다. 그런 관점에서 볼 때, 동방 정교회가 언제나 강조하듯이, 예수께서 부활하셨을 때 하나님의 새로운 창조 세계 전체가 무덤으로부터 출현하여 새로운 잠재성과 가능성으로 충만한 세계를 소개했습니다. 그리고 그 새로운 가능성의 일부가 바로 인류가 새로운 생명을 얻고 갱신되는 것이기 때문에 예수의 부활은 우리를 그저 수동적이고 나약한 구경꾼으로 두지 않습니다. 우리는 들려 올려지고, 발에 힘을 얻고 허파에 새로운 숨을 받고, 세상으로 나가서 세상에 새로운 창조가 이루어질 수 있게 하라는 명령을 받는다는 것을 알게 됩니다.

이것이 바로 지금까지 제가 제시한 예수의 생애와 일에 대한 견해에 가장 근접하는 부활에 대한 해석입니다. 만일 이스라엘의 소명이, 유일하신 하나님이 자신들을 통해서 사랑하시는 창조 세계를 구출해 내시는 그런 백성이 되는 것이었다면, 만일 예수께서 하나님의 메시아로서 이스라엘의 소명을 스스로 짊어진다고 믿으셨다면 그리고 만일 자신의 죽음을 통해서 세상의 악의 무게를 다 감당하고 어떤 의미에서는 다 소진해 버리신 것이 사실이라면, 분명 이루어지기를 기다리는 과업이 하나 있습니다. 그분이 쓰신 음악은 이제 반드시 연주되어야 합니다. 초대교회의 제자들은 이 사실을 보았고 그 일을 진행했습니다. 예수께서 무덤을 벗어나 나타나셨을 때, 정의와 영성과 관계와 아름다움이 모두 그분과 더불어 부활했습니다. 예수 안에서 그리고 예수를 통해 특별한 일이 일어났습니다. 그 결과 세상은 다른 곳이 되었습니다. 그 곳은 하늘과 땅이 영원히 결합된 곳입니다. 하나님의 장래가 현재 가운데 도착했습니다. 단순한 메아리 대신에, 우리는 그 목소리 자체를 듣습니다. 악과 죽음으로부터의 해방에 대해, 따라서 새 창조에 대해 말하는 목소리입니다.

## :: 예수와 신성

짧은 공생애 기간 예수를 따랐던 가장 초기의 그리스도인들은 메시아가 신일 수 있다고는 결코 생각해 본 적이 없었습니다. 여기에서 우리의 난점 가운데 하나는 사람들이 "그리스도"라는 단어를 마치 단순한 고유 명사("예수 그리스도")인 것처럼 혹은 그 자체가 "신"을 가리키는 칭호인 것처럼 사용한다는 것입니다. 마찬가지로, "하나님의 아들"이라는 어구도 종종 아무런 어려움 없이 그 어구가 마치 '성삼위일체 중 제2위'를 의미했던 것처럼 인용됩니다. 그렇지 않았습니다. 아니, 최소한 초대교회 그리스도인들이 그 어구에 그 방향을 가리키는 새로운 의미를 제공하기 시작하기 전까지는 그렇지 않았습니다. 당시에 그 어구는 단순히 메시아를 가리키는 또 다른 별칭이었습니다. 성경은 장차 임할 왕을 여호와의 양자로

입양된 아들이라고 말했습니다. 말할 필요 없이 사람으로서는 높은 지위입니다. 그렇지만 그러한 왕이 이스라엘의 하나님 자신의 구현 그 자체 혹은 (라틴어를 사용하자면) 하나님 자신의 '인카네이션' (incarnation, 성육신)이라는 생각은 전혀 존재하지 않았습니다.

그러나 기독교의 아주 초기부터 뜻밖의 변화가 나타납니다. 그에 대해서도 역시 당대 유대교의 전통에서는 예수의 추종자들을 예비시켜 줄 만한 자료가 하나도 없었습니다. 추종자들은 유대교의 유일신 신앙의 테두리 안에 확고하게 남아 있었지만, 매우 일찍부터 예수께서 진정으로 신성하다고 말했습니다. 그들은 예수에 대해 말할 때, 그 이전 몇 백 년에 걸쳐 유대인들이 세계에서 유일하신 참 하나님의 임재와 활동에 대해 말하기 위해 발전시켜 왔던 바로 그 범주들―(성전 안에서의) 임재, 토라, 말씀, 지혜 및 영―을 사용했습니다. 그들은 예수께서 이스라엘의 유일하신 하나님의 유일무이한 구현이었다고 말했습니다. 그 이름 앞에 하늘과 땅과 땅 아래에 모든 무릎이 꿇어 절할 것이라고 말했습니다. 바로 그분을 통해 만물이 지음받으며, 그분을 통해 만물이 다시금 지음받는다고 말했습니다. 살아 계시며 성육신하신 하나님의 말씀이라고 말했습니다. 말하자면, 그분이 그 인격에 아주 깊이 찍힌 하나님의 신성 (godness)을 소유하신다고 말했습니다. 그 신성이 그분을 관통한다고 말했습니다. 초대교회 그리스도인들에게는 유대교의 유일신 신앙에서 떨어져 나갈 의도가 없었습니다. 그들은 자신들이 그 유일신 신앙의 참된 의미를 추구한다고 주장했을 것입니다.

그들은 장기간 성찰하고 발전된 후에 사회적으로나 정치적으로 그 말을 하는 것이 바람직하다고 생각될 수 있을 시점인 300-400년 후에나 이 모든 것을 말한 것이 아니었습니다. 그들은 동일한 세대에 그 사실을 말했습니다. 그리고 그런 말이 유대인들이나 이교도들의 종교적인 감성과 의식에 충격적이었음에도 불구하고 그 말을 했습니다. 더욱이 그들은 그 말이 로마의 주장들에 대한 직접적인 정치적 반대를 의미했음에도 불구하고 그 말을 했습니다. 왜냐하면, 로마에서는 카이사르가 "하나님의 아들"이자 "세상의 주재자"였기 때문입니다. 카이사르의 나라가 전능했기에 그의 이름 앞에 모든 무릎이 이미 꿇어 절해야 했습니다. 예수께서 바로 하늘과 땅이 만나는 장소, 성전을 대신하는 대체물, 살아 계신 하나님의 성육신이라는 초기 그리스도인들의 평가는 신학적으로 혁신적이었을 뿐만 아니라 사회적으로도 상당히 도발적이었습니다.

그렇지만 그들은 그 말을 했습니다. 그리고 그렇게 말하면서 자신들이 예수에 대해 기억하던 것 안에 존재하는—예수 자신이 이미 자신에 대해 그렇게 믿었던 것으로 보이는—그 같은 암시들을 생각했으며 음미했습니다.

다시 이 점에서 많은 그리스도인이 잘못된 방향으로 **빠졌습니다.** 그들은 예수께서 살아 계실 동안에 자신의 '신성'을 '자각' (aware)하셨다고 말합니다. 즉시로, 거의 문득 자신에 관하여 그러한 인식을 갖게 되었다는 의미에서 '자각'하셨다는 것입니다. 그런 자각은 겟세마네 동산에서의 예수의 번민 같은 사건들을 거의 설명할 수 없게 만듭니다. 제가 예수의 온전한 성육신을 깎아내리기 위해서가 아니라 그 가장 심오한 차원을 탐구하기 위해서 다른 곳에서 주장한 내용은, 예수께서 성경에 따라 오직 이스라엘의 하나님만이 할 수 있고 될 수 있는 것을 행하고 되라는 어떤 부르심을 자각하셨다는 것입니다. 제가 생각하는 바로는 그것이 바로 예수께서 참으로 하나님이신 동시에 참으로 사람이시라고 말하는 바가 의미하는 것입니다. 그리고 일단 인간이 하나님의 형상으로 지음 받았음을 되새겨 볼 때 이것이 어떤 범주적인 착오(category mistake)가 아니라 창조 목적의 궁극적인 성취임을 깨닫습니다.

그것이 바로 예수께서 마지막으로 예루살렘에 올라가셨을 때, 타국으로 나갔다가 자기 백성이나 종들이 어떻게 하는지를 보려고 다시 되돌아오는 한 임금(혹은 한 주인)에 관한 이야기를 말씀하신 이유입니다. 예수께서는 바로 여호와 하나님 자신에 관해 말씀하셨습니다. 유배 기간에 이스라엘을 떠나 있다가 마침내 심판하고 구원해 주기 위해 다시 오실 분이십니다. 그러나 비록 예수께서 여호와 하나님이 예루살렘으로 다시 돌아오시는 것으로 말씀하시지만, 실제로 오시는 분은 예수 자신입니다. 성 안으로 나귀를 타고 들어가시며, 성전에 대한 권세를 자임하시고, 대제사장에게 자신이 바로 권능자의 우편에 앉게 될 것이라 선언하시고, 자신의 살과 피를 세상의 죄를 위해 제공해 주시는 이는 다름 아닌 예수입니다. 우리가 십자가에 더 가까이 다가갈수록, '예수는 자신이 누구라고 생각했는가?'라는 물음에 대한 대답은 더욱 더 명확해집니다.

예수께서는 자신이 미쳤을지도 모른다고 생각했음에 틀림없습니다. 예수께서는 확실히 망상에 빠질 가능성을 충분히 의식할 정도로 명민하셨습니다. 그러나—그리고 이것이 모든 것 중에 가장 신비스러운 것인데—그분은 성경 읽기뿐 아니라 친밀한 기도 생활을 통해서도 자신을 유지하셨습니다. 성경을 읽음으로써 예수께서는 자신의 소명을 매우 분명하게 찾으셨으며, 기도를 통해서는 하나님을 아바 아버지라 부르셨습니다. 어떻게 된 일인지는 잘 모르겠지만, 예수께서는 아버지께 기도도 드리고, 또한 옛 예언들 가운데서 여호와께만 유보되어 있던 역할인 이스라엘을 구하고 세상을 구하는 역할을 자신이 짊어지셨습니다. 그분은 아버지에게 순종했으며, 동시에 오직 하나님만이 하실 수 있는 일을 행하셨습니다.

우리가 어떻게 이 점을 이해할 수 있겠습니까? 저는 예수께서 우리가 뜨거운지 찬지, 행복한지 슬픈지, 남자인지 여자인지를 아시는 것과 똑같은 방식으로 '자신이 하나님이라고 아셨다'고 생각하지는 않습니다. 그것은 우리가 소명과 연관지어 생각하는 종류의 '인식'에 더 가까웠을 것입니다. 소명의 경우, 사람들은 자기 존재의 깊은 곳에서부터 자신이 화가로 부름을 받았는지, 기계공으로 부름을 받았는지, 철학자로 부름을 받았는지를 **압니다**. 예수의 경우, 이것은 그러한 종류에 속하는 깊은 '인식'이었다고 여겨집니다. 그것은 이스라엘의 하나님은 대부분의 사람들이 가정했던 것보다는 훨씬 더 신비하다는 그리고 이 하나님의 존재 안에는 어떤 주고받음, 이쪽저쪽으로 움직이며, 주어지고 맞아들여지는 사랑이 있다는 강력하며 모든 것을 다 망라할 만한 믿음이 있었던 것 같습니다. 나사렛 출신의 완전한 인간 예언자인 예수는 자신이 그러한 사랑의 파트너들 가운데 하나였다고 믿었던 것 같습니다. 그분은 아버지에게 순종하여 사랑이 자기 자신을 값없이 그리고 온전히 내어 주는 프로젝트를 충실히 따라가라는 부름을 받았습니다.

    이러한 사실은 우리를 신학과 언어의 한계선까지 다다르게 만들어 줍니다. 그러나 역사가로서 제가 도달한 결론은 그 같은 분석이 어째서 예수께서 그가 행한 그 일을 하셨는지 그리고 어째서 그분이 죽고 부활한 직후에 그 추종자들이 그들이 믿었고 행했던 일을 믿고 행하게 되었는지를 가장 잘 설명해 줍니다. 그리고 그리스도인으로서 제가 도달한 결론은 예수와 그분의 역할에 대한 이러한 이해가, 어째서 저와 수백만의 다른 이들이 예수를 세상과 우리 삶 가운데 친히 임재하면서 활동하는 우리의 구원자와 우리의 주님이라고 발견하게 되었는지를 설명해 줍니다.

제9장

## 하나님의 생명의 숨

어느 찬란한 봄날 아침 저는 창문을 활짝 열어 젖혔습니다. 신선한 미풍이 정원 구석구석에 붑니다. 멀리서 어느 농부가 겨울을 나면서 생겨난 쓰레기들을 태우느라 모닥불 하나가 탁탁 거리며 탑니다. 바다를 향해 난 길 가까이에서는 종달새 한 마리가 둥지 위를 맴돕니다. 온통 창조 세계가 겨울의 외피를 벗어 던지고 새로운 생명을 분출할 채비를 한다는 느낌이 듭니다.

    이 모든 것은 초대교회 그리스도인들이, 예수에 대한 이야기처럼 기이하지만 그들의 생활에서 생생하게 경험한 것을 묘사하기 위해 사용했던 이미지들입니다. (이 이미지들은 제가 만들어 낸 것이 아님을 말씀드립니다.) 초대교회 그리스도인들은 집 안으로 그리고 그들 안으로 들어온 강력한 어떤 바람에 대해 말했습니다. 자신들 위에 머물면서 자신들을 변화시켰던 불의 혀들, 갈라져 나오는 불에 대해 말했습니다. 그들은 옛 창조의 이야기로부터, 혼돈의 깊은 물들을 덮고 품으면서 질서와 생명의 세계를 낳으려는 한 새의 이미지를 골랐습니다.

우리가 이미 아는 이미지들, 세상에서 얻을 수 있는 이미지들을 사용하지 않고 어떻게 달리 설명할 수 없는 것을 설명하겠습니까?

물론 당연히 설명해야 할 무엇인가가 있었습니다. 예수의 추종자들은 예수께서 그들에게 말씀하셨던 내용에 당황했던 만큼이나 부활 때문에 당혹스러워 했음에 틀림없습니다. 그들은 이제 무엇을 해야 할지 확신할 수 없었습니다. 그들은 **하나님**이 다음 번에 무슨 일을 행하실지에 대해서도 불확실했습니다. 한때 그들은 고기잡이업에 복귀하기도 했습니다. 또 어느 때는—예수께서 그들의 눈앞에서 사라지시기 전 예수를 보았던 때—또다시 예수께 이 모든 기이한 일이 이스라엘의 옛 꿈이 마침내 실현되는 것을 의미하는지 여쭈었습니다. 그들은 이 때가 이스라엘이 그 나라를 받고 마침내 그들과 그 동시대인들이 소망하던 의미에서 해방을 누리게 될 때인지를 여쭈었습니다.

종종 그랬듯이, 예수께서는 그들의 질문에 직접적으로 대답하시지 않았습니다. 우리가 하나님께 여쭙는 질문 중 많은 것은 직접 답을 얻을 수 없습니다. 하나님이 답을 모르시기 때문이 아니라 우리가 하는 질문이 말이 되지 않기 때문입니다. 언젠가 루이스(C. S. Lewis)가 지적했듯이, 우리가 묻는 질문의 다수는 하나님의 관점에서 볼 때 마치 누군가가 "노랑은 네모난 것입니까, 아니면 둥근 것입니까?"라거나 "1킬로미터 안에는 얼마나 많은 시간이 들어 있습니까?"라고 묻는 것과 같습니다. 예수께서는 부드럽게 그 질문을 피하셨습니다. "때와 시기는 아버지께서 자기의 권한에 두셨으니 너희가 알 바 아니요, 오직 성령이 너희에게 임하시면 너희가 권능을 받고 예루살렘과 온 유대와 사마리아와 땅 끝까지 이르러 내 증인이 되리라"(행 1:7-8).

성령과 교회의 과제, 이 두 가지는 함께 진행됩니다. 그 둘을 떼어 놓고 말할 수 없습니다. 새로운 영적 경험과 관련하여 앞 세대에서 일어난 상당한 흥분 때문에 여러분이 무엇을 생각하는지에 상관 없이, 하나님은 디즈니랜드에서의 하루와 같은 영적인 경험을 즐기게 하기 위해서 사람들에게 성령을 주시지는 않습니다. 물론 여러분이 낙심한 상태고 우울하다면(혹은 그렇지 않더라도), 성령의 신선한 바람이 모든 것에 대한 새로운 관점을 여러분에게 제공해 줄 수도 있고, 종종 그러기도 합니다. 그리고 무엇보다 하나님의 임재와 사랑과 위로와 기쁨까지도 허락하실 수 있습니다. 그러나 성령의 핵심은 예수를 따르는 이들로 하여금 예수가 주님이시며, 예수께서 악의 세력들에 승리를 거두셨으며, 새로운 세계가 열렸으며, 우리의 사명은 그 일이 일어나도록 돕는 일임을 온 세상에 알릴 수 있게 하는 것입니다.

마찬가지로, 교회의 과업은 성령 없이는 시도할 수 없습니다. 때때로 저는, 마치 하나님이 예수 안에서 자신이 하실 일을 다 하셨기 때문에 이제는 우리 힘으로 일을 잘 진척시켜 우리의 도리를 다

홀 차례인 양 얘기하는 그리스도인들을 만납니다. 그러나 그것은 끔찍한 오해입니다. 그런 오해는 오만이나 탈진 혹은 둘 다로 이끕니다. 하나님의 성령 없이는 우리는 하나님 나라에 기여하는 일을 하나도 할 수 없습니다. 하나님의 성령 없이 교회는 교회일 수가 없습니다.

저는 여기에서 "교회"라는 단어를 다소 무거운 마음으로 사용합니다. 많은 독자에게 그 단어가 크고 어둑어둑한 건물들, 화려한 종교적 선포들, 거짓된 엄숙함, 역겨운 위선을 연상시킨다는 것을 잘 압니다. 그러나 이 단어를 대신할 만한 간편한 대안이 없습니다. 저 역시 그 같은 부정적인 이미지가 지닌 무게를 느낍니다. 저는 항상 전문가의 입장에서 그 무게와 싸웁니다.

그러나 교회에는 다른 측면도 있습니다. 바람과 불, 깊은 물들을 품어 새로운 생명을 낳는 새 등의 모든 상징을 보여 주는 측면 말입니다. 많은 사람에게, "교회"는 부정적인 이미지의 정반대를 의미합니다. 교회는 환영과 웃음의 장소며, 치유와 소망의 장소며, 벗들과 가족과 정의와 새 생명의 장소입니다. 그 곳은 노숙자가 밥 한 그릇 얻고자 들르는 곳이며, 노인네가 잡담을 나누기 위해 들르는 곳입니다. 어떤 사람들은 마약 중독자의 재활을 돕는 일을 하며, 또 어떤 사람들은 전 세계적인 정의를 위해 캠페인을 벌이는 곳입니다. 사람들이 기도를 배우고, 믿음을 갖게 되고, 유혹을 물리치기 위해 애쓰며, 새로운 목적을 발견하며, 그 목적을 실행에 옮길 수 있는 새로운 힘에 접하는 모습을 발견하는 곳입니다. 사람들이 자신의 겨자씨만한 믿음을 가지고 와서 다른 사람들과 더불어 유일하신 참 하나님을 예배하며 그 전체가 각 부분의 총합보다 훨씬 더 크다는 사실을 발견하게 되는 곳입니다. 항상 이런 모습일 수 있는 교회는 한 군데도 없습니다. 그러나 상당수의 교회가 상당히 많은 시간 동안 부분적으로는 그와 같은 모습으로 있습니다.

커다란 변화가 일어나 아파르트헤이트가 종식되고 그 땅에 새로운 자유가 임했을 때, 우리 모두가 예상했던 대규모 유혈 사태가 없었던 것은 그렇게 되도록 수고하고 기도하고 고난을 당하고 투쟁했던 남아프리카공화국의 교회 덕분이었다는 사실을 잊어서는 안 됩니다. 공산 치하의 구 동유럽 한가운데서 살아 움직이고, 결국에는 촛불과 십자가를 들고 행진하면서 이제는 그것으로 충분하다는 사실을 명확히 했던 것은 바로 교회였습니다. 그 모든 우매함과 실패에도 불구하고, 병원이나 학교, 감옥을 비롯한 많은 다른 곳에서 필요한 자리에 있는 것이 바로 교회입니다. 저는 '하나님 백성의 가족'이나 '예수를 믿고 따르는 모든 사람들'이나 '성령의 능력 안에서 하나님의 새 창조 세계를 탄생시키는 자들의 무리'와 같은 긴 표현을 차용해서 "교회"라는 말을 내던져 버리기보다는 그 단어를 재활용하는 편이 더 좋겠다고 생각합니다. 그렇지만 제가 "교회"라는 말을 할 때는 그런 모든 뜻을 포함해서 사용하는 것입니다.

그 바람과 불, 품고 있는 새는 교회가 교회 되도록 하기 위해서, 다시 말해서 하나님의 백성으로 하여금 하나님의 백성이 되도록 하기 위해서 주어진 것입니다. 이것은 놀랄 만한 극적인 효과를 지닙니다. 우리 같은 보통 사람들이 어느 정도 예수처럼 될 수 있도록, 즉 현재 가운데 임하시는 하나님의 미래의 일부분이 될 수 있도록, 하늘과 땅이 만나는 장소가 될 수 있도록, 하나님의 나라가 전진해 나가는 수단이 될 수 있도록 우리에게 성령을 주셨습니다. 실제로 교회가, 지금은 하나님의 영역으로 즉 하늘로 들어가신 예수의 삶과 계속되는 사역에 동참할 수 있게 하기 위해 성령이 주어졌습니다. ("승천"은 바로 그 사실을 가리키는 말입니다. 하늘과 땅이 하나가 되는 그 날을 대비하여 그리고 그분이 다시 결합된 새 하늘과 땅에 몸소 임재 하시는 그 날에 대비하여 예수께서 하나님의 영역으로 진입해 들어가셨음을 가리킵니다.)

각각의 내용을 하나씩 좀더 살펴보는 것이 좋겠습니다.

## :: 하나님의 성령과 하나님의 미래

하나님의 미래를 현재 가운데 실질적으로 거하도록 만드는 작업을 시작하기 위해 성령을 주셨습니다. 그 점이 바로 그토록 많은 이미지를 사용하여 표현되는 이 낯선 인격적 힘의 역사를 파악할 때의 첫 번째 요점 그리고 아마도 가장 중요한 요점일 것입니다. 예수의 부활이 하나님의 새 창조라는 예기치 못했던 세계를 열어 주셨듯이, 성령은 그 새로운 세계, 태어나기를 기다리는 세계, 옛 예언자들의 말에 따르면, 평화와 정의가 번영하고 늑대와 어린양이 나란히 누울 그런 세계로부터 우리에게 임하셨습니다. 그리스도인으로 살아갈 때 핵심적인 요소는 우리가 지금은 현재 세상에서(바울은 이 세상을 "현재의 이 악한 세대"라고 일컬으며, 예수께서는 "이 죄악 되고 패역한 세대"라 일컫습니다) 계속해서 살아간다 할지라도, 하나님의 미래 세계의 삶을 살며, 그 규칙에 의해 살아가기를 배우는 것입니다.

그런 까닭에 가장 초기의 기독교 저자인 사도 바울은 성령을 장래에 임할 것에 대한 **보증** 혹은 **계약금**이라고 말합니다. 그가 사용하는 그리스어 단어는 '아라본'(*arrabōn*)인데, 현대 그리스어에서는 약혼 반지, 장래에 이루어질 것에 대한 현재의 표증을 의미합니다.

바울은 성령을 우리의 '유업'(개역개정판은 '기업'으로 번역—편집자 주)에 대한 보증이라 말합니다(엡 1:14). 그는 단순히 보통 인간들의 거래와 계약에서 한 사람이 죽으면 다른 누군가가 그 사람의 부를 물려받는다는 의미에서 이 상징을 사용하지 않습니다. 일찍이 상속받을 몫을 나누어 미리 받을 수도 있는 그런 '유업'이 아닙니다. 또한 바울의 말은—많은 그리스도인이 생각하듯이—하나님이 우리를 위해서 염두에 두신 온전한 '유산'이 천상의 지복인 것처럼, '하늘에 가는 것'에 대한 것도 아닙니다. 바울은 성경의 중심 주제를 취하여 아주 새로운 방향으로 이끌어 갑니다. 이 점을 이해하기 위해서는, 가장 우선적으로 왜 성령을 주셨는지 그리고 그 성령이 실제로 누구신지를 알아야 합니다.

바울이 장차 임할 '유업'에 대해, 성령이 일종의 보증금으로 주어졌다고 말하면서 끄집어 내는 그 주제는 우리에게 이미 친숙한 출애굽 이야기입니다. 이스라엘이 애굽에서 나와 약속의 땅을 향해 나아가는 그 이야기 말입니다. 우리가 지금은 성지(聖地)라 부르는 가나안 땅은 그들에게 약속된 '유업'으로, 하나님의 백성으로 그들이 살아가게 될 곳이었습니다. 그들이 언약 규정에서 자신들의 몫을 지키기만 한다면, 그 곳이 바로 하나님이 그들과 더불어 살아가시고 그들이 하나님과 더불어 살아가게 될 곳이었습니다. 그 약속에 대한 맛보기로 그리고 그들이 그 땅을 물려받도록 이끌어 가는 도구로, 하나님은 그들과 함께 가셨습니다. 그들의 배회하는 길을 지도하고 방향을 지시해 주며 그들의 반역에 슬퍼하시면서 함께하시는 기이한 거룩한 임재였습니다.

그래서 바울이 성령을 '우리 유업의 보증'이라 말할 때 그가 환기시키는 것은―예수께서 그러셨듯이―바로 이 전체 출애굽 이야기입니다. 그 이야기는 유월절에서 시작하여 약속의 땅에서 끝납니다. 실제로 그가 말하는 바는, 여러분이 이제는 참된 출애굽 백성이며, 지금 여러분의 유업을 향해 나아가는 중이라는 것입니다. 그러나 그 '유업'은 육체가 빠진 하늘이 아니며, 또 그저 다른 여러 나라 중 한 작은 나라도 아닙니다. **지금은 전 세계가 하나님의 거룩한 땅입니다.**

지금은 세계가 권능과 아름다움뿐만 아니라 고난과 슬픔의 장소로 나타납니다. 그러나 하나님은 이 세계를 개간하십니다. 이 것이 바로 예수의 죽음과 부활이 의미하는 바입니다. 우리는 그 개간 운동의 일부가 되라고 부르심을 받았습니다. 언젠가는 온 창조 세계가 그 아름다움을 손상시키고, 그 관계들을 파괴하며, 그 곳으로부터 하나님의 임재에 대한 느낌을 제거해 버리며, 그 곳을 불의와 폭력과 잔학함의 장소로 만드는 예속 상태로부터, 부패와 소멸과 죽음으로부터, 건짐받을 것입니다. 그것이 바로 구출의 메시지,

"구원"의 메시지로서, 바울이 쓴 가장 위대한 장 중 하나인 로마서 8장의 핵심을 차지하는 메시지입니다.

그렇다면, 이 미래가 현재 가운데 도래하기 시작했다는 말은 무슨 뜻입니까? 바울이 뜻하는 바는 예수를 따르는 자들, 예수께서 세상의 참 주님이시며, 죽은 자들 가운데서 부활하셨음을 믿게 된 자들에게는 그 새로운 세계가 앞으로 어떨 것인지에 대한 맛보기로 성령이 주어진다는 것입니다. 누구든지 '메시아 안에'(예수께 속한 사람들을 가리킬 때 바울이 애용하는 표현들 가운데 하나) 있다면, 그 사람이 소유한 것과 그들 자신은 새로운 피조물입니다(고후 5:17). 여러분의 자아와 인품과 육체는 새로워집니다. 그리하여 슬픔과 불의, 궁극적으로는 죽음의 수치의 장소인 옛 창조 세계의 일부분으로 존재하는 대신, 여러분이 미리 앞서서 새로운 창조 세계의 일부분이 되고 지금 여기에서 그 새 창조가 일어나기 시작하도록 만드는 사람이 될 수 있습니다.

이상의 사실은 성령에 대해 무엇을 말해 줍니까? 성령이 유월절에서부터 약속의 땅으로 가는 우리의 순례에서—다시 말해, 예수의 부활에서부터 모든 창조 세계가 새롭게 될 최종적인 순간에 이르기까지—그 옛날 이야기 속 불 기둥과 구름 기둥의 역할을 하신다는 사실을 말해 줍니다. 성령은 살아 계신 하나님의 기이한 인격적 임재입니다. 우리를 이끌고 안내하시며, 경고하고 꾸짖으시며, 우리의 실수와 넘어짐에 대해 슬퍼하시며, 우리가 참된 유업을 향해 작은 발걸음이라도 전진해 나가는 것을 축하해 주시는 분입니다.

그러나 진정 성령이 하나님의 인격적 임재라면, 이 사실은 그리스도인인 우리와 무슨 상관이 있는 것일까요? 바울의 답변을 들어봅시다. 바울은 여러분이 살아 계신 하나님의 성전이라고 말합니다.

## :: 하늘과 땅 사이에 계시는 하나님의 성령

만일 성령이 하나님의 미래를 현재로 이끌어 오시는 분이라면, 성령은 또한 하늘과 땅을 결합하시는 분이기도 합니다. 우리는 다시 세 번째 견해로 되돌아왔습니다. 이 견해가 어떻게 작용하는지를 되새겨보는 것이 좋겠습니다.

기억을 더듬어 보면, 첫 번째 견해는 하늘과 땅이 기본적으로 같다고 봅니다. 첫 번째 견해는 우리 자신을 포함해서 존재하는 모든 것 안에, 모든 것과 더불어 어떤 신적 권능, 신적인 힘, 신적인 임재가 있다고 말합니다. 이것이 범신론입니다. 우리가 아는 세상에 있는 그 어떤 것도 신적 향취로부터 벗어나지 않는다고 인정하는 말입니다. 그리고 더 나아가서 현재 존재하는 그것이 모든 것이며, 신성은 우리가 이 지구와 강, 동물, 별 그리고 우리 자신에게서 발견하는 이 신적 향취의 총합일 뿐이라고 결론을 내립니다. 범재신론(panentheism)은 하나님께 이보다 더 많은 것이 있음을 허용하지만, 여전히 창조 세계의 모든 것에 하나님의 현존이 스며들도록 만듭니다.

그 도식 가운데서 우리 안에 역사하시는 하나님의 성령에 대해 말하는 것은 용이해 보입니다. 물론 범신론자는 이렇게 생각합니다. 만일 우리가 "하나님"이라 일컫는 것이 만물 안에 있다면, 하나님의 영에 대해 말하는 것은 단지 똑같은 사실을 말하는 또 다른 방식일 뿐입니다. 이것은 아무 문제도 없어 보이며, 우리의 현대 세계에서 '민주적'으로 보입니다. 우리는 하나님이 다른 사람들보다 어떤 특정한 사람이나 장소에 더 특별하게 함께 하실 것이라고 생각하고 싶어 하지 않습니다. 그런 생각은 계몽주의를 통과해 나온 서구인들의 감성을 거스릅니다.

언젠가 제가 만났던 첫 번째 범신론자를 잘 기억합니다. 그 범신론자는 1968년 여름 브리티시 컬럼비아(캐나다 서부 태평양 연안에 길게 자리 잡은 주—역주)의 절반을 히치하이킹을 하면서 만났던 소녀였습니다. "물론 예수께서는 신성하시지요"라고 소녀는 말했습니다. (그 대화가 어떻게 시작되었는지는 잘 기억할 수 없지만, 어떻게 해선가 제가 그리스도인이라는 사실을 소녀가 알게 되었음에 틀림없습니다.) "하지만, 저도 신성하고, 당신도 신성하고, 제 애완용 토끼도 신성합니다."

저는 애완용 토끼에 전혀 반감을 갖지 않습니다. (토끼 주인들이 제 집에 머물면서 다른 사람들에게—말하자면, 저에게—토끼우리를 치우도록 방치하곤 했다는 점만을 빼놓고는 말입니다.) 그러나—틀림없이 이 점 때문에 그 대화가 제 마음 한 구석에 자리 잡게 되었을 텐데—하나님의 성령이 예수 안에 그리고 예수와 더불어 계셨던 것과 **똑같은 의미에서** 애완용 토끼 한 마리의 안에 그리고 더불어 계시다는 말은 제게는 불합리하게 여겨졌습니다. (여전히 제게는 불합리하다고 여겨집니다.) 그게 바로 범신론의 문제입니다. 범신론은 여러분을 여러분이 있는 자리에 그대로 남겨둡니다. 여러분은 이미 그 자리에 있는 모든 것을 다 소유합니다. 악에 대한 해결책도 전혀 없을 뿐만 아니라 현재 우리가 처한 자리를 넘어서는 미래도 전혀 없습니다. 만일 첫 번째 견해가 참이라면, 예수는 실로 망상에 빠진 광신자였습니다.

두 번째 견해가 언뜻 보기에는 하나님의 신선하고 강렬하게 몰아치는 바람이라는 사상을 이해하는 데 더 나은 전망인 듯합니다. 이 견해는 하나님의 영역과 우리의 영역이 전적으로 다른 곳이라고 주장합니다. 멀리 떨어진 하나님의 세계로부터 우리의 세계—우리에게, 나에게—까지 내려와 임하는 권능을 생각하면 얼마나 놀랍고 흥분되며 극적이기까지 합니까! 이 곳이 바로 '자연'과 '초자연'이라는 언어가 우리 세상의 많은 사람에게 핵심적인 역할을 하는 곳입니다. 그들은 우리의 영역에 있는 모든 것이 '자연적'이며, 자연의 법칙, 물리학, 역사 등으로 설명되어야 한다고 가정합니다. 그리고 하나님의 영역에 있는 모든 것은 '초자연적', 즉 우리의 일상 경험과는 전적으로 다른, 완전한 '저편'의 영역이라고 생각합니다. ('자연적'과 '초자연적'이라는 단어들이 이 마지막 문장이 담고 있는 것보다는 훨씬 더 길고 더욱 흥미로운 역사를 지님을 알지만, 지금 저는 오늘날 보통 흔히 쓰이는 방식으로 말합니다.) 그런 이유 때문에 두 번째 견해 같은 세계관을 소유한 사람들은 성령의 임재와 역사에 대한 증거를 도덕적 지혜의 성장과 극적이지 않으며 점진적인 욕심 없는 섬김의 일생 같은 곳에서가 아니라, 치유의 기적이나 방언이나 놀라운 회심 등과 같은 대단한 '초자연적인' 사건들에서 찾습니다.

제 말을 잘 들으시기 바랍니다. 제 말은 치유와 "방언"이 일어나지 않는다거나 중요치 않다는 뜻이 **아닙니다**. 그런 일들은 있으며, 중요합니다. 제 말은 하나님이 때때로 놀랍게 극적으로 갑작스럽게 사람들을 회심시키지 않는다는 뜻도 아닙니다. 하나님은 그렇게 하십니다. 오히려 두 번째 견해는, 일어난 일을 이해하는 데 잘못된 틀을 제공한다는 것입니다. 특히 이 견해는 이미 '자연' 세계에 존재하는 하나님의 임재와 권능에 대한 의식은 배제해 버립니다.

이 두 견해 중 어느 것도 신약 성경이 성령에 관하여 말하는 바를 이해하는 틀로서 제 역할을 감당할 수 없습니다. 그래서 세 번째 견해가 필요합니다. 어떤 식으론가, 하나님의 차원과 우리의 차원—하늘과 땅—은 중첩되고 맞물려 있습니다. 우리의 모든 의문—어떻게 이 일이 일어나며, 누구에게 일어나며, 어디에서 왜 어떤 조건에서 일어나며, 그런 일이 일어날 때 어떻게 보이는가?—은 부분적으로는 신비로 남아 있고, 마침내 창조 세계가 새롭게 갱신되고 두 차원이 원래의 설계대로 (그리고 그렇게 되기를 그리스도인들이 매일 기도하듯이) 하나로 결합하게 될 때까지 그럴 것입니다. 그러나 세 번째 견해에서 성령을 말하는 것이 무엇인지는 지금쯤이면 명확해졌어야 합니다. 만일 그렇지 않다면, 사도 바울이 그 점을 일깨워 줄 것입니다. 성령이 들어와 사는 사람들은 하나님의 새로운 성전입니다. 그들은 개인적으로나 집단적으로 하늘과 땅이 만나는 장소입니다.

제10장은 이 말이 실질적으로 무슨 뜻인지를 탐구하고 설명하는 데 할애될 것입니다. 그러나 한두 가지는 당장 말씀드려야겠

습니다.

첫째, 빤한 반박이 있습니다. "제게는 그게 그렇게 보이지 않습니다!" 우리는 대부분, 심지어 우리가 신앙의 모범으로 우러러보는 그리스도인들에 대해 생각할지라도, 그런 사람들이 걸어 다니는 성전이라고, 하늘과 땅이 만나는 곳이라고 상상한다는 게 어렵습니다. **우리 자신을** 그런 식으로 생각하기란 더더욱 어렵습니다. 확실히 기독교 역사에 점철된 그 모든 비극적인 넌센스를 바라볼 때 교회 전체를 이런 식으로 바라본다는 것은 어렵습니다.

그러나 그에 대한 반론 또한 사도 바울의 글을 아는 사람에게는 누구에게든지 너무나도 명백합니다. **우리처럼 명확히 그는 교회의 잘못과 그리스도인 개개인의 잘못을 볼 수 있었습니다.** 그러한 잘못들이 너무나도 당혹스러울 정도로 분명히 드러나는 편지 중 하나인 고린도전서에서, 그는 그렇게 주장합니다. '너희는 공동으로(그는 교회 전체를 향해 말합니다) 하나님의 성전이다. 그리고 하나님의 성령이 너희 안에 거하신다'(고전 3:16). 그래서 교회의 하나됨이 그처럼 중요합니다. "너희 몸은(그는 그들 한 사람 한 사람에게 말합니다)…너희 가운데 계신 성령의 전이다"(6:19). 바로 그런 이유로 성적인 성결을 포함해서 육체의 거룩함이 그만큼 중요한 것입니다. 하나됨과 거룩함은 지난 세대 교회의 두 가지 큰 문제였습니다. 성령에 대한 바울의 단호한 가르침을 우리가 다시금 생각할 필요가 있지 않을까요?

**제10장**

# 성령을 의지하는 삶

일단 성령이 사람들 가운데 오셔서 거하심으로 그들을 살아 계신 하나님의 성전으로 만드는 이 비전(이 일은 우리를 전율하게 만드는 일입니다)을 바라본다면, 다른 여러 방향에서도 성령이 역사하시는 순간을 파악할 수 있습니다.

우선, 조금 전 살펴보았던 거룩함에 대한 놀라운 부르심에 근거해서 우리는 초기 기독교의 기록 도처에서 예수를 따르는 자들은 율법—즉 토라, 유대인의 법—을 성취하도록 부름받았다는 개념을 보게 됩니다. 바울도, 야고보도, 예수 자신도 그렇게 말씀하십니다. 그런데 또한 그리스도인들은 유대인의 율법을 준수하지 **않으며**, 준수할 필요가 없다는 의식도 존재합니다. 히브리서는 예수의 죽음과 함께 희생 제사 제도가 종식되었고, 그와 더불어 성전의 전체즈인 의의도 종식되었다고 주장합니다. 바울은 이방인 남자들이 예수의 복음을 믿고 세례를 받을 때, 할례를 받을 필요가 **없다고** 주장합니다. 예수께서도, 유대인을 이웃의 이방인과 구별해 주었던 음식법들은 다른 종류의 구별, 다른 종류의 거룩함을 위해서 파기되어야 한다는 암시를 주십니다. 예수를 따라, 초대교회 그리스도인들은 유대인의 안식일을 지키는 것이 더 이상 의무 사항이 아님을 분명히 했습니다. 안식일 준수가 십계명 중 하나였음에도 말입니다.

그럼에도, 초대교회 그리스도인들은 특히 성령에 대해 말하는 대목에서 율법을 성취해야 할 의무에 대해 적지 않게 계속해서 말했습니다. 만일 여러분이 성령의 인도를 받고 힘을 얻는다면, 더 이상 율법이 금하는 것들—살인, 간음, 기타 등—을 하지 않으리라고 바울은 선포합니다. 바울은 로마서에서 이렇게 씁니다. "육신의 생각은 하나님과 원수가 되나니, 이는 하나님의 법에 굴복하지 아니할 뿐 아니라 할 수도 없음이라. 육신에 있는 자들은 하나님을 기쁘시게 할 수 없느니라." 그러나 다시 한 번 그가 계속해서 말하듯이, "만일 너희 속에 하나님의 영이 거하시면 너희가 육신에 있지 아니하고 영에 있나니." (다시 성전 언어가 등장함을 주목하기 바랍니다.) 성령은 그 안에 성령이 거하는 모든 자에게 생명, 즉 부활의 생명을 주실 것입니다. 그리고 이 사실은 지금 여기에서의 삶의 거룩함(다시 현재 가운데 들어온 미래의 언어입니다)을 예상합니다(롬 8:7-11). 같은 로마서 후반부에서 바울은 다시 설명합니다. "사랑은 이웃에게 악을 행하지 아니하나니, 그러므로 사랑은 율법의 완성이니라" (13:10).

다시 한 번 요점은, 율법이 고대의 유서 깊은 간편한 도덕 안내서가 아니라는 것입니다. 성전과 마찬가지로 토라도 **하늘과 땅이 만나는 곳 가운데 하나**입니다. 그래서 몇몇 유대 율법 교사는 토라를 연구하고 지키는 사람들은 성전에 들어가 예배하는 자들과 같다고 주장했습니다. 그리고 초대교회 그리스도인들은 하늘과 땅이 만나는 교차 지점으로서 살라고 서로 격려합니다. 다시 말하지만, 이 일이 아예 불가능하다고 말하는 것은 아니지만, 너무나도 어렵고 힘든 일로 들립니다. 그러나 우회할 길은 없습니다. 다행스럽게도, 앞으로 살펴보겠듯이, 정상적인 기독교 본연의 모습은 그 전부가 실제로 어떻게 이런 종류의 삶을 유지하며 또한 그 가운데서 자라나는지를 발견하는 일에 대한 것입니다.

성령에 의한 토라의 성취는 사도행전 2장의 오순절에 대한 극적인 묘사 배후에 있는 중심 주제 가운데 하나입니다. 오늘날까지도 오순절은 유대교에서는 율법 수여의 절기로 준수됩니다. 유월절이 먼저 옵니다. 이 날은 이스라엘 백성들이 애굽의 예속 상태를 영원히 벗어난 날입니다. 그들은 광야를 통과하여 50일 후에 시내 산에 도착했습니다. 모세는 시내 산에 올라가 율법 즉 언약의 두 돌판을 가지고 내려옵니다. 그 두 돌판은 그들이 실제로 하나님의 백성임을 드러낼 수 있게 해주는 생활 방식에 대해서 하나님이 자신의 백성들에게 주신 선물입니다.

이것이 바로 우리가 사도행전 2장을 읽을 때 염두에 두어야 할 그림입니다. 앞서 유월절에 예수께서 죽으시고 부활하셔서 예속 상태로부터 해방될 수 있는 길과 용서의 길과 온 세상—특히 그를 따르는 모든 사람들—이 새 출발을 할 수 있는 길을 여셨습니다. 제 50일 후에 예수께서 "하늘"로, 즉 하나님의 실재의 차원으로 끌려 올라가셨습니다. 그러나 모세처럼, 예수께서는 다시 오셔서 갱신된 언약을 비준해 주시며 돌판이 아닌 사람들의 마음 판에 사긴 삶의 도를 전해 주실 것입니다. 그 삶의 도를 통해 예수의 추종자들이 자신이 진정으로 그분의 백성임을 감사함으로 드러낼 수 있도록 말입니다. 이것이 바로 오순절 현상의 배후에 깔린 신학인데, 이를 통해서 누가가 전하는 대로 오순절에 일어난 놀라운 현상—바람과 불과 방언과 놀란 군중들을 향한 갑작스런 강력한 예수에 대한 선포—은 가장 심오한 의미를 부여받습니다. 성령이 찾아오셔서 그 안에 거하는 자들은 하늘과 땅의 교차 지점에서 살아가는 사람이 되어야 합니다.

성령이 성취하시는 것은 단지 성전과 토라만이 아닙니다. 옛 유대교의 언어로 보자면, 하나님이 세상에서 일하시는 두 가지 방식이 더 있는데 그것은 하나님의 말씀과 하나님의 지혜입니다.

## :: 성령, 말씀 그리고 지혜

하나님의 말씀과 하나님의 지혜라는 이 두 주제는 초대교회의 사고에서 지극히 중요한 주제였습니다.

예수가 이스라엘의 메시아이며 따라서 온 세상의 참 주재자시라는 사실을 선포하도록 처음 제자들이 넓은 세상으로 파송되었을 때, 그들은 자신이 전하는 메시지가 대부분의 청중에게 거의 혹은 전혀 이해되지 않으리라는 점을 알았습니다. 이스라엘의 메시아가 오셨다는 사실과 적어도 부분적으로는 유대 지도자들이 그 메시아를 받아들이기를 원치 않았기 때문에 로마 군인들이 그를 십자가에 못 박았다고 유대인들에게 말하는 것은 그들에게 모욕이었습니다! 또한 유대인이 아닌 사람들에게 유일하신 참 하나님이 계시며, 그분이 세상에 보내시고 죽은 자 가운데서 부활시키신 한 사람을 통해 책임을 묻기 위해서 온 세상을 소환하신다고 말하는 것은 완전히 미친 짓이거나 웃음거리 혹은 더 좋지 않은 반응을 불러일으킬 만한 것이었습니다. 그런데, 초대교회 그리스도인들은 이 이야기를 전하는 일에 그들이 일정하게 성령과 연결짓는 어떤 권능, 그들이 종종 간단히 "말씀"이라고 일컬었던 권능이 개입함을 발견했습니다. 사도행전에 나오는 이 말씀들을 잘 살펴보시기 바랍니다. "무리가 다 성령이 충만하여 담대히 하나님의 말씀을 전하니라." "하나님의 말씀이 점점 왕성하여." "하나님의 말씀은 흥왕하여 더하더라." "이와 같이 주의 말씀이 힘이 있어 흥왕하여 세력을 얻으니라"(행 4:31; 6:7; 12:24; 19:20).

바울은 이렇게도 말했습니다. "너희가 우리에게 들은 바 하나님의 말씀을 받을 때에 사람의 말로 받지 아니하고 하나님의 말씀으로 받음이니 진실로 그러하도다. 이 말씀이 또한 너희 믿는 자 가운데에서 역사하느니라"(살전 2:13). 이것이 바로 "너희가 전에 복음, 진리의 말씀을 들은 것이라. 이 복음이…너희 중에서와 같이 또한 온 천하에서도 열매를 맺어 자라는도다"(골 1:5-6). 이 마지막 본문은 그 말씀이 새 말씀이면서 또한 옛 말씀이라는 또 다른 암시입니다. "열매를 맺어 자라는도다"라는 구절은 창세기 1장의 첫 번째 창조의 언어에 대한 직접적인 암시입니다. 시편 기자는 이렇게 노래했습니다. "여호와의 말씀으로 하늘이 지음이 되었으며 그 만상을 그의 입 기운으로 이루었도다"(시 33:6). 그렇습니다, 초대교회 그리스도인들은 그렇다고 응답했습니다. 그리고 바로 이 동일한 말씀이 이제는 복된 소식, "복음", 예수가 부활하신 주님이라고 선언하는 메시지를 통해 역사합니다. "말씀이 네게 가까워 네 입에 있으며 네 마음에 있다 하였으니, 곧 우리가 전파하는 믿음의 말씀이라. 네가 만일 네 입으로 예수를 주로 시인하며 또 하나님께서 그를 죽은 자 가운데서 살리신 것을 네 마음에 믿으면 구원을 받으리라"(롬 10:8-9). 다시 말해서, 여러분이 부활의 예수가 주님이라는 복된 소식을 선포할 때, 바로 그 말씀이 하나님의 말씀이라는 것입니다. 말씀은 하나님의 성령을 옮겨 주는 도구, 하나님의 성령의 대행자이며, 예언자 이사야가 예언했듯이 하나님의 차원의 새로운 생명이 우리 속에서 새로운 창조를 실현하도록 만들어 주는 수단입니다(사 40:8; 55:10-13).

지혜도 마찬가지입니다. (의인화된-역자 첨가) 지혜는 벌써부터 유대교 내에서 창조 시 하나님의 대리자로, 즉 지혜를 통해 세계를 만드신 것으로 생각되었습니다. 요한과 바울 그리고 히브리서는 모두 예수를 하나님이 그를 통해 세상을 창조하셨던 분이라 말하기 위해 이 사상을 끌어 씁니다. 그러나 여기서 그치지 않습니다. 잠언과 마찬가지로, 바울은 이 지혜(여기에서는 더 이상 의인화된 지혜가 아님-역주)가 하나님의 성령의 권능을 통해 사람들에게 주어졌다고 말합니다. 잠언에서처럼, 지혜의 부분적인 요점은 사람이 삶을 충만히 그리고 제대로 살기 위해 필요하다는 것입니다. 그 지혜는 "이 세대에 속한" 지혜, 즉 현재 세상과 이 세상이 사물과 사태를 바라보는 방식이 아니라고 그는 말합니다. 그것은 현세의 지배자들이 인정하기 좋아할 그런 종류의 지혜에 해당하지 않습니다. 대신에 "오직 은밀한 가운데 있는 하나님의 지혜를 말하는 것으로서 곧 감추어졌던 것인데, 하나님이 우리의 영광을 위하여 만세 전에 미리 정하신 것입니다"(고전 2:7). 성령을 통해 하나님은 우리에게 새로운 종류의 지혜에 접할 수 있게 해주셨습니다.

지혜와 지식의 모든 하나님의 보화는 메시아 그분 안에 감추어져 있습니다. 그러므로 메시아에게 속한 사람들은 이 지혜에 접할 수 있으며, 따라서 성숙한 사람, 성숙한 그리스도인의 삶을 향해 전진할 수 있는 기회를 누립니다. "우리가 그를 전파하여 각 사람을 권하고 모든 지혜로 각 사람을 가르침은 각 사람을 그리스도 안에서 완전한 자로 세우려 함입니다"(골 1:28; 2:2-3). 이 점에서 또한 성령이 거하시는 자들은 하늘과 땅의 교차 지점에서, 그 만남을 통해 사는 사람들이 되라는 요청을 받습니다.

특별히 말씀드릴 것은 두 번째 견해를 받아들이는 사람들의 경우에만 일어날 수 있는 일인데, 그런 사람들은 어떤 사람을 생각할 때 "그 사람은 너무나 신성한 생각만 해서 지상에서는 전혀 쓸모가 없다"고 생각할 수 있습니다. 세 번째 견해에서는, 이 땅에서 진짜 쓸모 있게 되는 길은 진정으로 하늘에 속한 생각을 하는 것입니다. 그리고 하늘과 땅이 서로 겹치는 지점 중 하나로서 그리고 하늘과 땅이 만나게 하는 도구로서 살아가는 것입니다.

그것이 바로 교회가 예수의 사역을 지금도 계속해서 이루어 나가는 방식입니다. 사도행전은 이전 책에서(같은 저자가 쓴 앞의 책, 즉 누가복음을 가리킴) 그 저자가 "무릇 예수께서 행하시고 가르치기 **시작하심부터**" 모든 것을 기록했다고 말합니다. 이 말의 뜻은 분명합니다. 성령의 권능의 인도함을 받고 그 권능으로 말미암아 힘을 받은 교회의 이야기가 바로 예수께서―그의 성령에 의해 인도함을 받는 사람들을 통해―계속해서 행하고 가르치시는 일에 대한 이야기라는 것입니다. 다시 한 번 말씀드리지만, 그런 이유 때문에 우리가 "하늘에서처럼 땅에서도" 하나님의 나라가 임하고 그분의 뜻이 이루어지기를 기도하는 것입니다.

## :: 기독교 영성을 향하여

기독교 신앙에 따르면, 하나님의 성령은 이 책을 시작할 때 언급했던 네 가지 문제, 곧 아름다움과 관계와 영성과 정의에 대한 우리의 갈망의 문제에 대한 답변을 제공합니다. 우리가 앞서 살펴보았던 순서와는 달리 역순으로 말씀드리겠습니다.

하나님은 자신의 성령을 통해 창조 세계가 되기를 갈망하고 노력하는 바대로 되도록 그 곳을 다시 만드시겠다고 약속하셨습니다. 현세의 모든 아름다움은 증대되고 더 고귀해지며, 현재 이 세상을 부패시키고 일그러뜨리는 것으로부터 벗어날 것입니다. 그 때에는 더 큰 아름다움이 나타날 텐데, 현재 우리가 아는 아름다움은 단지 그 더 큰 아름다움을 가리키는 표지에 불과합니다.

하나님은 성령을 통해 자신과의 신선한 관계를 우리에게 제공하시며, 동시에 우리 이웃들과 및 창조 세계 전체와의 신선한 관계를 제공해 주십니다. 성령이 새롭게 하시는 인간의 삶은 피해를 입고 단절된 인간 관계들을 싸매어 주며 치유해 줄 수 있는 에너지를 제공합니다.

하나님은 성령을 통하여 우리가 뼛속깊이 어떤 존재가 되어야 했는지를 아는 그 상태가—하나님의 창조 질서의 양차원 모두에서 살아가는 피조물들이—되는 선물을 제공하십니다. 영성에 대한 추구는 이제는 하늘과 땅이 서로 만나는 만남에 대한 추구인 것 같습니다. 이 일은 물론 매우 힘들기는 하지만 믿는 사람들에게 제공되는 추구입니다.

마지막으로, 하나님은 성령을 통하여 이제 세상을 바로잡으실 것을, 정의라는 기쁘고 좋은 선물이 창조 세계에 흘러넘치는 세상을 기대하기를 원하십니다. 현재 개개인의 삶에서 나타나는 성령의 역사는 마침내 만물이 바로잡힐 일에 대한 보증이며, 그 일을 미리 보여 주는 또 하나의 표지입니다. 하나님의 정의를 세상에 이루어지게 하기 위해 지금 우리는 "의롭다 함"을 얻습니다. (이 점에 대해서는 나중에 더 언급할 것입니다.) 그 날에—물론 당연히 성령의 역사로 말미암아—온 땅은 물이 바다를 덮음같이 여호와에 대한 지식으로 가득 찰 것입니다.

이 놀라운 묘사 가운데서 독특하게 기독교적인 영성과 관련하여 두 가지 점이 두드러집니다.

첫째, 기독교 영성은 하나님에 대한 경외와 엄위에 대한 의식을 하나님의 친밀한 임재에 대한 의식과 결합합니다. 이 결합이 어떤 것이냐를 설명하기는 어렵지만 경험하기는 쉽습니다. 예수께서 하나님을 부를 때 아람어로 가족 관계에서 사용되는 '아바'(Abba, 아버지)라는 단어를 사용하셨듯이, 그리스도인들도 하나님을 부를 때 똑같이 하라는 권고를 받습니다. 가장 좋은 가족 관계 안에서 어린 아이가 그 부모를 알듯, 하나님을 알아 가라는 것입니다. 이 사실에 당혹감을 느끼면서 이게 무엇인지 도무지 모르겠다고 말하는 그리스도인들을 가끔 만납니다. 엄위롭고, 두려우시며 거룩하신 하나님과 그 같이 친밀한 관계를 맺지 못한 그리스도인은 최소한 언어상으로는 모순처럼 들린다고 말할 수밖에 없습니다. 개인적으로 입은 상처나, 하나님의 어떤 특별한 부르심이나, 다른 어떤 이유로 예수에 대한 복음을 진정으로 믿고 성령으로 살려고 노력하면서도 하나님의 친밀한 임재에 대한 느낌이나 의식이 전혀 없는 사람들이 있을 수 있다는 점을 기꺼이 인정합니다. '영혼의 어두운 밤'과 같은 것이 있습니다. 우리들 대부분보다 더 깊이 기도의 신비를 탐구해 들어갔던 어떤 이들이 그런 상태가 있음을 보고하기도 했습니다. 그러나 예수께서는 그 구하는 자들에게 성령을 허락하실 것이라고 선언하십니다(눅 11:13). 성령의 사역의 특징적인 표시 중 하나는 바로 하나님의 친밀하신 임재에 대한 바로 그 느낌입니다.

둘째, 기독교 영성은 보통 일정한 정도의 고난을 포함합니다. 예수께서 "아빠" 아버지를 부르며 기도하셨다고 기록된 경우로는 겟세마네 동산의 기도가 있습니다. 동산에서 예수께서는 아버지께

혹시 다른 길이 있는지, 과연 진짜 자신이 자기 앞에 예비된 그 끔찍한 운명을 반드시 통과해야만 하는지를 여쭈었습니다. 대답은 그렇다는 것이었고, 예수께서는 그렇게 하셨습니다. 그러나 만일 예수께서 그 같은 기도를 드렸다면, 우리도 종종 마찬가지의 기도를 드려야 한다고 확신할 수 있습니다. 바울과 요한은 이 점을 크게 강조합니다. 예수를 따르는 사람들은 옛 세상의 규칙이 아니라 새 세상의 규칙에 따라 살아가도록 요청받습니다. 그래서 옛 세상은 그 점을 좋아하지 않습니다. 비록 하늘에 속한 삶이 땅에 속한 삶을 치유해 주도록 설계된 것이 사실이지만, 이 땅을 현재 지배하는 권세들은 이 땅을 자신들에게 유리하게 만들어 놓았습니다. 그래서 자신들의 것과 다른 방식을 제시하면 어떠한 것이라도 싫어합니다. 그런 이유 때문에 정치든 미디어든 전문직이든 일반 사업 세계든, 그 세계의 권세들은 교회가 오늘날의 이슈들에 대해 목소리를 높이지 않는다고 조소하면서도, 일이 어떻게 돌아가야 하는지에 대해 기독교 지도자들이 뭔가를 제시하면 그것이 무엇이든지 지독히 불쾌하게 받아들입니다.

그래서 고난은 실제로 박해 형식을 띨 수도 있습니다. 자유 민주주의를 표방하는 현대 서구 세계에서조차도—어쩌면 정확히 바로 그 세계에서!—사람들은 예수 그리스도에 대한 헌신 때문에 차별을 당할 수 있습니다. 그러니 오늘날 몇몇(다 그런 것은 아님) 무슬림 국가의 경우처럼, 권력을 쥔 사람들의 세계관이 모든 형태의 기독교 신앙을 반대하도록 명확히 진술하는 곳에서는 얼마나 그 차별이 심하겠습니까! 그러나 고난에도 많은 형태가 있습니다. 질병과 우울, 사별, 도덕적 딜레마, 가난, 비극, 사고, 죽음 등. 신약 성경이나 첫 200-300년 경에 나온 초대교회의 기독교 문헌을 읽어 본 사람은 초대교회 그리스도인들이 예수를 따르는 사람들이 누리는 삶을 장밋빛으로만 그려 놓았다고 비난할 수 없을 것입니다. 그러나 핵심은 이것입니다. 가장 확실하게 성령이 우리와 함께하신다고 기대할 수 있는 때는 바로 우리가 고난당할 때입니다. 우리는 고난이나 순교를 추구하지도, 자초하지도 않습니다. 그러나 만일 고난이 찾아온다면, 그 모습이 어떤 모습일지라도, 우리는 바울이 성령에 대해 기록하는 그 위대한 장 끝부분에서 말하듯이, "이 모든 일에 우리를 사랑하시는 이로 말미암아 우리가 넉넉히 이기느니라"(롬 8:37).

## :: 삼위일체 하나님의 모습

그렇다면, 하나님에 대한 기독교의 이해를 어떻게 정리할 수 있을까요? 신학적으로 말해서, 태양을 정면으로 응시한다는 것이 무슨 뜻일까요?

하나님은 세상의 창조주시며 세상을 사랑하시는 분입니다. 예수께서는 하나님을 '나를 보내신 아버지'라고 말씀하셨습니다. 다른 곳에서 예수께서 말씀하셨듯이, 이 말은 "나를 본 자는 아버지를 보았다"(요 14:9)는 사실을 시사해 줍니다. 예수를 열심히 바라볼 때, 특히 예수께서 자신의 죽음을 향해 나아가는 모습을 볼 때, 여러분이 무한히 빛나는 하늘을 연구하거나 여러분 자신의 양심에 자리잡은 도덕법을 연구하면서 추측할 수 있는 것보다 하나님에 대해 훨씬 더 많은 것을 발견할 것입니다. 하나님은 정의에 대한 열정을, 영성에 대한 사모를, 관계에 대한 주림을, 아름다움에 대한 갈증을 만족시켜 주시는 분입니다.

그리고 하나님, 참 하나님은 우리가 나사렛 예수 안에서, 이스라엘의 메시아이며 세상의 참 주재자 가운데서 보는 그 하나님입니다. 초대교회 그리스도인들은 하나님과 예수를 연달아서, 말하자면 등식 관계 가운데서 동등하게 말했습니다. 바울은 유대교 유일신론의 가장 유명한 슬로건("이스라엘아, 들으라. 우리 하나님 여호와는 오직 유일한 여호와이시니")을 인용하면서, "여호와"(즉, YHWH)를 예수로 설명하고, "하나님"을 "아버지"로 설명했습니다. 그는 이렇게 썼습니다. "그러나 우리에게는 한 하나님 곧 아버지가 계시니 만물이 그에게서 났고 우리도 그를 위하여 있고 또한 한 주 예수 그리스도께서 계시니 만물이 그로 말미암고 우리도 그로 말미암아 있느니라"(고전 8:6). 이보다 먼저 쓴 편지에서도 바울은 만일 여러분이 이방인들이 믿는 이교의 신들, 신도 아닌 것들과 대조되는 진짜 하나님이 누구신지를 알고자 한다면, 하나님을 생각할 때 세상을 구할 오랜 계획을 이루기 위해 먼저 아들을 보내시고 그 다음에 그 아들의 성령을 보내신 그 하나님에 대해 생각해야 한다고 썼습니다(갈 4:4-7).

교회의 공식적인 "삼위일체론"은 바울 시대 이후 300-400년이 지난 후에야 제대로 정립되었습니다. 그렇지만 후대의 신학자들이 마침내 삼위일체론을 정리해 냈을 때, 그 정리는 사실상 바울과 요한과 히브리서 및 여타 신약 성경 책들에 대한 상세한 각주로 이루어졌으며, 후세대들로 하여금 가장 먼저 기록된 저작들에 원칙적으로 이미 있던 내용을 파악하는 데 도움을 주기 위해 마련된 설명들로 이루어졌다고 판명되었습니다.

그러나 기독교의 신론이 고도의 지적인 말장난이나 두뇌 싸움이라는 인상을 주는 것은 잘못일 것입니다. 그리스도인들에게 삼위일체론이란 언제나 사랑 게임이었습니다. 세상에 대한 하나님의 사랑이 우리에게서 나오는 응답하는 사랑을 요청하며, 하나님이 (마치 이것이 그분의 성품의 한 측면이었다는 듯) 우리를 사랑하실 뿐만 아니라 그분 자체가 사랑이시라는 사실을 발견하게끔 하십니다. 그것이 바로 많은 신학 전통이 하나님 존재의 핵심이라고 탐구해 온 것입니다. 그것은 성부와 성자와 성령 사이에서 계속해서 주고받는 사랑입니다. 실로 어떤 신학자들은 성령을 이해하는 한 가지 방식으로 성령을 성부가 아들에 대해, 성자가 아버지에 대해 가지는 인격적 사랑으로 바라봐야 한다고 제안하기까지 했습니다. 그러한 이해 가운데서 우리는 우리 안에서 그 성령이 살게 하심으로써 하나님의 이 내적인 삶, 사랑의 삶 가운데 참여하도록 초청받습니다. 신약 성경에 나오는 가장 기억에 남는 하나님의 이름과 묘사 몇 가지는 우리를 이 내면의 삶으로 이끌어 들이는 길입니다. 바울은 "마음을 살피시는 이가 성령의 생각을 아시나니 이는 성령이 하나님의 뜻대로 성도를 위하여 간구하심이니라"(롬 8:27)라고 씁니다. "마음을 살피시는 이", 거기에 깊이 묵상해야 할 하나님의 이름이 있습니다.

그리고 그것은 모두 예수 때문입니다. 일단 우리가 삼위일체 교리—혹은 사실!—를 일별한다면, (비록 우리가 앞서 인정했던 것보다는 좀더 복잡한) 어떤 인격자 비슷한 일반적인 자비심의 원천에 불과한 신에게 멀리서 경의를 표하는 일반화된 종교심으로 되돌아가지는 못할 것입니다. 기독교 신앙은 그보다는 훨씬 더 단단하며 훨씬 더 거칩니다. 예수께서는 영원한 진리를 가르치는 선생이나 위대한 도덕적 모범이 아니라, 자신의 삶과 죽음과 부활을 통해 하나님의 구원 작전을 실천에 옮기며 마침내 우주를 그 위험에서 벗어나게 만드신 분으로서 온 세상의 생명, 옛 이스라엘의 생명이 되셨습니다. 모든 세계관은 이 주장에 의해 핵심적인 도전을 받습니다. 세상의 창조주 하나님이 진정 어떤 분인지를 그리스도인들이 안다고 주장하는 것은 바로 예수 때문입니다. 한 사람이신 그가 현재 우리가 "하늘"이라 일컫는 차원에서 그 아버지와 함께 계시기 때문에 그리스도인들이 그처럼 즉시로 하나님을 아버지와 아들로 말하게 된 것입니다. 그리고 현재 우리가 땅에 있는 동안에 그분이 여전히 하늘에 남아 계시기 때문에(물론 성령이 그분이 우리에게 임재하시도록 만들어 주시지만) 그리스도인들은 성령에 대해서도 신성한 삼위일체의 구별되는 한 일원이라고 말하게 되었던 것입니다. 우리가 말하는 식으로 하나님에 대해서 말하게 된 것은 모두가 예수 때문입니다.

그리고 우리가 살아가듯이 살도록 부름받았음을 아는 것도 모두 예수 때문입니다. 좀더 구체적으로 말해서, 우리가 더욱 참 사람이 되도록, 세상에서 하나님의 형상을 반영하도록 부르심을 받은 것은 바로 예수 때문입니다.

# 제3부
# 그분의 형상대로

11장  예배

12장  기도

13장  하나님의 숨으로 만든 책

14장  이야기와 임무

15장  믿는다는 것과 속한다는 것

16장  새 창조의 시작

# 제11장

## 예배

하나님의 실상을 얼핏 바라보기 시작할 때, 우리에게 자연스럽게 일어나는 반응은 예배입니다. 그 하나님께 경배를 드리게 됩니다. 예배라는 반응이 일어나지 않는다면, 아직은 하나님이 어떤 분이고 무슨 일을 하셨는지를 진정으로 이해하지 못했음을 보여 주는 징후라 여겨도 무방합니다.

그렇다면 예배란 무엇일까요? 예배가 무엇인지를 알아보는 최선의 방법은 예배에 직접 참여하는 것입니다. 그러나 한동안 예배에 참석한 많은 사람이나 심지어 거의 평생 동안 예배에 참석해 온 많은 사람도 자신이 습관적으로 예배에 참석한다는 사실을 깨닫습니다. 그런 사람들은 예배가 과연 무슨 의미가 있으며 자신이 왜 예배에 참석하는지에 대해 더 깊은 질문을 하기 시작합니다. 그리고 예배에 참석하지 않거나 참석했었지만 오래 전에 그만 둔 사람들은 예배의 목적이 무엇인지를 모르고 살아갑니다. 이상의 범주에 속하는 사람들이나 진정 예배에 참석하기를 좋아하지만 더 깊은 의미를 찾기를 원하는 사람들에게 아주 좋은 출발점 중 하나는 성경의 마지막 책인 요한계시록의 4장과 5장입니다.

여기에서 우리는 장엄한 신비를 엿볼 수 있습니다. 자신이 목격한 환상을 묘사하는 '보는 자'(seer) 요한은 벽에 붙어서 하나님의 보좌를 엿보는 한 마리의 파리와 같습니다. 그의 시선을 통해 그 장면을 바라보는 우리는, 말하자면 이차적으로 엿듣는다고 볼 수 있습니다. 그럼에도 그 장면은 유일하신 참 하나님을 예배하는 일에 대해 우리에게 많은 것을 말해 줍니다.

요한은 하늘에서 진행되는 일을 구경할 수 있는 특권을 부여받았습니다. 이 말이 그가 상당히 먼 미래에 대해 미리 볼 수 있게 되었다는 뜻은 아닙니다. 사실 그가 요한계시록의 말미에서 궁극적 장래를 묘사할 때, 그 묘사는 앞에 나오는 이 환상과는 전혀 다릅니다. 또한 그 특권은 요한이 하늘 위 저 멀리 있는 어떤 장소로 올려졌다는 뜻도 아닙니다. 오히려 "하늘에 열린 문이 있는데"(계 4:1)라고 말하면서 그는 이 책의 중심적인 주장 가운데 하나를 말합니다. 말하자면, 하나님의 영역과 우리의 영역이 멀리 떨어진 것이 아니라, 어떤 곳에서 어떤 순간에 서로 맞물린다는 것입니다. 때때로 그 둘 사이의 경계선이 마치 얇은 칸막이 같아서, 어떤 사람에게 그리고 어떤 때에 문이 열리거나 커튼이 당겨져서 우리의 차원에 있는 사람들이 하나님의 차원에서 진행되는 일을 볼 수 있게 됩니다. 요한이 자신의 환상에서 보는 것은 하늘의 일상적인 삶인 하나님에 대한 예배입니다. 그 차원에서는 하나님에 대한 예배가 항상 진행됩니다.

그 광경은 탄성을 지르게 만듭니다. 요한은 하나님의 보좌와 (비록 조심스럽고 간접적이긴 하지만) 하나님을 묘사함으로써 시작합니다. 천둥과 번개가 그 보좌에서 나옵니다. 이것은 그 곳이 엄위와 두려운 영광의 장소임을 전해 줍니다. 보좌 주변으로는 동물 세계와 인간 세계의 대표들이 둘러 서 있습니다. 따라서 온 창조 세계가 하나님께 합당하게 전력을 다하여 하나님을 예배합니다. 그 동물들은 하나님의 영원한 거룩하심을 노래합니다.

거룩하다, 거룩하다, 거룩하다, 주 하나님 곧 전능하신 이여
전에도 계셨고 이제도 계시고 장차 오실 이시라.

동물들과 새들은 자기를 지으신 분을 알며, 보통 사람들이 전혀 이해할 수 없는 언어로 그분을 찬송합니다. 그러나 하늘의 차원에서는 모든 것이 명확해집니다. 동물들은 자기 창조주가 전능하신 분임을, 자기 조물주가 영원하심을 그리고 그분이 거룩하심을 압니다.

우리는 벌써 예배의 내적인 논리를 봅니다. 예배는 문자 그대로 무엇인가의 혹은 누군가의 가치를 인정한다는 뜻입니다. 무엇인가가 혹은 누군가가 찬양받을 가치가 있음을 인정하고 말한다는 뜻입니다. 무엇인가가 혹은 누군가가 지닌, 자신보다 훨씬 뛰어난

가치를 찬양한다는 의미입니다.

　　요한이 묘사하는 장면은 단 하나의 찬양에 그치지 않습니다. 사실 그 장면은 시작일 뿐입니다. 동물들의 세계는 쉬지 않고 하나님을 찬양합니다. 그리고 사람들은 그 찬양에 합류합니다. 그러나 사람들이 드리는 찬양의 노래는 더 충만합니다. 사람들에게는 할 말이 더 있기 때문입니다. 사람들은 하나님의 보좌 앞에 자신의 면류관을 벗어 던집니다. 이 행위는 단지 하나님의 위대하심을 찬양하기 위한 것만이 아니라 어째서 자신이 그 하나님의 피조물로서 그분께 찬양을 마땅히 드려야 하는지 **이해하고** 있음을 표현하는 행위입니다.

　　우리 주 하나님이여
　　　영광과 존귀와 권능을 받으시는 것이 합당하오니
　　주께서 만물을 지으신지라
　　　만물이 주의 뜻대로 있었고 또 지으심을 받았나이다.

　　여기에서 우리는 하나님의 세계의 마땅한 모습을 봅니다. 그 세계는 이미 하늘의 차원에 존재하는 모습 그대로의 하나님의 세계입니다. 모든 창조 세계가 하나님을 예배합니다. 사람들은 자신이 선택한 대표들을 통해 하나님을 예배합니다. 그들이 본질적인 비밀을 파악했기 때문입니다. 그들은 왜 하나님이 **마땅히** 찬양을 받으셔야 하는지, 자신들이 하나님 찬양하기를 **원하는지** 압니다. 그리고 그 이유는 하나님이 만물을 지으셨기 때문입니다.

바로 이 점에서 우리는 대부분 "그렇지만 세상은 엉망진창입니다! 사람들이 하나님을 창조주로서 찬양하는 것은 다 좋습니다. 하지만 하나님의 창조 세계를 한 번 보십시오! 이런 상태를 하나님이 도대체 어찌 하실 것인가요?"라고 말하고 싶을 것입니다.

좋은 소식—이것이 바로 기독교 예배의 핵심인데—은 정확히 이러한 반응이 하늘의 궁정에서 우리의 눈앞에 펼쳐진다는 사실입니다. 요한계시록 5장을 시작하면서 요한은 보좌에 있는 인물이 두루마리를 하나 들고 있다는 점에 주목합니다. 우리가 서서히 깨닫는 것은 그 두루마리가 하나님의 장래의 목적들을 담고 있다는 사실입니다. 그 목적들을 통해서 세상은 마침내 심판을 받고 치유를 받게 됩니다. 그러나 문제는 아무도 그 두루마리를 열 수 없다는 것입니다. 창조 이후 계속해서 하나님은 자신의 피조물들을 **통해**—각별히 자신의 형상을 지닌 사람들을 통해—일하시려고 헌신적인 수고를 아끼지 않으셨습니다. 그러나 그들은 모두 하나님을 실망시켰습니다. 잠시 동안 하나님의 모든 계획이 다 수포로 돌아가는 것처럼 보입니다.

그러나 그런 다음에 그 보좌 곁에 다른 종류의 동물이 한 마리 등장합니다. 그 동물은 사자라고 합니다. 그러나 그 다음에 다시 어린양이라는 말을 듣습니다. 요한계시록을 읽으려면, 그 변화무쌍한 이미지에 익숙해져야 합니다. 사자는 메시아, 즉 이스라엘과 세상의 왕을 표현하는 옛 유대의 이미지입니다. 어린양은 이스라엘과 세상의 죄를 위해 드려지는 희생 제물입니다. 이 두 역할은 이전에는 아무도 상상하지 못했지만 지금은 완벽하게 이해되는 방식으로 예수 안에서 결합됩니다. 그리고 그 동물—그 사자이자 어린양—이 등장하자, 이미 노래하던 자들이(동물들과 사람들이) 창조주 하나님에 대한 그들의 찬양을 구원자 하나님에 대한 찬양으로 바꿉니다.

> 두루마리를 가지시고 그 인봉을 떼기에 합당하시도다
> > 일찍이 죽임을 당하사 각 족속과 방언과 백성과 나라 가운데에서
> > 사람들을 피로 사서 하나님께 드리시고
> 그들로 우리 하나님 앞에서 나라와 제사장들을 삼으셨으니
> > 그들이 땅에서 왕 노릇 하리로다

그런 다음 사방에서 더 많은 찬양대가 합류하여, 커다란 오라토리오를 이루듯이 천사들이 그 노래를 이어받습니다.

> 죽임을 당하신 어린양은
> 능력과 부와 지혜와 힘과 존귀와
> 영광과 찬송을 받으시기에 합당하도다!

그리고 마침내 "하늘 위에와 땅 위에와 땅 아래와 바다 위에와 또 그 가운데 모든 피조물이" 그 노래에 동참합니다.

> 보좌에 앉으신 이와 어린양에게
> 찬송과 존귀와 영광과 권능을 세세토록 돌릴지어다

이것이 예배의 전부입니다. 예배는 그 조물주를 인정하는 창조 세계, 어린양 예수의 승리를 인정하는 창조 세계로부터 창조주 하나님, 구원자 하나님을 향해 터져 나오는 기쁜 찬양의 외침입니다. 이것이 바로 하나님의 차원인 하늘에서 항상 진행되는 예배입니다. 우리가 물어야 할 질문은 우리가 어떻게 참여하는 것이 최선인가 하는 것입니다.

## :: 예배의 결과들

그 이유는 예배가 마땅히 할 일이기 때문입니다. 그리고 우리가 앞으로 진행하기 전에 한 가지 분명히 해야 할 일이 있습니다. 이런 종류의 논의에는 언제나 한 가지 의심이 슬며시 끼어듭니다. 그 의심은 하나님을 예배하라는 부르심이, 백성들은 그를 좋아하지 않지만 백성들이 두려워하게 만들기 위해 독재자가 발하는 명령과 같은 것이 아닌가 하는 좀스러운 의심입니다. 그가 수십만의 백성이 자신의 생일 축하 퍼레이드에 나와서 늘어서기를 원합니까? 좋습니다. 백성들이 그렇게 늘어서도록 만들 수 있을 것입니다. 그리고 백성들은 마치 자신의 목숨이 그 일에 달려 있다는 듯이 그리고 실제로 그렇기 때문에 모두 나와서 박수를 치고 손을 흔들어 줄 것입니다. 지루해서 빠져나가거나 아예 나타나지 않는다면, 그들의 신상에 좋지 못한 일이 발생하겠죠?

만일 참되신 하나님을 예배하는 일이 이와 비슷하다는 생각이 여러분의 마음에 스친다면, 아주 다른 모델을 여러분에게 제시허 보겠습니다. 저는 큰 교향악단에서부터 재즈 악단에 이르기까지 많은 음악회에 가 보았습니다. 세계적인 지휘자들이 지휘하는 세계 정상급 교향악단의 연주를 들어 보았습니다. 제게 커다란 감동과 만족을 주었고, 풍성히 채워주었던 몇몇 훌륭한 연주회의 청중이 된 적도 있습니다. 그러나 마침내 지휘자의 지휘봉이 내려졌을 때 방금 경험한 그 열정적인 즐거움과 경이를 그대로 간직할 수가 없어서 전율하는 흥분으로 자리를 박차고 일어섰던 경우는 제 성애 겨우 두세 차례밖에 되지 않습니다(한국의 독자들은 영국의 청중들이 기립박수를 보낸다는 것은 거의 없는 일이라는 점을 알아야 할 것입니다).

그런 반응이 순전한 예배에 매우 가까운 것입니다. 그와 비슷한 그러나 그 이상의 어떤 것이 바로 요한계시록 4장과 5장의 분위기입니다. 우리가 살아 계신 하나님을 예배하게 될 때 참여하도록 초대받는 경지가 바로 그 분위기입니다.

여러분이 그 같은 연주회에 참석했을 때 일어나는 일은 그 자리에 참석한 모든 사람에게 일어납니다. 그 일은 그 연주회를 통해 자신의 정신이 고양되었다고 느끼는 것입니다. 무슨 일인가가 그들에게 일어났습니다. 그들은 사물을 새로운 방식으로 느낍니다. 온 세상이 다르게 보입니다. 마치 사랑에 빠진 것 같고, 실제로 일종의 사랑에 빠지는 것입니다. 그리고 여러분이 사랑에 빠질 때, 여러분이 사랑하는 사람에게 헌신할 각오가 되었을 때, 무엇보다도 여러분이 열망하는 것은 하나가 되는 것입니다.

이러한 사실은 영성의 중심을 차지하는 두 개의 황금률 가운데 첫 번째 법칙으로 우리를 이끕니다. **여러분은 여러분이 예배하는**

**대상을 닮아 갑니다.** 여러분이 어떤 대상을 경외와 감탄과 경이로움으로 응시할 때, 여러분은 예배하는 대상이 지닌 속성의 일부를 받아들이기 시작합니다. 돈을 숭배하는 사람들은 마침내 인간 계산기가 됩니다. 섹스를 숭배하는 사람들은 자신의 매력이나 능력에 사로잡히게 됩니다. 권력을 숭배하는 사람들은 더욱 더 무자비하게 됩니다.

그렇다면, 창조주 하나님을 예배할 때, 여러분에게 무슨 일이 일어날까요? 세상을 구원하고 바로잡으려는 자신의 계획을 죽임당하신 어린양을 통해 성취하신 하나님을 예배할 때, 여러분에게 무슨 일이 일어날까요? 그에 대해서는 두 번째 황금률이 답해 줍니다. 여러분은 하나님의 형상으로 지음받았기 때문에, **예배는 여러분을 더욱 진정한 인간으로 만듭니다.** 여러분을 자신의 형상으로 지으신 그 하나님을 사랑과 감사로 바라볼 때, 여러분은 진정 성장하게 됩니다. 여러분은 온전히 살아 있다는 의미에 대해 더 많은 것을 발견하게 됩니다.

거꾸로, 여러분이 똑같은 총체적인 예배를 다른 대상에 바칠 때, 여러분은 위축된 인간이 됩니다. 물론 그 순간에는 그렇게 느끼지 못합니다. 여러분이 피조물의 한 부분을 마치 창조주인 양 예배할 때, 다시 말해서 여러분이 우상을 숭배할 때 잠깐 동안은 '고조된' 감정을 느낄 수 있습니다. 그러나 환각제처럼 그런 예배는 그 효과에 대한 대가를 치르게 만듭니다. 그 효력이 끝나면, 여러분은 시작했을 때보다 더 못한 사람이 됩니다. 그것이 우상 숭배의 대가입니다.

기회와 초대와 부르심의 명령이 여러분 앞에 있습니다. 그것은 와서 창조주며 구원자인 참되신 하나님을 예배하고 그렇게 함으로써 더욱 참된 사람이 되라는 기회요 초대요 명령입니다. 예배는 모든 그리스도인의 삶의 중심을 차지합니다. 신학(하나님이 어떤 분인가에 대해 올바르게 생각하려고 노력하는 일)이 중요한 이유 중 하나는 우리가 마음과 뜻과 영혼과 힘을 다하여 하나님을 사랑하라는 부르심을 받았다는 사실에 있습니다. 하나님이 누구신가에 대해 더 많이 배우는 것이 중요한 이유는 그렇게 해야 우리가 하나님을 더욱 합당하게 찬양할 수 있기 때문입니다. 적어도 몇몇 교회에서 드리는 예배가 상당히 많은 사람에게 그리 매력적으로 보이지 않는 이유 중 하나는 우리가 예배하는 그분에 관한 진리를 망각했거나 가리기 때문일 것입니다. 그러나 비록 그 진리를 언뜻 본다 해도 우리는 볼 때마다 그 진리로부터 다시 멀어지게 됩니다. 단지 한두 시간 동안 공연하는 록 스타를 보려고 일을 빼먹고 나온 소녀 팬들처럼, 개선하고 돌아오는 축구 팀을 보려고 밤을 새며 기다리는 팬들처럼, 그 진리에 대한 안타까움은 훨씬 더 클 것입니다! 어린양이자 사자인 예수 안에서 우리가 보는 그 하나님을 인식하게 된 사람들은 그 하나님을 찾아가 예배하기를 학수고대할 것입니다.

그러나 어떻게 예배해야 할까요?

## :: 하나님 찬양하기-성경을 통해서

기독교 예배는 **창조주** 하나님을 찬양하고 경배하는 일이기 때문에, 예배의 핵심적인 일 가운데 하나는 수천 가지 방법으로 창조와 새 창조의 이야기를 전하는 것입니다. 그러나 만일 우리가 경건한 언어로 현 창조 세계의 결함과 끔찍한 점을 감춘 채 있는 그대로의 창조 세계를 축하하려고만 한다면, 기독교 예배는 쉽게 후퇴하여 시시하거나 감상적이 되어버릴 것입니다. 현명한 기독교 예배는 창조 세계가 끔찍하게 잘못되어 있다는 사실과 너무나 부패하고 썩어서 그 한가운데—그리고 그 창조 세계를 돌보아야 할 하나님의 형상을 지닌 자들로서 우리 모두의 한가운데—에 커다란 균열이 관통한다는 사실을 충분히 고려합니다. 그렇기 때문에 기독교 예배는 메시아 예수 안에서 행하신 하나님의 행위에 대한 그리고 우리의 죄를 위해 죽으심으로써 그분이 성취하신 일이 완성되리라는 약속에 대한 기쁨의 송축이기도 합니다. 다시 말해서, 요한계시록 5장에서처럼, 세상을 사랑하시며 구원하시는 **구원자**로서의 하나님에 대한 예배가 언제나 **창조주**로서의 하나님에 대한 예배에 반드시 수반되어야 하며 그 예배를 완성해야 하는 것입니다. 물론 이것은 창조 이야기만이 아니라 구원 작전의 이야기도 전하는 것을 의미합니다. 실로 그것은 구원의 이야기를 정확히 창조 세계에 대한 구원과 갱신의 이야기**로서** 말하는 것을 의미합니다.

하나님의 강력한 행위를 재현하면서 그 이야기를 전하는 일, 이것이 기독교 예배의 핵심에 가깝습니다. 이 점은 오늘날 여러 진영에서 공통적으로 이루어지는 열정적이며 자유롭게 흘러가는 예배에서 언제나 충분히 인식되지 않는 점입니다. 우리는 창조 세계와 이스라엘 안에서, 절정으로는 예수 안에서 행하신 일을 통해서 그리고 성령을 통해 자신의 백성과 세상에서 행하신 일을 통해서 하나님을 압니다. 기독교 예배는 **이** 하나님에 대한, **이런 일들을** 행하신 분에 대한 찬양입니다. 그래서 우리가 이런 일들에 대해 하나님이 제공해 주신 진술을 읽게 되는 곳은 물론 성경입니다.

적당한 때가 되면 성경이 무엇인가에 대해 더 자세히 말하겠지만, 지금 이 순간 제 말의 요점은 바로 이것입니다. 성경을 큰 소리로 읽는 것이 언제나 기독교 예배의 중심이라는 점입니다. 그 이유가 무엇이든지 이러저러한 이유로 이 일을 잘라먹는 일―예배 시간이 너무 길어지지 않게 하기 위해서 읽기를 축소하거나 단지 연주의 일부분이 되도록 성경 구절들을 낭송하는 일 혹은 설교자가 설교하려는 몇 구절만을 읽는 일―은 핵심을 놓치는 일입니다. 예배를 드리면서 성경을 읽는 이유는 일차적으로 회중에게 그들이 잊었을지도 모르는 어떤 성경 구절이나 주제를 알려주거나 일깨워 주려는 것이 아닙니다. 마찬가지로, 성경을 읽는 일은 설교가 곁길로 빠지지 않도록 만드는 말뚝 역할보다 훨씬 더 큰 것입니다. 물론 성경을 한 군데나 두어 군데를 읽고 읽은 부분에서 설교하는 것은 종종 지혜로운 계획이긴 하지만 말입니다. 예배 때 성경을 읽는 것은 최우선적으로 하나님이 어떤 분이며 무슨 일을 하셨는지를 기념하는 핵심적인 찬양 방식입니다.

잠시 아주 실제적으로 따져봅시다. 물론 오늘날 대부분의 서구 교회에서 드려지는 정규 예배에서는 예배 중에 한두 장 이상을 읽는다는 것이 불가능한 일입니다. 그렇지만 이런 현실 때문에 우리가 실질적으로 무슨 일을 하는지에 대해 무관심해서는 안 됩니다. 우리가 예배를 위해 만나는 매 시간, 우리가 드리는 모든 '예배 시간'은 창조와 구원의 이야기 전체를 기념하기 위한 시간입니다. 예배 시간마다 성경 **전체**를 다 읽을 수는 없습니다. 그렇지만 우리가 할 수 있으며 해야 할 일은 적어도 구약 성경의 한 대목을 포함해서 두 대목 이상의 성경 구절을 읽는 것입니다.

이와 같이 설명해 보도록 합시다. 지금 이 순간에 제가 앉아 있는 방에는 아주 작은 창문들이 있습니다. 제가 이 방의 다른 편에 서 있다면, 반대편에 있는 집의 일부분과 하늘을 조금 볼 수 있을 뿐입니다. 그러나 창문 가까이로 걸어가면, 나무와 벌판과 동물과 바다와 멀리 있는 산을 볼 수 있습니다.

때로 짧게 성경의 두세 대목을 읽는 것은 마치 방의 한쪽 구석에 서서 창문을 바라보는 것과 같이 느껴집니다. 그렇지만 성경을 더 잘 알게 될수록, (말하자면) 그 창문에 더 가까이 다가가게 됩니다. 그래서 더 큰 창문이 아니라 할지라도, 성경이라는 야외 풍경 전체를 조망할 수 있게 됩니다.

그래서 약식 예배라 할지라도 기독교 예배는 언제나 성경을 읽는 데 초점을 맞춰야 합니다. 때로는 회중이 그 날 읽은 한두 대목의 성경을 묵상하는 시간도 있을 것입니다. 때로는 응답하여 반응할 기회도 있을 것입니다. 교회는 예배자들이 들은 것을 묵상하고 그에 대해 계속 감사하면서 노래하거나 말할 수 있는 풍성한 자료들을 축적해 왔습니다. 그 자료들 중 적지 않은 내용이 성경 자체에서 나온 것입니다.

바로 그런 식으로 기독교 예배는 성경을 보여 주는 독특한 형태의 진열장인 '예전'(liturgy)을 발전시키기 시작합니다. 따라서 예배는 신실한 신자들이 성경을 그에 걸맞게 진지하게 대하도록 만드는 확실한 길입니다. 훌륭한 포도주를 음미할 때 그 빛과 품격과 풍성한 향을 모두 보여 주는 유리잔 대신 플라스틱 컵에 따라 마시는 것이 그 포도주에 대한 모독이듯, 기회가 주어졌을 때 성경을 들을 수 있고 성경을 진짜 그 내용 그대로 경축할 수 있는 상황—창조주이자 구원자이신 하나님의 권능의 행위들에 대한 리허설로—을 만들지 않는 것은 성경에 대한 모독입니다.

물론 여러분이 너무 목이 타고 사용할 수 있는 것이 플라스틱 컵밖에 없다면, 그렇게 마시기 바랍니다. 실제로 유리잔보다는 플라스틱 컵을 선호해야 하는 때가(말하자면, 야외 소풍 때) 있습니다. 혼란스럽더라도 하나님께 예배를 드리는 것이 아예 드리지 않는 것보다는 낫습니다. 그러나 정상적인 목적을 위해서라면, 우리는 포도주에 어울리는 유리잔을 선택합니다.

각별히 기독교 예배는 아주 일찍부터 시편을 잘 활용해 왔습니다. 시편은 마르지 않는 샘과 같습니다. 읽고, 말하고, 노래하고, 낭송하고, 속삭이고, 암송하고, 지붕 꼭대기에 올라가서 외칠 만한 가치가 있습니다. 시편은 우리가 느낄 만한 거의 모든 감정을(때로 우리가 느끼지 않았으면 하고 바라는 것까지도) 표출합니다. 그리고 시편은 그 감정을 있는 그대로 하나님의 면전에 내놓습니다. 마치 사냥개가 벌판에서 발견한 신기한 물건마다 주인의 발 앞에 물어다 놓듯이 말입니다. 시편 기자는 말합니다. "보세요! 이것이 오늘 제가 발견한 것입니다! 특이하지 않습니까? 주님은 이걸 가지고 어떻게 하실 건데요?"

우리가 하나님의 임재 가운데 들어갈 때, 시편은 우리에게는 종종 정반대로 보이는 것들을 하나로 연결합니다. 시편은 사랑의 친밀함에서 벼락을 맞은 듯한 두려움으로 신속하게 진행하고 다시 거꾸로 돌아갑니다. 시편은 화가 나서 퍼붓는 예리한 질문과 단아하며 평안한 신뢰를 서로 결합합니다. 부드럽고 명상적인 내용에서부터 크고 시끄러운 소리에 이르며, 애가와 절망에서부터 엄숙하고 거룩한 찬양에 이르기까지 망라하는 내용을 담습니다. 시편 22편 첫 마디의 커다란 부르짖음("내 하나님이여, 내 하나님이여, 어찌 나를 버리셨나이까?")에서부터 하나님이 그 기도를 들으시고 응답하셨다는 그 시편의 결론부의 확신에 찬 주장에 이르고, 다시 시편 23편의 평온한 신뢰와 확신("여호와는 나의 목자시니")에 이를 때 놀라운 평안이 찾아옵니다. 시편 136편에서 (신명나게 전편에 걸쳐 매 행마다 딸린 작은 반복구와 더불어) 울려 퍼지는 개선의 외침("큰 왕들을 치신 이에게 감사하라. 그 인자하심이 영원함이로다. 유명한 왕들을 죽이신 이에게 감사하라. 그 인자하심이 영원함이로다.")과 시편 137편의 처절한 슬픔("우리가 바벨론의 여러 강변 거기에 앉아서 시온을 기억하며 울었도다.")을 차례대로 읽으면, 거기에 지혜롭고 건실한 균형이 자리잡습니다.

물론 우리가 시편에 있는 모든 것을 다 이해할 수는 없을 것입니다. 그 안에는 당혹스러움과 문젯거리도 있을 것입니다. 어떤 교회, 어떤 회중, 어떤 그리스도인은 이 고대의 시에 우리가 선한 양심으로는 사용할 수 없는 대목들—특히, 자신의 원수들에게 지독한 저주를 퍼붓는 행들—이 포함되어 있다는 사실을 알게 될 것입니다. 그것은 각 지역 교회에서 내려야 할 결정입니다. 그러나 어떤 기독교 회중도 시편을 정기적으로 철저히 활용하는 일 자체를 거부해서는 안 됩니다. 오늘날의 많은 자유로운 교회 예배의 크나큰 비극 가운데 하나는 바로 이 점에 커다란 공백이 있다는 것입니다. 여기에 새로운 세대의 음악가들이 감당해야 할 도전이 있습니다. 그리고 여기에 또한 제 자신의 전통과 같이 언제나 시편을 전면에 그리고 중심에 내세워 왔던 전통들에 대한 도전이 있습니다. 우리는 현재 시편을 가장 잘 활용하는 걸까요? 시편에 더 깊이 들어가는 걸까요? 아니면, 그저 그 주위만을 뱅뱅 도는 걸까요?

간단히 말해서, 성경은 기독교 가르침의 주요 양식이듯이, 기독교 예배의 주요 양식입니다. 그러나 성경의 유명한 이야기 중 하나가 매우 분명히 밝히듯이, 성경조차도 중심 그 자체는 아닙니다. 부활하신 예수께서 엠마오로 가던 두 제자를 만나 성경에 관해 그들에게 말씀해 주시는 동안 그들의 마음이 뜨거워졌습니다. 그러나 예수께서 떡을 뗐을 때, 그들이 눈이 열리고 예수를 알아보았습니다.

## :: 하나님 기념하기-떡을 뗌을 통해서

주의 만찬, 성만찬, 성체성사, 미사. 이 말은 마치 어린아이들이 부르는 압운 맞추기 노랫말(예를 들어, 'tinker, tailor, soldier, sailor')처럼 들립니다. 우선 말해야 할 것은, 이 일을 일컫는 **명칭은 중요하지 않다**는 것입니다. 그렇습니다. 실질적으로 중요하지 않습니다. 떡을 때는 의식에 대한 언급과 이루어진 행위를 어떻게 해석하고 부르느냐에 대해 엄청난 신학적·문화적·정치적 싸움이 벌어지던 때가 있었습니다. 그 시대는 사실상 사라졌습니다. 그 점을 누구나 다 인식하는 것은 아니지만, 이 중심적인 의식에서 진행되는 것이 무엇이며, 무엇을 의미하며, 어떻게 하면 최상의 은택을 입을 수 있는지에 대해 지난 수십 년 간 대부분의 교회 사이에 괄목할 만한 일치가 이루어졌습니다. 물론 아직도 남아 있는 문제점들이 있습니다. 이 장의 이 부분이 그 문제점 중 몇 가지를 축출하는 일의 출발점이 될 수 있기를 바랍니다.

세 가지 점을 언급하고자 합니다. 첫째, 우리는 함께 떡을 떼고 포도주를 마심으로써 예수와 그분의 죽으심에 대한 이야기를 전합니다. 이러한 행위들이 다른 무엇도—어떤 이론이나 영리한 생각도—할 수 없는 방식으로 자신의 죽음의 의미를 설명해 줄 것임을 예수께서 아셨기 때문입니다. 참된 사상들이 아무리 중요하다 할지라도, 예수께서 우리 죄를 위해 죽으셨을 때 그 사상들을 우리 생각 속에 채워주실 수 있었던 것은 아닙니다. 그분이 하실 수 있었던 것은 악과 죽음으로부터 우리를 구하는 일이었습니다.

둘째, 떡을 떼고 포도주를 마시는 일은 의구심을 가진 개신교 신자들이 종종 우려하듯 어떤 동정심을 자극하는 마법이 아닙니다. 이 행위는 옛 예언자들이 행했던 상징적인 행위들과 마찬가지로, 하늘과 땅이 합쳐지는 지점 가운데 하나가 됩니다. 바울은 "너희가 이 떡을 먹으며 이 잔을 마실 때마다 주의 죽으심을 그가 오실 때까지 **전하는 것**이니라"(고전 11:26)라고 말합니다. 바울은 떡을 떼고 포도주를 마시는 일이 설교할 좋은 기회라는 의미로 말한 것이 아닙니다. 악수를 하거나 입맞춤을 하듯이, 떡을 떼고 포도주를 마시는 그 일을 **행하는 것**이 바로 주의 죽으심을 **말하는 것**입니다.

셋째, 그러므로 떡을 떼는 일은, 의구심을 가진 로마 가톨릭 신자들이 개신교 신자들이 그런 식으로 믿는다고 때로 가정하듯이, 오래 전에 일어났던 일을 단지 기념하는 경우도 아닙니다. 떡을 떼고 포도주를 마실 때, 우리는 다락방에서 예수와 함께 떡을 떼던 그 제자들과 동석하는 것입니다. 겟세마네에서 기도하시고 가야바와 빌라도 앞에 서실 때의 예수와 연합하는 것입니다. 십자가에 달리시고 무덤에서 부활하실 때의 그분과 한 몸이 됩니다. 과거와 현재가 하나가 됩니다. 오래 전의 사건들이 지금 여기에서 우리가 나누는 식탁에 스며듭니다.

그러나 현재로 밀고 들어오는 것은 과거만이 아닙니다. 만일 떡을 떼는 것이 하늘과 땅을 나누는 얇은 칸막이가 투명해지는 중요한 순간 가운데 하나라면, 이 일은 하나님의 미래가 현재로 쏟아져 들어오는 핵심적인 순간 가운데 하나이기도 합니다. 정탐꾼들이 약속의 땅에 은밀히 들어가 가지고 나온 열매들을 맛보았던 이스라엘 자녀들이 여전히 광야에 있었듯이, 떡을 뗌으로써 우리는 하나님의 새 창조 세계를 맛보는 것입니다. 예수께서 바로 그 새 창조 세계의 원형과 기원이십니다.

그것이 바로 예수께서 "이것이 나의 몸이다" 그리고 "이것이 나의 피다"라고 말씀하신 이유 중 하나입니다. 그 점을 지적하기 위해 긴 라틴어 명사들을 가지고 공교하고 형이상학적인 이론들을 만들 필요는 없습니다. 예수—진짜 예수, 살아 계신 예수, 하늘에 거하시면서 온 땅을 다스리시는 예수, 하나님의 미래를 지금 현재에로 불러들이신 그 예수—는 우리에게 영향을 미치기를 원하실 뿐 아니라 우리를 구원하기를 원하십니다. 우리에게 지식을 전해 주기를 원하실 뿐만 아니라 우리를 고치기를 원합니다. 우리에게 생각할거리를 주기를 원하실 뿐만 아니라 우리를 먹이기를 원하시며, 자신을 내주어 우리를 먹이기를 원하십니다. 그것이 바로 이 식사가 의미하는 바입니다.

아마도 개신교 교회에 속한 그리스도인들이 이 식사를 놓고서 대면해야 했던 가장 큰 문제는 그것이 하나님의 은총을 얻기 위해 사람들이 '행하는' '선행'의 일종이 아닌가 하는 생각일 것입니다. 어떤 개신교 신자들은 여전히 교회에서 '이루어지는' **모든 일**에 대해 그런 식으로 느낍니다. 우리가 절대적으로 고요히 앉아 아무 말도 하지 않는 한, 그리고 그렇더라도, 우리는 예배를 드릴 때 함께 **무엇인가**를 '할' 수밖에 없습니다. 퀘이커 교도들의 모임처럼, 침묵을 선택하는 일조차도 무엇인가를 행하는 선택입니다. 즉, 다 와서 침묵하기를 선택하는 것입니다. 물론 까다로운 예식은 그 의식이 무엇을 위해 존재하는지를 망각하고 그 의식 자체가 목적이 되도록 만드는 위험을 지닙니다. 유리잔과 플라스틱 컵의 예를 다시 들어봅시다. 몇몇 교회에서는 (말하자면) 유리로 된 포도주 잔이 돈으로 살 수 있는 최선의 것입니다. 그러나 그 유리잔에 담긴 포도주의 질에 대해서는 아무도 더 이상 신경을 쓰지 않습니다. 반면에 멋진 유리잔을 다 없애 버리고 플라스틱 컵을 사용하는 쪽으로 간 것을 매우 자랑스러워하는 교회도 있습니다. 그런 점에서는 그 교회도 진정한 의미보다는 외형적인 형식에 더 집중을 하는 것입니다.

여러분도 아시다시피, 그런 위험은 '로마 가톨릭' 스타일의 의식에만 제한되지 않습니다. 그런 위험은 사람들이 자신은 정확한 때에 바르게 성호를 긋는다고 주장할 때만 존재하는 것이 아닙니다. 그런 위험은 사람들이 예배 시간에 공중에 두 팔을 들어 올려야 한다고 주장할 때도 존재합니다. 또한 성호를 그어서도, 두 팔을 들어 올려서도 혹은 다른 어떠한 행동도 해서는 **안 된다고** 주장할 때 존재합니다. 때때로 저는 어떤 교회가 가운을 입은 성가대와 오르간 반주자를 지나치게 '전문적'이라는 이유로 없애고 대여섯 사람을 고용하여 음향이나 조명이나 O. H. P.를 조절하면서 예배 시간 내내 빈둥거리도록 만드는 것을 보며 쓴 웃음을 짓습니다. 예배 동안에 할 필요가 있는 일은 **어떤 일이든** 그 자체로 하나의 의식이 될 수 있습니다. 마찬가지로, 예배를 드리는 동안 할 필요가 있는 어떤 일도 순전히 감사의 행위로서, 값없이 주어지는 은혜에 대한 즐거운 응답으로서 이루어질 수 있습니다.

여기까지 말했기 때문에, 이제는 몇몇 기독교 전통이 해 왔듯이, 떡을 떼는 예배 의식을 하나의 '희생 제물'이라고 말하는 것이 무엇을 의미할 수 있는지 살펴볼 수 있겠습니다. 이 문제는 오랫동안 논쟁거리가 되어 왔고, 사람들은 그러한 논쟁 가운데 종종 두 가지 실수를 저질렀습니다. 첫째, 사람들은 때로 구약 성경에서 희생 제물의 의미가 하나님의 은총을 얻기 위해 예배자가 무엇인가를 '행하는' 것이었다고 가정했지만, 그렇지 않습니다. 그러한 가정은 유대인의 법 자체를 오해한 데서 비롯된 것입니다. 유대인의 법을 보면, 희생 제물은 하나님이 요구하신 것이었으며, 하나님께 대한 감사로 드려졌습니다. 하나님께 뇌물을 바치거나 달래려는 시도가 아니라 하나님의 사랑에 대해 응답하는 방법으로 제공되었습니다. 물론 옛 유대인들이 예배를 드릴 때 그들의 마음속에 무엇이 들어 있었는지를 알 수는 없습니다. 그러나 그 제도는 분명 하나님의 팔을 비틀기 위한 방법이 아니라 하나님의 사랑에 응답하는 방법으로 마련된 것이었습니다.

둘째, 떡을 떼는 예배 의식과 예수께서 십자가에서 드리신 희생 제사의 관계에 대해 혼란이 끊이지 않습니다. 로마 가톨릭 신자들은 대개 그 둘이 결국 똑같은 것이라고 말합니다. 그에 대해 개신교 신자들은, 로마 가톨릭의 해석이 영원히 단 한 번만 이루어진 일이기에 결코 다시 반복될 수 없는 것을 되풀이하려는 시도처럼 보인다고 응수했습니다. 개신교 신자들은 대개 떡을 떼는 예배 의식이 예수께서 제공하신 희생 제사와는 다른 희생 제사라고 말하며, 예배자들이 바치는 '찬양의 희생 제사'라고 여깁니다. 이에 대해 로마 가톨릭 신자들은 이미 예수께서 완성하신 제사에 무엇인가를 덧붙이려는 시도처럼 보인다고 응수했습니다. 예수께서 이미 드린 완벽한 제사는 떡과 포도주에 '성례전적으로'(sacramentally) 현존하게 되었다고 그들은 말합니다.

저는 우리가 예배에 대한 논란을 하늘과 땅이라는 그림, 하나님의 미래와 우리의 현재라는 그림 그리고 그 두 쌍이 예수와 성령 안에서 하나가 되는 방식이라는 더 큰 그림에 비춰봄으로써 이 무악한 논란들을 넘어설 수 있다고 믿습니다. 성경적 세계관에서는 하늘과 땅이 중첩되며, 예수와 성령이 그 핵심적인 표지가 되는 어떤 특정한 때와 장소에서 그렇게 겹칩니다(성경적 세계관은 대부분의 현대 사상에서 그 오류가 입증된 것이 아니라 무시되었을 뿐입니다). 마찬가지로 어떤 곳에서 어떤 때에 하나님의 미래와 하나님의 과거가(즉 예수의 죽으심과 부활과 같은 사건들이) 현재로 들어옵니다. 그것은 마치 여러분이 앉아서 식사를 하려는데 여러분의 증조 고조 할아버지들과 여러분의 손자 증손자들이 함께 식사하려고 나타나는 것과 같습니다. 하나님의 시간은 그런 식으로 작용하며, 기독교 예배가 바로 그런 것입니다.

저는 이 점이 예배에 대한 우리의 모든 생각과 교회의 성례전적 삶에 관한 모든 논란에 대해 올바른 틀을 세워준다고 믿습니다. 그 나머지는 각주이며, 기질과 전통입니다. 그리고—이 점을 직시합시다—개인적인 호불호(그런 점들을 제 경우에 놓고 볼 때 저는 그것들을 개인적인 호불호라 일컫습니다)이며 비합리적인 편견들(그런 것들이 여러분의 태도일 경우에 저는 이렇게 일컫습니다)입니다. 그리고 바로 그 점에서 율법에 있는 두 개의 큰 명령(하나님 사랑과 이웃 사랑)은 우리에게 해야 할 일이 무엇인지를 일깨웁니다. 그리스도인으로서 우리는 자선과 인내에 대한 요구가 있음을 예상해야 합니다. 이 식탁을 말다툼거리로 삼음으로써 기독교 예배의 중심적 행위를 온전히 누리지 못하는 일이 없도록, 우리 자신과 교회를 지키도록 합시다.

## :: 함께 예배드리기

지금까지 저는 이 장 내내 교회의 집합적이며 공적인 예배에 관해 말했습니다. 처음부터 기독교가 사람들이 **더불어서 함께하는** 것임을 분명히 했습니다. 그뿐만 아니라 초기 기독교의 저자들은 또한 그리스도의 몸의 모든 지체가 개인적인 신앙에서 깨어 활발하게 활동할 것에 대해 그리고 자신의 책임을 알고 예배의 특권을 스스로 실질적으로 만들 것에 대해 관심을 기울였습니다. 그렇게 온 회중이 함께 모였을 때 각자 자신이 가지고 나올 나름의 기쁨과 슬픔, 통찰과 질문거리가 있을 것입니다.

바로 그런 이유 때문에, 모든 그리스도인은 그리고 가능하다면 모든 기독교 가정은 혼자서 그리고 소그룹으로 예배하는 습관을 익히는 것이 정당하고 바른 일입니다. 마찬가지의 원칙들이 지역마다 조금씩 다르게 적용되지만, 중요한 것은 우리가 **어떻게** 예배를 드리느냐가 아니라 지금 예배를 드린다는 **사실**입니다. 요한계시록 4장과 5장을 다시 생각해 봅시다. 온 창조 세계가 하나님을 예배하며, 우리는 벽에 붙은 파리처럼 그저 구경만하라는 것이 아니라 와서 그 노래를 함께 부르라는 초대를 받습니다. 우리가 어떻게 거절할 수 있겠습니까?

# 제12장

# 기도

하늘에 계신 우리 아버지여,

이름이 거룩히 여김을 받으시오며,

나라이 임하옵시며,

뜻이 하늘에서 이룬 것 같이 땅에서도 이루어지이다.

오늘날 우리에게 일용할 양식을 주옵시고,

우리가 우리에게 죄 지은 자를 사하여 준 것 같이

우리 죄를 사하여 주옵시고,

우리를 시험에 들게 하지 마옵시고,

다만 악에서 구하옵소서.

대개 나라와 권세와 영광이

아버지께 영원히 있사옵나이다. 아멘.

각 사람이 선호하는 번역본이 약간씩 다르다는 사실은 잘 압니다. 저도 자라면서 익숙해진 전통적인 번역을 사랑하지만, 지금은 다른 번역들에 대해서도 익숙해졌습니다. [마태복음과 누가복음과 「디다케」(The Teaching)라 불리는 매우 초기의 기독교 문서에 나오는] 그 기도문에 대한 그리스어 판본들이 똑같지도 않고, 단어 대 단어로 항상 정확히 대응되는 것도 아니며, 예수 자신이 사용하셨을 아람어 기도의 맛을 그대로 살려 낼 수도 없을 것이기 때문에, 무엇이 '진짜' 표현인지를 결정하는 데는 문제점이 있습니다. 그러나 다시 말씀드리지만, **정확한 표현이 중요한 것이 아닙니다.** 표면적인 잡음 때문에 뒤로 물러서지 마십시오.

대신에 주기도문의 중심을 파악하십시오. 그 기도는 하나님의 영예와 영광에 대한 기도이며, 하나님의 나라가 하늘에서와 같이 땅에도 임하기를 바라는 기도입니다. 지금까지 살펴보았듯이, 주기도문은 기독교가 무엇인가에 대해 상당히 많은 부분을 종합해 줍니다. 주기도문은 양식을 구하는 기도이기도 하며, 일상의 필요를 채워 달라는 기도이기도 합니다. 그리고 악에서 구해 달라는 기도이기도 합니다.

각 요점마다 주기도문은 예수께서 자신의 사역을 통해 행하셨던 바를 반영합니다. 그 기도는 일반화된 어떤 '신'이나 '신성'에게 드리는 일반적인 기도가 아닙니다. 그 기도는 전형적인 유대인들의 기도도 아닙니다. (물론 주기도문에 들어 있는 거의 모든 요소는 그 시대의 유대인들이 드렸던 기도문들과 짝을 이룰 수 있습니다.) 그 기도는 말하자면 예수 특유의 것입니다.

이제 그 아버지의 이름이 영예롭게 되고 아버지의 나라가 하늘에서와 같이 땅에 임할 때가 되었다고 말씀하실 분은 결국 예수입니다. 광야에서 무리들에게 떡을 주어 배부르게 하셨던 분도 예수였습니다. 죄인들을 용서하고, 자신을 따르는 자들에게 그와 똑같이 용서하라고 말씀하신 분도 예수였습니다. 통찰력을 가지고 '시련의 때'—이스라엘과 세상을 덮치는 큰 파도처럼 밀려드는 큰 환란—를 향해 걸어 들어가 자신의 온 몸으로 부닥쳐 오는 그 파도의 힘을 다 받아들여 다른 사람들이 그 시련과 환란에서 벗어날 수 있게 하신 분도 예수였습니다. 그리고 하나님 나라를 출범하시고, 하나님의 권능을 발휘하시고, 죽으시고 부활하셔서 하나님의 영광을 드러내신 분도 예수였습니다. 지금 우리가 "주기도문"이라 부르는 이 기도는 예수 자신이 갈릴리에서 행하신 사역에 직접적인 연원을 둡니다. 그리고 겟세마네에도 그 뿌리를 둡니다. 그 기도는 자신의 죽음과 부활을 통해 자신이 이룰 일을 직접적으로 내다봅니다.

그러므로 그 기도는 아버지 하나님께 "예수께서 (예수 자신이 사용하셨던 이미지를 사용하자면) 그분의 복된 소식이라는 그물로 저를 사로잡았습니다"라고 말씀드리는 한 가지 방식입니다. 그 기도문은 이렇게 말합니다. 저는 그분의 하나님 나라 운동의 일부가 되기를 원합니다. 저는 예수께서 사신, '땅에 있는 하늘'(heaven-on-earth)이라는 생활 방식에 끌립니다. 저는 제 자신과 다른 사람들을 위한 예수의 '세상을 위한 양식'(bread-for-the-world)이라는 계획의 일부가 되고자 합니다. 제게는 용서가 필요합니다. 죄와 빚과 제 어깨를 짓누르는 온갖 무거운 짐을 벗기를 원합니다. 그리고 저는 다른 사람들을 대할 때 제 마음에 용서를 두고자 합니다. (놀랍게도, 실로 어렵지만 구별된 방식으로 살아가겠다는 우리의 헌신이 이 기도문의 핵심을 이룬다는 점에 유의하시기 바랍니다.) 그리고 아직도 악이 득세하는 현실 세계에서 살기 때문에, 제게는 보호와 구출이 필요합니다. 그리고 그 모든 것 가운데서, 그 모든 일을 통해 저는 아버지의 나라와 권능과 영광을 인정하고 찬양합니다. 이것이 주기도문이 말하는 내용입니다.

우리가 기도하려는 것들이 대부분 주기도문에서 다뤄집니다. 예수의 비유와 마찬가지로, 그 기도문은 짧지만 다루는 내용이 매우 많습니다. 어떤 이들은 각 소절마다 멈춰서 자신의 마음속에서 구체적으로 그 범주에 해당하는 사항들을 하나님 앞에 내어놓고 천천히 기도하는 것이 도움이 된다는 것을 발견합니다. 어떤 이들은 먼저 주기도문으로 기도를 한 뒤에 더 기도를 하거나, 기도를 한 뒤에 마지막으로 주기도문을 사용하기도 합니다. 또는 다른 모든 것을 마무리 짓기 위해 주기도문을 사용하기도 합니다. 어떤 이들은 주기도문을 천천히 여러 차례 반복하는 것이 하나님의 사랑과 임재 가운데 더 깊이 들어가 두 영역이 중첩되는 곳에 이르게 해주고 먹을 양식과 용서와 구원을 가져다주는 복음의 권능 안으로 들어갈 수 있도록 도움을 준다고 말합니다. 어떤 식으로 주기도문을 활용하든, 그 기도문을 활용하십시오. 여기에서 시작해서 그 기도문이 여러분을 어디로 인도하는지 확인해 보십시오.

## :: 하늘과 땅 사이에서의 기도

　　어린아이조차도 예수께서 가르치신 기도로 기도할 수 있다는 점에서 기독교의 기도는 단순합니다. 그러나 우리가 그 기도와 더불어 나아갈 때에 그 기도가 요구하는 바를 그대로 따라가면서 행하기는 어렵습니다. 시편 기자의 번민은 겟세마네 동산에서 예수께서 자신의 필생의 소명의 최후 단계를 놓고 아버지와 씨름을 벌이면서 눈물을 흘리고 피땀을 흘렸던 때에 그 절정에 도달했습니다. 다시 그 일은 절망 가운데 십자가에 달리도록 이끌었습니다. 그 자리에서 할 수 있는 최후의 말은 시편 22편의 첫 구절("내 하나님이여 내 하나님이여, 어찌 나를 버리셨나이까?")밖에 없었습니다. 그 구절은 하나님께 버림받은 상태를 외치도록 하나님이 주신 방식이었습니다. 예수께서 우리에게 각자의 십자가를 짊어지고 자신을 따르라고 말씀하셨을 때, 그분은 자신을 따르는 일에는 우리에게도 그와 같은 순간들이 포함될 것이라는 사실을 예상하셨던 것 같습니다.

　　우리는 하늘과 땅 그리고 하나님의 미래와 이 세상의 현재가 서로 겹치는 지점에서 살라는 요청을 받습니다. 이 땅은 아직 완전히 구속되지 않았지만, 언젠가는 그리 될 것입니다. 우리는 하늘과 땅, 미래와 현재라는 이 단층들이 서로 부딪치는 지점 가까이에 있는 작은 섬에 갇혀 있습니다. 지진이 있을 것에 대비하십시오! 성령 안에서의 삶과 다가올 온 우주의 갱신에 대해 쓴 실로 대단한 장(章) 한가운데서, 바울은 우리는 비록 어떻게 마땅한 기도를 드려야 할지 모르지만 성령─하나님 자신의 영─이 우리를 대신해 하나님의 뜻에 따라 중보하신다고 지적합니다. 그 말씀(롬 8:26-27)은 짧지만, 내용 때문에 그리고 언급되는 맥락 때문에 아주 중요합니다. 그 맥락은 이것입니다. 새로운 세계가 그 자궁으로부터 태어나게 될 것을 기다리면서 하나님의 온 창조 세계가 해산의 고통 가운데서 신음한다고 바울은 말합니다. 우리도 구속을 대망하면서 아파하듯이, 그 메시아 안에 있는 하나님의 백성인 교회도 이 일에 사로잡혀 있습니다. (몇 절 앞에서 바울은 그 메시아의 고난에 동참하는 일에 대해 말합니다. 혹 바울이 겟세마네 동산을 염두에 둔 것일까요?) 기독교의 기도는, 우리가 옛 세상과 새로운 세상이 서로 겹치는 곳에 와 있음을 발견하고 새로운 탄생을 향해 괴로워하는 창조 세계의 일부분임을 깨닫게 될 때, 그 특징이 가장 잘 나타납니다.

그리고 생소한 새 약속—기독교의 기도가 범신론이나 이신론 및 다른 주장들과 비교해서 상당히 뚜렷이 구별되는 점—은 **성령을 통해 하나님 자신이 세상의 한가운데서 신음하며 괴로워하신다는 것입니다. 이는 우리가 세상의 고통에 공명할 때 하나님이 성령을 통해 우리 마음속에 거하시기 때문입니다.** 이는 사물의 본질과 통한다는 범신론적인 강조점이 아닙니다. 이는 모든 것이 제대로 되어 있지 않고(범신론자들은 결코 인정할 수 없는 주장) 바로잡을 필요가 있기 때문에, 새 일을 행하시며 자신의 성령을 통해 고통 중에 있는 세상에 찾아오시는(이신론자들이 결코 생각할 수 없는 주장) 살아 계신 하나님과 새롭게 교통한다는 생소한 강조점입니다. 이는 **그리스도 안에서 또한 성령으로 말미암아 기도하는 자들인 우리 안에서 그리고 우리를 통해** 온 창조 세계의 괴로운 신음소리가 마음을 찾으시는 분인 아버지 앞에 상달

되도록 하기 위함입니다(8:27). 그 하나님은 모든 것이 합력하여 하나님을 사랑하는 자들에게 선을 이루도록 역사하시는 분입니다(8:28). 이것이 바로 "그 아들의 형상을 본받게" 한다는, 현 세대에서 하나님의 영광에 동참한다는 의미입니다(8:18, 30).

　　이러한 사실은 어째서 특히 기독교의 기도가 하늘과 땅이 서로 함께 속해 있는 세계에서 의미가 있는지를 설명해 줍니다. 다른 두 주요 선택 사항 가운데서 기도를 이해하는 것과 기독교 세계관 안에서 기도를 바라보는 것이 얼마나 다른지를 보여 주기 위해 앞서 간단히 약술했던 그림을 발전시키는 것이 유익할 것입니다.

　　첫 번째 견해를 취하는 범신론자들이 볼 때, 기도는 단지 세상과 자신의 가장 깊은 실재와 음률을 맞추는 것입니다. 신성은 자신을 포함해서 모든 곳에 있습니다. 그러므로 기도는 다른 곳에 사는 누군가에게 말을 하는 것이 아니라, 자신의 마음속에서 그리고 주변 세상의 침묵의 리듬 속 깊은 곳에서 발견될 수 있는 내면의 진리와 생명을 발견하고 그것과 동조하는 것입니다. 그것이 바로 범신론자의 기도입니다. (제가 보기에는) 이 기도가 이교적인 기도보다는 훨씬 건전합니다. 이교적인 기도에서는 기도하는 사람이 바다 신이나 전쟁 신이나 강물 신이나 결혼 신 등으로부터 특별한 은덕을 입기 위해 또는 특정한 위험을 피하게 해 달라고, 그 신들에게 기원하거나 달래거나 뇌물을 바치거나 그 신들을 유혹합니다. 그런 기도에 비해서, 범신론자의 기도는 확실히 고상한 점이 있습니다. 그러나 그 기도는 기독교의 기도가 아닙니다.

　　두 번째 견해를 취하는 이신론자들이 볼 때, 기도는 간극을 넘어 멀리 있는 어떤 신을 부르는 것입니다. 이 고고한 인물은 그 기도를 들을 수도 있고 그렇지 않을 수도 있습니다. 그는 우리와 우리의 세상에 대해 많은 일을 하려고 할 수도 있고 그렇지 않을 수도 있으며, 일을 하려고 해도 그 일을 할 수 있는 능력이 있을 수도 있고 그렇지 않을 수도 있습니다. 그래서 극단적으로는, 두 번째 견해에서 여러분이 할 수 있는 것은 오직 무인도에 고립된 선원처럼 바깥 세상의 누군가가 우연히라도 집어 들기를 바라는 심정으로 간단한 메시지를 적어서 유리병 속에 집어넣어 띄우는 것입니다. 그러한 종류의 기도는 상당한 믿음과 소망이 필요합니다. 그러나 그것도 기독교의 기도는 아닙니다.

물론 유대교와 기독교의 전통에서는 때로 기도가 정확히 두 번째 견해의 경우처럼 느껴질 때가 있습니다. 시편이 그런 점을 증거합니다. 그러나 시편 기자가 볼 때, 간극에 대한 느낌, 임재를 느껴야 할 부분에 자리한 공허감은 조용히 그대로 받아들여야 할 것이 아닙니다. 그런 느낌은 발을 구르면서 하소연해야 할 느낌입니다. "깨어 일어나십시오, 여호와여!"라고 시편 기자는 외칩니다. 마치 양손을 허리에 짚고 침대 앞에 서서 잠자는 사람을 내려다보는 사람처럼 말입니다(예수께서 폭풍 가운데 잠드셨을 때 그 제자들이 예수께 말씀드렸던 것도 바로 그런 식이었습니다). "일어나 이 혼란을 어떻게 좀 수습해 주십시오!"

그러나 그 유대 이야기의 정점에 서 있는 기독교 이야기의 전체적인 주장은 이제는 커튼이 걷히고, (우리 편에서가 아닌) 저 편에서부터 문이 활짝 열렸다는 것입니다. 그래서 야곱처럼, 하늘과 땅 사이에 세워진 사다리 위에서 사자들(messengers)이 오르락내리락하는 것을 보게 되었다는 것입니다. 예수께서는 마태복음에서 "천국이 가까웠느니라"라고 말씀하십니다. 그것은 하늘에 도달하는 새로운 길을 제공하는 것이 아니라, 하늘의 다스림, 하늘의 생명 그 자체가 이제 새로운 방식으로 땅에 겹친다는 선언입니다. 그 방식은 야곱의 사다리에서부터 이사야의 환상과 족장들의 모든 통찰과 예언자들의 꿈을 다 망라하는 방식이며, 그 모든 것을 한 사람의 형태, 한 사람의 목소리, 한 사람의 삶, 한 사람의 죽음으로 전환하는 방식입니다. 예수께서 바로 세 번째 견해의 근거입니다. 그리고 그분과 더불어 기도는 성숙하게 되었습니다. 하늘과 땅은 영구적으로 겹쳤습니다. 그분이 서 계시던 자리, 그분이 달리셨던 자리 그리고 이제는 그분이 부활하신 자리, 그분의 성령의 새로운 바람이 부는 곳이면 어느 곳에서든, 영구적으로 겹쳤습니다. 한 사람의 그리스도인으로서 살아간다는 것은 예수와 그분의 성령에 의해서 또한 그 주위에 다시 형성된 세계에서 살아간다는 것을 의미합니다. 그리고 그것은 기독교의 기도가 매우 다른 종류임을 의미합니다. 그 기도는 자연의 내면과 통한다는 범신론자의 기도와 다르며, 고독한 공허를 넘어 그 저편으로 메시지를 띄우는 이신론자의 기도와도 다릅니다.

기독교의 기도는 하늘과 땅이 구별되면서도 만나는 단층선에 있습니다. 그 단층선은 마치 사람들이 양쪽에서 줄을 당겨 끊으려 할 때 그 끊어진 두 줄을 붙잡고 이으려 애를 쓰는 사람처럼 겟세마네 동산에서 고통 가운데 신음하면서 하늘과 땅을 하나로 묶으시며 무릎을 꿇고 기도하셨던 예수 때문에 이루어진 것입니다. 그 단층선은 하늘과 땅이 만나는 경계입니다. 기독교의 기도는 이 책 제2부에서 우리가 바라보고 압도되었던 그 삼위일체 하나님의 삼중 정체성(triple identity)과 밀접히 연관되어 있습니다. 우리가 기도하기를 그리 쉽게 포기하는 것도 전혀 이상할 것이 없습니다. 또한 기도하는 데 우리에게 도움이 필요한 것도 당연한 것입니다.

다행히, 우리가 기도하는 일에 받을 수 있는 도움은 매우 풍성합니다.

## :: 기도의 도움거리

이미 우리보다 앞서 그 길을 걸어갔던 사람들로부터 받을 수 있는 도움이 적잖게 준비되어 있습니다. 이와 관련해서 한 가지 어려운 점은 우리 현대인들은 자신의 방식으로 일해야 한다는 사실에 너무 집착한 나머지, 기도할 때도 다른 사람의 도움을 받으면 그 기도는 '진정성'이 없는 기도라 생각하고 기도는 자신의 가슴에서부터 우러나와야 한다고 여긴다는 것입니다. 그래서 기도하면서 다른 사람들의 기도문을 사용하면 즉시 의구심을 갖습니다. 그것은 마치 몸소 자기 옷을 디자인해서 자신이 만든 옷감으로 옷을 만들어야만 비로소 제대로 옷을 입었다고 느끼는 사람과 같으며, 자기 혼자서 다 만들지 않은 차를 몰고 다니는 것은 인위적인 것이라 느끼는 사람과 같습니다. 우리는 한편으로는 낭만주의의, 다른 한편으로는 실존주의의 긴 전통에서 비롯된, 오직 자발적으로 가슴 깊은 곳에서부터 우러나올 때만 진정성이 있다는 생각 때문에 불구자가 되어 버렸습니다.

솔직히, 예수께서 지적하셨듯이, 우리의 가슴속 깊은 곳에서 나오기 때문에 진정성이 있을 수는 있지만 그다지 바람직하지 못한 것들이 많이 있습니다. 제1세기의 유대교 세계에서 흘러나온 한 줄기의 신선한 바람은 자기도취적인(궁극적으로는 교만한) 그 같은 종류의 '진정성' 추구의 안개를 날려버리기에 충분합니다. 예수를 따르던 제자들이 예수께 기도하는 법을 가르쳐 달라고 부탁드렸을 때, 예수께서는 그 무리를 여러 그룹으로 나누어 자신의 내면 깊은 곳을 들여다보라고 가르치시지 않았습니다. 예수께서는 그들이 인생에서 겪었던 모든 경험을 천천히 훑어보시면서 자신이 어떤 유형의 인성을 지녔는지를 발견하고, 감춰진 감정들을 찾아내는 시간을 가지라는 식으로 시작하시지 않았습니다. 예수께서도 그 제자들도, 그들이 물었던 질문이 무엇인지를 이해했습니다. 그들은 **자신이 배우고 사용할 수 있는 일정한 형식의 말**을 원했으며 필요로 했습니다. 그것이 바로 세례 요한이 자신의 제자들에게 제공했던 기도의 형식이었습니다. 다른 유대교 스승들도 그렇게 했습니다. 예수께서도 그렇게 하셨습니다. 그래서 자신의 제자들에게 이 장 초두에 적어 놓은 그 기도를 주셨습니다. 그 기도는 여전히 모든 기독교 기도의 중심을 차지합니다.

그러나 핵심은 이것입니다. 다른 사람이 작성한 기도 형식을 사용한다고 해서 하등의 잘못이 있는 것은 아니라는 사실입니다. 사실 어쩌면 그러한 기도 형식을 사용하지 않는 것이 문제일 수도 있습니다. 어떤 그리스도인들은 어느 기간 동안 전적으로 자신의 내면에서 나오는 기도로만 지낼 수 있습니다. 스코틀랜드의 산을 맨발로 다닐 수 있는 억센 등반가들처럼 말입니다. (저는 그런 사람을 만나 본 적이 있습니다.) 그러나 우리는 대부분 등산화가 필요합니다. 스스로 걷고 싶지 않아서가 아니라 걷고 싶기 때문입니다.

아시다시피, 이 말씀은 한 가지 구체적인 방향을 겨냥합니다. 그 목표는 여러 나라에서 늘어나는 그리스도인들입니다. 그들은 그 사실을 인식하지 못하고 후기 현대 문명의 한 요소(제가 좀 전에 언급한 낭만주의 더하기 실존주의적 혼합 신앙)를 그것이 마치 기독교의 전부인 양 받아들입니다. 그런 그리스도인들에게 제가 하고 싶은 말은 이것입니다. 다른 나라의 다른 그리스도인들이 쓴 말과 정해 놓은 형식과 기도문을 사용하는 것은 전혀 그릇되지 않고, 저급하지도 않으며, '행위에 따른 의'와 상관이 없다는 것입니다. 사실 언제나 자신의 말로 기도해야 하며, 매일 아침 처음부터 아무 것도 없는 상태에서 출발해 자신만의 경건의 시간을 가져야 한다거나, 새로운 단어를 생각하지 않고 습관적으로 말을 하면 영적으로 게으르고 부족한 상태임에 틀림없다고 생각하는 것은, 너무나도 익숙한 '내 방식으로 한다'는 인간의 교만의 징후며 당연히 '행위를 통해 의롭게 되려는' 표시입니다. 좋은 예전(liturgy)—단체적 용도로든 개인적 용도로든, 다른 사람들이 작성해 놓은 기도문들—은 은혜의 표시요 방편일 수 있으며, 겸손(내가 진심으로 표현하고픈 바를 내가 할 수 있는 것보다 다른 누군가가 더 잘 표현해 놓았음을 받아들이는 겸손)과 감사의 예가 될 수 있습니다. 그리고 의당 **그래야 합니다**. 제가 은유적인 의미로든 말 그대로든, 여러 차례 땅거미가 잦아드는 저녁을 맞을 때마다 다음과 같이 된 옛날 영국 성공회의 기도문을 읽으면서 얼마나 감사했는지 모릅니다.

> 우리의 어둠을 밝히소서, 오 주여, 우리가 당신께 간구하나이다.
> 당신의 큰 자비로
> 우리를 이 밤의 온갖 위험과 위태함에서 보호하여 주옵소서.
> 당신의 독생자
> 우리 주 예수 그리스도의 사랑을 기억하여 주옵소서. 아멘.

이 기도문은 제가 작성한 것이 아닙니다. 하지만, 누가 이 기도문을 작성했든지 그 사람에 대한 고마움은 끊이지 않습니다. 이 기도문이 바로 제가 기도하기를 원했던 바를 고스란히 담고 있기 때문입니다.

물론 반대 방향에 대한 호소도 있습니다. 낭만주의자들과 실존주의자들이 바보는 아닙니다. 어떤 정장은 잘 어울리지 않습니다. 그런 옷은 움직이는 것을 불편하게 만들며 개성을 죽입니다. 어떤 등산화는 너무 무겁고 거추장스럽습니다. 다윗이 골리앗과 싸우러 나갔을 때, 그는 전통이 제공하던 무거운 갑옷을 입을 수 없었습니다. 다윗에게는 자신에게 친숙한 더 간단한 무기가 있었으며, 그는 그 무기를 써야 했습니다. 그리고 그 무기가 그에게는 맞았습니다. 전통적인 교회에서 많은 사람이 심각한 전투를 위해 만들어진 갑옷을 입고 걸어 다니는 모습을 보는 것은—다시 말해서, 자신이 어디를 향해 가는지 그 자리에 도착해서 무엇을 해야 하는지도 잘 모르면서, 옛날부터 전해 내려오는 예전과 전통적인 관례를 사용하는 모습은—비극적이지는 않더라도 상당히 희극적입니다. 이전의 예배와 기도 형식과 전통은 진정 순전한 기도의 길이 되어 사람들이 겸손하게 하나님의 면전에 나아가 이전의 세대들을 지켰던 기도문이 자신의 마음을 쏟아놓는 길이 될 수 있음을 조금씩 깨닫게 할 수도 있습니다. 그러나 살아 있는 전통조차도 아주 쉽사리 무거운 짐이 될 수 있습니다. 때로는 새 나무가 자랄 공간을 내주기 위해 작년에 죽은 나무를 치울 필요가 있습니다.

다윗이 시냇가에서 매끈매끈하게 닳은 다섯 개의 물맷돌을 골랐다는 사실을 잊지 마십시오. 우리에게는 수많은 세대를 거치면서 매끈매끈하게 닳아서 즉시 손에 쥐고 사용할 수 있는 많은 기도문이 있습니다. 그러나 다윗은 바로 골리앗을 이겼기 때문에 왕이 되었습니다. 그리고 궁정을 이끌고 나라를 다스리기 위해서는 상당히 다른 기술들을 발전시켜야 했습니다. 우리의 문화가 변함에 따라 그리고 변화 그 자체가 문화의 지속적인 대표적 양상이 됨에 따라, 많은 사람이 전통적인 형식을 당혹스럽게 느끼고 밀쳐 내버린다는 사실에 충격을 받아서는 안 됩니다. 지난 두어 해 동안 사람들이 새로운 찬송을 부르고 통로로 나와서 춤을 추기 시작했기 때문에 자신이 다녔던 지역 교회에 출석하지 않는 사람을 여러 명 만났습니다. 그리고 바로 똑같은 이유 때문에 그런 교회에 출석하기 시작한 사람들도 만났습니다. 지금은 우리 자신을 점검해서 한바탕 청소를 해야 할 때입니다. 그리고 여러 종류의 사람이 있고,

사람마다 각자의 삶의 여러 단계에서 여러 가지 도움을 필요로 한다는 사실을 인정하고 받아들여야 할 때입니다.

그렇지만 다른 사람들이 작성하고 만든 기도문과 형식을 사용함으로써 기도하는 일에 도움을 받을 수 있는 길이 많다는 사실은 많은 사람에게 좋은 소식이며 안도감을 가져다줍니다. 조금 전에 인용된 것과 같은 기도문은 우리를 위축시키기 위해서가 아니라 우리가 성장하는 데 도움을 주기 위해 존재합니다. 그리고 그런 도움거리가 아주 많이 있습니다. 여러 기도서와 묵상집이 있습니다. 서재와 도서관에 수많은 자료가 있습니다. 모든 사람을 위해 준비된 것입니다. 만일 모든 것이 너무 위압적이라고 느껴진다면, 조류학에 대한 엄청난 프로젝트를 제출하라는 숙제를 받아든 자녀에게 지혜로운 부모가 해준 충고를 기억하도록 합시다. 그저 한 마리씩 살펴보아라!

## ∷ 기도에 이르는 더 많은 길

주기도문이 기독교 기도의 깊고 풍성한 전통의 기반을 형성하는 유일한 기도는 아닙니다. 우리가 예수 안에서 알고 있는 그 하나님의 임재 가운데로 더 깊이 나아가기 위해서 해마다 비슷한 방식으로 패턴처럼 혹은 반복해서 사용해 온 다른 기도문들이 있습니다. 이러한 기도문 가운데 가장 잘 알려진 기도가 아마 동방 정교회에서 널리 실천되는 '예수 기도'(Jesus Prayer)일 것입니다. 이 기도는 쉽게 천천히 숨을 들이쉬고 내쉬는 리듬에 맞추어서 "살아 계신 하나님의 아들, 주 예수 그리스도여, 죄인인 저에게 자비를 베푸소서!"라고 기도하는 것입니다.

이 기도가 무슨 뜻인지, 어떻게 사용할 수 있는지, 여러분을 어디로 이끌어 줄 수 있는지 등에 대해 많은 글이 쓰였습니다. 이 기도는 처음 느낌처럼 그리 한정적이지는 않습니다. 자비를 구하는 기도 내용은 단지 "제가 어떤 잘못을 저질렀습니다. 저를 용서하 주옵소서"라는 뜻이 아닙니다. 그 기도는 하나님이 그분의 자비하신 임재를 보내셔서, 우리는 결코 그런 도움을 받을 자격도 없고 그럴 수도 없지만, 수많은 상황에서 도와주시기를 구하는 아주 폭넓은 내용의 간구입니다. 그리고 이 기도는 명확히 예수께 드려집니다. 예수께 이렇게 간구를 드리는 경우는 물론 신약 성경에서도 찾을 수 있지만 드문 예입니다. 그렇지만 이 기도는 우리가 예수께 나아갈 때, 그렇게 함으로써 그분을 **통해** 성부 하나님께 나아간다는 확신 가운데서 드려집니다. 그리고 그렇게 기도하기 위해서는 우리가 성령의 인도하심을 받을 필요가 있음을 보여 줍니다.

이 기도를 (혹은 이와 비슷한 다른 기도를) 계속해서 반복하는 것은 마태복음 6장 7절에서 예수께서 전형적인 이교적 행태라고 비판하신 "중언부언"(공허한 말을 계속해서 되풀이하는 것)하는 기도가 아닙니다. 물론 이 기도가 여러분에게 그런 기도가 되어 버린다면, 그만 두고 다른 식으로 기도하시기 바랍니다. 그러나 수백만 명에게 이 기도는 마음을 집중하고 더욱 깊이 그리고 더 넓은 곳으로 나아가서 모든 상황 속에서 신뢰할 수 있는 분인 예수 안에서 우리가 아는 하나님께 집중하고, 우리가 기도하기를 원하는 모든 것—기쁨,

문제, 슬픔, 분노, 공포, 다른 사람들, 정부의 정책, 사회 문제, 전쟁, 재난, 축하 등—을 그분의 자비 앞에 내려놓게 해주는 길이었으며, 여전히 그렇습니다.

예수 기도와 더불어 드릴 수 있는 두 개의 비슷한 다른 기도가 있습니다. 그것은 "천지를 만드신 전능하신 아버지여, 우리 가운데 당신의 나라를 세우시옵소서"라는 기도와 "살아 계신 하나님의 숨이신 성령이여, 저와 온 세상을 다시금 새롭게 하옵소서"라는 기도입니다. 이 기도들에 대해서도 똑같이 말할 수 있습니다. 또한 이 기도들과 예수 기도는 특정한 사람과 형편을 위해 기도하는 동안 모인 무리나 회중이 동참할 수 있도록 반복하는 후렴처럼 사용될 수도 있습니다.

이처럼 사용되는 기도로 언급할 수 있는 기도가 한 가지 더 있습니다. 저는 이 기도가 초대교회에서도 사용되지 않았을까 생각합니다. 옛날 유대교에서부터 현대의 유대교에 이르기까지, 유대교에서는 한 가지 기도를 하루에 세 차례 드렸습니다. 그 기도는 이렇게 시작합니다. "이스라엘아 들으라. 우리 하나님 여호와는 오직 유일한 여호와이시니, 너는 마음을 다하여 네 하나님 여호와를 사랑하라." 이 기도의 서두는 신명기 6장 4절에 있습니다. 이 기도는 '쉐마'(*Shema*) 기도라고 알려져 있습니다. 첫 마디의 "들으라"라는 단어가 히브리어로 '쉐마'이기 때문입니다. 사람들은 때때로 이 구절이 **기도**라 일컬어진다는 사실에 놀라워합니다. 이 구절은 명령을 담은 신학적 진술에 더 가깝게 보이기 때문입니다. 그러나 예배 때 성경을 봉독하는 일이 회중에게 그들이 몰랐던 것을 전하는 일이 아니라 하나님이 행하신 일에 대해 하나님을 찬양하는 일인 것과 마찬가지로, 여호와가 참으로 누구시며 그분의 언약 백성들에게 요구하시는 바가 무엇인지를 선포하는 것은 실로 하나의 기도, 예배, 헌신의 행위입니다. 그 기도는 정확히 자기 자신으로부터 그리고 자신의 필요, 원하는 바, 소망과 공포로부터 떠나 온통 하나님께 집중하는 수단입니다. 이 기도가 하나의 기도라는 사실을 철저히 생각하는 것도 매우 시사적입니다.

그러나 유대적이었던 이 쉐마 기도는 바로 예수 때문에 일찍부터 초기 기독교 내에서 확대되었습니다. 제10장에서 살펴보았듯이, 바울은 고린도의 그리스도인들에게 그들이 이교 스타일의 다신론자들이 아니라 유대교 스타일의 유일신론자들임을 일깨워 주었습니다. 그리고 그 점을 지적하기 위해, 바울은 새로운 기독교적 형태로 이 기도를 인용했습니다. 그는 이렇게 말합니다.

> 우리에게는 한 하나님 곧 아버지가 계시니
> > 만물이 그에게서 났고 우리도 그를 위하여 있고
> 또한 한 주 예수 그리스도께서 계시니
> > 만물이 그로 말미암고 우리도 그로 말미암아 있느니라(고전 8:6).

바로 앞에서 하나님에 대한 우리의 사랑에 관해 말한 뒤에, 이어지는 구절에서 바울은 계속 서로에 대한 우리의 사랑에 관해 말합니다. 그 사랑은 메시아가 우리 자신을 위해서만이 아니라 우리의 이웃을 위해서도 죽으셨음을 우리가 믿는다는 사실에서 흘러나오는 사랑입니다.

어째서 우리가 이 기도를 자신의 기도로 삼아서는 안 될까요? 예수 기도처럼, 이 기도 역시 천천히 반복해서 드릴 수 있습니다. 요한계시록 4장과 5장에 나오는 위대한 찬양의 노래처럼, 이 기도는 하나님에 대한 예배와 찬양을 창조주와 구속자에 대한 예배와 찬양으로 정리합니다. ("그에게서…그를 위하여"와 "그로 말미암고…그로 말미암아"라는 말씀은 압축되어 있지만, 만물의 원천과 목표로서의 성부와 만물이 지음을 받고 구속함을 받는 수단으로서의 성자에 대한 명확한 선언입니다. 바울은 골 1:15-20에서 똑같은 내용을 더 충분히 말합니다.) 하나님에 대해 이렇게 묵상하는 것은 마치 맑은 날 기구를 타고 창공에 올라간 사람처럼, 하나님의 사랑의 목적에 대한 장엄한 전체 전경을 바라보는 것과 같습니다. 따라서 전체에 대한 조망을 놓치지 않고 특별히 주목할 이러저러한 점들을 골라서 볼 수 있게 해줍니다. 초대교회 그리스도인들은 기도에 대해 알아야 할 바를 명확히 알았습니다. 우리는 아직 초대교회의 그리스도인들로부터 배워야 할 것이 많습니다.

## :: 기도를 시작하기

기도에 대해서는 할 수 있는 말이 (당연히) 대단히 많습니다. 그러나 예배의 경우처럼, 중요한 것은 기도를 하는 것입니다. 기도를 어떻게 해야 하는가에 대해서는 많은 안내서가 있습니다. 현대 기독교의 건강 징후 가운데 하나는 점점 더 많은 사람이 경험 있는 가이드[어떤 전통에서는 '영적 지도자'(spiritual director)로 알려진]에게 말하는 것이 큰 도움을 줄 수 있다는 사실을 인식한다는 점입니다. 경험 있는 가이드는 안심시키며("맞습니다. 괜찮습니다. 많은 사람이 그런 느낌을 갖습니다") 새로운 방향으로 부드럽게 자극을 주는 촉진제 역할을 해줍니다. 저는 아주 힘든 동료와 부닥쳤을 때, 제 영적인 지도자가 주기도문을 암송하면서 각각의 간구 한 줄 한 줄을 특히 그 동료에게 적용하도록 노력하라고 제안했을 때 느꼈던 안도감을 똑똑히 기억합니다. 책과 수련회 지도자, 친구, 지역의 사역자 등이 모두 도움을 줄 수 있습니다. 물론 예수께서는 "우리에게 기도를 가르쳐 주옵소서"라는 요청에 아주 흔쾌히 반응하셨습니다. 그리고 사람마다 유익하다고 여기고 도움을 얻는 여러 유형과 길이 있음이 사실입니다. 특정한 사람과 형편에 따라 앞으로 나아갈 길을 제시해 줄 수 있는 선생이 많이 있습니다.

마찬가지로, 누구나 노트에 매일 혹은 매주 자신이 기도해 주기를 원하는 사람과 형편의 목록을 작성할 수 있습니다. 도저히 기도 목록을 만들지 못하는 사람이라도 일기를 쓰거나 주소록을 보거나 지도를 볼 경우 기도해야 할 사람들과 그들의 형편이 생각날 수 있습니다. 하나님께 감사드려야 할 것도 있을 것이며(감사는 언제나 은혜의 표시입니다), 죄송하다고 말씀드려야 할 것도 있을 것입니다(회개도 마찬가지로 은혜의 표시입니다). 우리가 위해서 기도드리기를 원하는 특정한 사람들을 에워싸고 도우시는 하나님의 사랑과 권능과 관련해서만이 아니라, 간구해야 할 내용이 많이 있을 것입니다. 우리가 신약 성경에 나오는 놀라운 약속들[예수께서는 이렇게 말씀하셨습니다. "너희가 내 안에 거하고 내 말이 너희 안에 거하면 무엇이든지 원하는 대로 구하라. 그리하면 이루리라"(요 15:7)을 붙잡을 때, 우리는 한 가지 이상한 현상에 의해 균형을 잡게 된다는 사실을 경험합니다. 우리가 맹렬하게 그러한 약속들을 붙잡고 그 약속을 이루어주시기를 구할 때, 그 점에 진지하고 심각하게 임한다면, 우리의 욕망과 소망들이 부드럽고 확고하게 재형성되고 말끔히 정리되어 새로운 질서를 잡게 된다는 것을 발견하게 됩니다.

그 외에도 기독교 기도에는 여러 다른 형식이 있습니다. 어떤 사람에게는 사람들의 사정과 필요를 우리가 잘 모를 때 혹은 그 필요가 너무나 명백해서 무슨 말을 해야 할지 모를 정도로 답답할 때, 방언으로 기도하는 것이 여러 사람과 여러 사정에 대해 하나님께 아뢰는 방법입니다(다시 롬 8:26-27을 되새겨 보십시오). 어떤 사람에게는 침묵이 믿음과 소망과 사랑의 씨앗들이 보이지 않게 싹을 틔울 수 있는 밭이 될 수 있습니다. 물론 침묵은 많은 사람에게 획득하기 어려운, 또한 대부분의 사람에게는 유지하기 힘든 경지입니다. 그러나 우리가 볼 때, 기독교의 기도는 하나님의 선물입니다. "또한 그로 말미암아 우리가 믿음으로 서 있는 이 은혜에 들어감을 얻었습니다"(롬 5:2). 우리는 하나님의 그 임재 안으로 받아들여졌습니다. 요한계시록 4장과 5장에서의 요한처럼, 우리는 기도를 통해 열려진 하늘의 문을 봅니다. 그리고 보좌가 있는 알현실로 들어가도록 인도를 받습니다.

그러나 우리는 더 이상 구경꾼에 머무는 것이 아닙니다. 우리는 그 곳에 사랑하는 자녀들로 와 있습니다. 마지막으로 예수의 말씀을 직접 들어봅시다. "너희가 악한 자라도 좋은 것으로 자식에게 줄 줄 알거든, 하물며 하늘에 계신 너희 아버지께서 구하는 자에게 좋은 것으로 주시지 않겠느냐"(마 7:11).

# 제13장

## 하나님의 숨으로 만든 책

위대한 인물들의 위대한 이야기로 가득 찬 위대한 책이 있습니다. 그들은 (자신에 대해 대단한 생각을 할 뿐만 아니라) 높은 이상을 가지며, 큰 실수를 저지릅니다. 그 책은 하나님에 관한 책이며, 탐욕과 은혜에 관한 책이며, 생명·정욕·웃음·고독에 관한 책입니다. 그 책은 탄생과 시작, 배신에 관한 책이며, 형제·하찮은 언쟁·섹스에 관한 책이며, 권력·기도·감옥과 열정에 관한 책입니다.

그 책이 바로 창세기입니다.

창세기를 장엄한 서막으로 삼는 성경은 얼기설기 얽히면서 뻗어나간 거대한 책입니다. 그 점에 대해서는 이미 충분히 언급했습니다. 이제는 마침내 성경이 무엇인지에 초점을 맞출 때입니다. 성경을 거대한 벽화라고 상상해 봅시다. 만일 실물 크기대로 그 모든 인물을 다 그린다면, 벽화를 그리는 데 아마 만리장성 정도의 벽이 필요할 것입니다. 성경책을 집어들 때, 여러분의 손에 든 책이 세계에서 가장 유명한 책일 뿐만 아니라, 사람들의 인생을 변화시키고 공동체를 바꾸며 세상을 변화시키는 비상한 힘을 지닌 책이라는 사실을 기억할 필요가 있습니다. 성경은 그런 일을 전에도 해왔으며, 다시 할 수도 있습니다.

그러나 이렇게 말하는 사람도 있을 겁니다. 오직 하나님만이 그처럼 세상을 변화시킬 수 있는 것 아닙니까? 어떻게 단순한 책이 그 같은 일을 할 수 있다고 말할 수 있습니까?

그저 한 권의 책에 불과한 것이 세상을 변화시킬 수 있다는 말은 생소합니다. 그러나 성경이 타협의 대상이 될 수 없는 이유가 바로 거기 있습니다. 성경은 그리스도인의 신앙과 삶에 핵심적이며 중요한 요소입니다. 그리스도인은 성경 없이 지낼 수 없습니다. 비록 많은 그리스도인이 성경을 가지고 무엇을 어떻게 해야 하는지 망각했더라도 그렇습니다. 어떤 식으론가, 하나님은 세상에서 자신이 행하려고 의도한 일들 중 최소한 몇 가지를 이 책에 위임하신 것 같습니다. 이 과정은 누군가가 유언을 하는 것과 꼭 같지는 않더라도 거의 비슷합니다. 이 과정은 어떤 작곡가가 사람들이 연주할 곡을 작곡하는 것과 꼭 같지는 않더라도 상당히 비슷합니다. 혹은 어떤 극작가가 한 편의 희곡을 쓰는 것과 아주 흡사합니다. 이 말은 아마도 가장 첨예한 지적일 수 있겠는데, 성경은 하나님이 지금도 쓰시는 진짜 소설 중에서 '지금까지의 이야기'가 아닙니다. 성경은 이 모든 것을 담고 있으며, 그 이상을 담고 있습니다.

말할 필요도 없이, 바로 그 때문에 성경에 관해 그토록 많은 싸움이 벌어집니다. 사실상 오늘날 성경책에 들어 있는 싸움들만큼이나 많은 싸움이 성경 그 자체에 관해 벌어집니다. 그리고 그 싸움 중 어떤 싸움은 형제 간의 경쟁이라는 똑같은 이유 때문에 벌어집니다. 가인과 아벨의 싸움에서부터 탕자에 대한 예수의 이야기에 나오는 이름이 붙여지지 않은 두 형제에 이르기까지, 지금 세계의 기독교 내에서 벌어지는 다양한 파벌 간의 싸움에 이르기까지, 각자가 성경을 읽고 해석하는 방식을 놓고 벌이는 싸움에 이르기까지, 경쟁이라는 똑같은 이유 때문에 싸움을 벌입니다. 각 교파는 자기 방식대로의 성경 읽기와 해석을 통해 자양분을 얻고 유지합니다. 그리고 각자는 그렇게 해서 배우는 교훈들을 실천에 옮기려고 시도한다고 합니다.

그 같은 일이 중요할까요?

예, 그렇습니다. 그 일은 중요합니다. 불행하게도, 기독교의 역사는 성경을 읽는 방식과 더불어서 혼잡하게 되었습니다. 그 때문에 기독교는 실제로 성경의 입을 막아 버렸습니다. 제가 지금 사용하는 컴퓨터는 수천 가지 일을 할 수 있습니다. 그렇지만 저는 겨우 글을 쓰거나 인터넷에 접속하고 이메일을 보내는 일에만 사용합니다. 마찬가지로, 많은 그리스도인―모든 세대에 속한 그리스도인들 그리고 때때로 전체 교단―은 자신들 가운데서 그리고 자신을 위해서만이 아니라 자신을 통해 세상에서 수천 가지의 일을 할 수 있는 책을 소유합니다. 그리고 그들은 이미 자신이 하는 서너 가지 일을 유지하기 위해서만 그 책을 사용합니다. 그들은 그 책을 마치 일종의 언어적인 벽지처럼 대합니다. 벽에 발라 놓은 벽지는 배경으로는 아주 쾌적하고 좋지만, 집에 들어가 몇 주 동안 살다 보면 벽지에 대해서는 잊게 됩니다. 더 이상 아무런 생각을 하지 않는 것입니다. 제 컴퓨터가 지닌 능력 중 적은 부분만을 제가 사용할 뿐 그 이상을 탐구하지 않는다 해도 그리 문제가 되는 것은 아닙니다. 그렇지만 성경이 여러분을 통해 그리고 여러분 가운데서 할 수 있는 모든 일을 하도록 하지 않으면서 그리스도인이라 자처하는 것은, 마치 여러분이 손가락을 묶은 채 피아노를 치려고 애쓰는 것과 같습니다.

그렇다면 성경은 무엇이며, 성경을 가지고 우리는 무엇을 해야 할까요?

## :: 성경은 무엇인가?

우선 사실에서부터 시작합시다. 이에 대해 잘 아는 분들은 이 부분을 생략하셔도 좋습니다. 하지만, 성경에 친숙하지 않은 많은 분은 성경이 무엇인지에 대해 윤곽을 잡고 싶어 할 것입니다.

성경은 두 부분으로 되어 있습니다. 그리스도인들이 '구약 성경'이라고 부르는 부분과 '신약 성경'이라고 부르는 부분입니다. 구약 성경은 신약 성경보다 훨씬 더 깁니다. 신약 성경이 보통 사용되는 글자 크기로 인쇄했을 경우 300페이지 정도 되는 데 반해, 구약 성경은 거의 1,000페이지에 달합니다. 구약 성경은 1,000년 이상에 걸쳐 기록되었습니다. 그렇지만 신약 성경은 기록 기간이 100년을 넘지 않습니다.

"약"(Testament)이라는 말은 "언약"(covenant)을 뜻하는 단어를 번역한 것입니다. 예수에 관한 사건들은 창조주이신 이스라엘의 하나님이 옛 이스라엘의 예언을 성취하시면서 이스라엘과의 언약을 새롭게 갱신하시고 그렇게 함으로써 세상을 구원하시는 수단이었다는 것이 기독교의 핵심 주장입니다. 많은 초대교회 그리스도인이 쓴 글은 구약 성경과 연관시켜 그 글 자체를 언약 갱신의 헌장으로, 즉 '새 언약'(신약)으로 제시하기 위해 구약 성경을 인용하거나 반영함으로써 그 점을 가리킵니다. 이 두 부분이 이처럼 연결되어 있지만 구별된 이름을 사용하여 부르는 것은 한 가지 주장과 하나의 물음을 강조하는 방식입니다. 그 주장은 유대인의 성경(구약)이 여전히 기독교 경전의 지극히 중요한 부분이라는 것이며, 그 물음은 그 '언약'이 진정으로 예수 안에서 새롭게 갱신되었음을 믿는 사람들에 의해서 유대인의 성경이 어떻게 이해되고 적용되어야 하는가 하는 것입니다.

유대인들이 성경이라고 일컫고 그리스도인들이 구약 성경이라고 일컫는 책들은 세 부분으로 묶여 있습니다. 처음 다섯 권(창세기, 출애굽기, 레위기, 민수기, 신명기)은 언제나 토대이자 특별한 것으로 간주되어 왔습니다. 이 책들은 '토라'(율법)라고 알려졌으며, 전통적으로 모세가 쓴 것으로 알려졌습니다. '예언서'라고 알려진 그 다음 부분에는 대예언서(이사야서, 예레미야서, 에스겔서)와 '소'예언서(호세아서와 나머지)라고 불리는 책을 포함해서 보통 우리가 역사서에 해당한다고 생각하는 책도 몇 권(사무엘상하, 열왕기상하) 포함됩니다. 시편을 필두로 하는 세 번째 부분은 간단히 '성문서'(Writings)라고 알려졌습니다. 이 부분은 몇 가지 매우 오래 된 자료와 주전 200년 이전에 편집되고 받아들여졌던 몇몇 부분—다니엘서와 같은 책—을 포함합니다. 예수 시대 어간까지도, 어떤 사람들은 그 모든 '성문서'가 다 구약 성경에 속해야 하는지에 대해 논쟁 중이었습니다(특히 에스더서와 아가서가 논란을 불러 일으켰습니다). 사람들은 대부분 성문서가 다 구약 성경에 속해야 한다고 생각했고, 지금까지도 그렇게 여깁니다.

토라와 예언서 그리고 성문서는 다 합쳐서 39권입니다. '율법'과 '예언서'는 '성문서'보다 상당히 일찍 선별된 것 같습니다. 이러저러해서, 그 세 부분이 유대인의 신성한 책에 대한 공식적인 목록이 되었습니다. 그 같은 공식적인 목록을 가리키는 그리스어 단어가 '카논'(canon)입니다. 이 단어의 뜻은 '자' 혹은 '척도'라는 뜻입니다. 앞서 복음서들을 논의했을 때 이 단어를 사용한 적이 있습니다. 이 단어는 기독교 시대에 들어와 주후 3세기나 4세기 이래 구약 성경의 책들에 적용되었습니다.

이 책들은 대부분 히브리어로 쓰였습니다. 그래서 구약 성경을 종종 '히브리 성경'이라고 일컫습니다. 다니엘서와 에스라서의 일부분 그리고 예레미야서의 한 절, 창세기의 두 단어(고유 명사)가 아람어로 되어 있습니다. 아람어와 고전 히브리어의 관계는 다소간 현대 영어와 초서(Chaucer)의 관계와 같습니다. 학자들은 대부분 구약 성경에 속한 책들의 전부는 아니라 할지라도 많은 책이 편집 과정을 거쳐서 최종 형태에 도달했다고 봅니다. 이 편집 과정은 수백 년에 걸쳐서 이루어졌을 것이고 상당히 새롭게 쓴 부분도 포함되었을 가능성이 있습니다. 그러나 이에 해당할 것 같은 여러 책(예를 들어, 이사야서)은 놀라울 정도의 내적인 일관성을 유지합니다. 구약 성경의 원본에 대한 우리의 지식은 사해 사본의 발견을 통해 엄청나게 풍성해졌습니다. 그 문헌들은 주전 2세기 이전에 기록되었으리라고 생각됩니다. 사해 사본은 구약 성경의 책 대부분의 필사본을 포함하며, 주류 유대교와 기독교가 의존하던 훨씬 후대의 사본들이 비록 작은 차이점들(variations)이 있음에도 불구하고, 예수 당시에 알려져 있었을 텍스트들과 매우 가깝다는 점을 보여 줍니다.

예수 시대 200년 전 혹은 그보다 더 이전에 이 모든 책은 그리스어를 주 언어로 사용하던 유대인들이 증가함에 따라, 그들의 유익을 위해, 아마도 이집트에서, 그리스어로 번역되었습니다. 그 유대인들이 번역한 그리스어 성경은 다양한 판본이 있었는데, 그 가운데 초기 그리스도인들이 주로 사용했던 역본도 있습니다. 그 역본은 '셉투아진트'(Septuagint, 70을 가리키는 그리스어에서 나왔다-역주) 즉 '칠십인역'이라고 알려졌는데, 70명의 번역자가 참여했다는 이야기 때문에 붙여진 이름입니다.

'외경'(Apocrypha, 문자적으로 '감추어진 것들')이라고 알려진 책들이 처음 등장했던 시기도 바로 역사상 이 시점입니다. 외경의 지위와 타당성에 대한 길고 복잡한 논란이 초대교회를 소란스럽게 했으며, 주후 16세기와 17세기에도 같은 논란이 일어났습니다. 그 논란의 결과, 어떤 책들은 외경에 포함되고 어떤 책들은 포함되지 않았습니다. 외경에 포함된 책들은 통상적으로 구약 성경과 신약 성경 사이에 속하는 적실한 책들로 (때로 몇몇 책을 가외로 덧붙여서) 출판됩니다. 물론 소위 '예루살렘 성경'(Jerusalem Bible, 자유로운 스타일로 번역된 성경—역주)과 여타의 공식적인 로마 가톨릭 출판물들은 외경을 구약 성경의 일부로 취급합니다. 안타깝게도, 오늘날에는 더 많은 사람이 이 외경에 속하는 책들이 그 책을 읽는 일 이상으로 논쟁을 불러일으켰던 책이라는 사실을 잘 알지 못합니다. 최소한 이 책들은 (사해 사본과 요세푸스의 저작들과 같은 그 시기의 여느 저술들처럼) 예수 당시의 유대인들이 어떻게 생각하고 살아갔는지에 대해 상당히 많은 것을 우리에게 전해 줍니다. 외경 중에서 '솔로몬의 지혜서'와 같은 몇몇 책은 신약 성경에 있는 몇몇 사상과 바울의 글에서도 상당 부분 병행되는 내용을 적지 않게 제공해 주며, 어쩌면 그 원 자료일 수도 있습니다.

스물일곱 권으로 이루어진 신약 성경은 모두 예수 당대에서부터 두 세대에 걸쳐 기록된 것들입니다. 다시 말해서, 아무리 늦게 잡아도 주후 1세기 말 무렵 이전에 기록되었다는 말입니다. 물론 다수의 학자들은 그 책들의 대부분을 주후 1세기 말보다는 훨씬 더 일찍 기록된 것으로 볼 것입니다. 사도 바울의 편지들은 주후 40년대 후반과 50년대에 쓰였습니다. 그의 이름이 붙여진 모든 편지를 과연 바울이 썼느냐에 대한 논쟁이 계속되긴 하지만, 그 편지들은 예수 자신과 가장 초기의 교회라는 폭발적인 사건들에 대해 처음으로 증언하는 기록입니다.

제7장에서 복음서들을 둘러싼 현재의 논란들을 살펴보면서 '도마복음서'와 같은 책들이—때로 '신약 위경'이라 불리는 책들

이—시대적으로나 내용적으로 정경에 속하는 자료에 근접하지도 못한다는 점을 분명히 밝혔습니다. 이 범주에 드는 책들의 의의는 그 책이 제공하는 예수에 대한 증언에 있는 것이 아니라 예수 시대보다 더 후대의 사고와 행습을 증거한다는 데 있습니다.

그와는 대조적으로, 사복음서, 사도행전 그리고 바울의 저작으로 알려진 열세 개의 편지는 매우 일찍부터—초기에서부터 아무리 늦게 잡아도 주후 2세기 중반 경에—사실과 부합하며 권위가 있는 것으로 여겨졌습니다. 히브리서와 요한계시록과 같은 몇몇 책과 일부 작은 편지에 대해서는 미심쩍어하는 태도가 지속되었습니다. 주후 2세기와 3세기의 몇몇 개 교회와 교사들은 '바나바 편지'(Letter of Barnabas)와 '헤르마스 목자서'(Shepherd of Hermas)와 같은 여타의 책들을 권위적인 것으로 간주했습니다. [이 두 권은 '사도 교부들'(Apostolic Fathers)이라 알려진 책에 포함되어 있습니다. '사도 교부들'은 매우 초기의 기독교 저술에 대한 수집물로서 현대 영역본들을 쉽게 구할 수 있습니다.] 대부분의 초기 그리스도인들은 이 저술들 자체를 소중한 것으로 취급했지만, 그럼에도 그 책들을 그들이 '사도에게 속한' 것으로 보았던 저작들과 동급으로, 따라서 진정성의 표지를 지닌 것으로 보지 않았습니다.

강조할 필요가 있는 점은 신약 성경 텍스트에 대해 우리가 가진 증거가 고대 세계의 어떤 다른 책에 대해 우리가 가진 증거와는 전적으로 다른 범주에 속한다는 사실입니다. 우리가 아는 플라톤과 소포클레스와 같은 그리스의 저자들, 심지어 호머까지도 손가락으로 꼽을 수 있는 몇몇 자료를 통해 알 뿐입니다. 그리고 그 자료들이라는 것도 대부분 중세에 속한 것입니다. 마찬가지로, 우리가 아는 타키투스(Tacitus)와 플리니(Pliny)와 같은 로마의 저자들도 겨우 몇 개의 사본을 통해서, 어떤 경우에는 한두 개의 사본을 통해서 알 뿐입니다. 그리고 그 사본들은 거의 상당히 후대의 것입니다. 이와 대조적으로 우리가 소유한 신약 성경 전체의 혹은 일부에 대한 사본들은 아주 초기의 사본들로, 말 그대로 수백 개가 됩니다. 그렇게 전해 내려오는 어떤 사본에라도 끼어든 작은 변형이 있다면, 그 변형에서부터 작업을 시작하여 원본 텍스트를 식별해 낼 정도로 비교할 수 없는 위치를 차지합니다(지금 제가 '초기'라고 한 말은 주후 처음 600년 혹은 700년을 말합니다. 이 시기는 대부분의 고전 저자들의 현존하는 사본들 중에서 가장 오래된 것보다도 훨씬 더 오래된 것입니다. 우리가 가진 신약 사본들 중 수십 개는 주후 3세기와 4세기의 것이며, 2세기에 속하는 것도 몇 개 있습니다). 그렇습니다. 필사자들이 여기저기서 틀리면서 조금씩 변형된 필사본이 생겨났을 겁니다. 그러나 우리 손에 들어올 수 있는 막대한 증거는 성경 저자들이 실제로 작성했던 글을 확보하는 데 우리가 아주 확실한 안전지대에 서 있음을 보여 줍니다.

권위 있는 책들의 목록을 확정지어야 한다는 중압감은 교회의 오늘날 종종 언급되는 것처럼 사회적으로나 정치적으로 공인될 수 있는 신학을 제시하겠다는 욕망에서 기인한 것이 아닙니다. 권위 있는 책들에 대한 논의는 간헐적인 맹렬한 박해의 시기들을 거치면서 진행되었습니다. 오히려 그 계기는 다른 종류의 '정경'을 제시했던 사람들이 제공했습니다. 이런 사람들 가운데 일부는 주후 2세기 로마의 교사였던 마르키온처럼 주요 책들로부터 핵심적인 구절들을 잘라내 버렸습니다. 영지주의자들의 경우는 다른 교훈을 지닌 새로운 책들을 덧붙였습니다. 그들은 예수와 사도들이 '진짜로' 말했던 은밀한 교훈이 자신들에게 있다고 주장하기 위해 새로운 책들을 권위 있는 책의 목록에 집어넣었습니다.

교회 역사상 상당 기간에 걸쳐, 동방에 있는 교회들은 그리스어로 된 성경을 읽었고 서방에 있는 교회들은 라틴어로 된 성경을 읽었습니다. 16세기 종교개혁의 위대한 슬로건 중 하나는 모든 사람이 자신의 언어로 성경을 읽을 수 있어야 한다는 것이었습니다. 이 원칙은 현재 전 세계의 기독교 세계에서 어느 정도 보편적으로 인정됩니다. 이 원칙은 독일의 종교개혁자인 마르틴 루터와 영국의 윌리엄 틴데일(William Tyndale)을 필두로 해서, 주후 16세기에만도 여러 번역 활동이 활발하게 일어나게 만드는 촉진제 역할을 했습니다. 이러한 움직임은 17세기에 들어와 1611년 영어권에서 흠정역('킹 제임스')을 채택하면서 잠잠해졌습니다. 그후 거의 300년 동안 그 역본으로 만족했습니다. 그리고 좀더 많은 더 나은 사본이 발견됨에 따라 온갖 종류의 매우 사소하지만 흥미로운 조정이 필요하다는 인식이 생겨나면서, 19세기 후반에 들어와 학자들과 교회 지도자들은 또 다시 개정판을 만들 필요가 있다고 여겼습니다. 이 일로 다시금 봇물이 터지면서, 지난 100여 년 동안 다시 수많은 번역과 개정 작업이 이루어져 말 그대로 수십 종의 역본이 존재하게 되었습니다. 다른 언어로 번역하는 일도 마찬가지였습니다. 성서 공회와 위클리프 번역 선교회(Wycliffe Bible Translators)와 같은 기관들은 전 세계의 토속 언어로 계속해서 지칠 줄 모르고 번역 작업을 벌입니다. 그 과업은 엄청납니다. 그럼에도 교회는 여러 세대 동안 계속해서 그 작업을 최우선적인 것으로 여겨왔습니다.

성경의 저술과 집성과 분배에 대한 이와 같은 이야기는 분명 말할 필요가 있습니다. 그렇지만 이런 식으로 설명하는 것은 가장 친한 친구의 유전자 구조에 대한 생화학적 분석을 제공함으로써 그가 어떤 사람인지를 기술하려는 것과 마찬가지입니다. 그와 같은 전문적인 정보는 중요합니다. 사실 그 사람이 자신만의 독특한 유전자 구조를 갖지 않는다면, 그는 그 사람일 수 없을 것입니다. 그러나 거기에는 뭔가 중요한 것이 빠져 있습니다. 이제 살펴보려는 것이 바로 그 **형언할 수 없는**(*je ne sais quoi*) 특별한 무엇입니다.

:: **하나님의 영감된 말씀**

왜 성경이 중요할까요? 그리스도인들은 대부분 이 점과 관련해서 벌써 여러 해 동안 성경이 **영감되었다고**(inspired) 말해 왔습니다. 이 말이 무슨 뜻일까요?

이 말을 하는 사람들이 의미하는 바는 매우 다양하며 서로 다릅니다. 때로는 사실상 영감을 받았다는 의미가 아니라 영감을 **준다**는 의미(inspir**ing**)로 사용하기도 합니다. 자기에게 새로운 생명을 불어넣는다는 뜻입니다('영감'이란 말은 문자적으로 '숨을 불어넣는다'는 의미). 하지만 그 단어는 무엇인가가 우리에게 미치는 효과를 말하는 것이 아니라, 그 대상 자체에 관한 어떤 점을 말합니다.

그 수준에서, 사람들은 때로 "저 석양은 영감을 받았다"라고 말합니다. 이 말의 뜻은 (아마도) 그 석양이 다른 평범한 저녁 햇살과 구별되게 만들어 주는 어떤 특별한 성질을 지녔다는 뜻일 것입니다. 마찬가지로, 사람들은 음악이나 연극이나 춤 한 편을 놓고서 그것이 '영감을 받았다'고 말하곤 합니다. 그러나 석양이든 아주 숭엄한 교향악이든, 그것은 모두 창조 세계의 일반적인 질서의 일부입니다. 만일 성경이 '영감되었다'는 것을 '셰익스피어나 호머와 비슷한 것입니다'라는 말로 풀이한다면, 그 정확한 의미를 포착하지 못하는 셈입니다. 이는 아마 의도적으로 성경의 '영감'을 첫 번째 견해의 세계관과 비슷한 것으로 만드는 것일 겁니다.

때로 사람들은 두 번째 견해를 피하기 위해 이 방향을 취합니다. 두 번째 견해는 '성경의 영감'을 순전히 '초자연적인' 개입 행위로 봄으로써, 그 저자들의 생각은 아예 고려조차 하지 않습니다. 물론 두 번째 견해를 엄격하게 따르면 어떤 신적 영감도 불가능할 것입니다. 하나님과 (인간을 포함하여) 세상이 다른 영역에서 살고, 그 두 영역 사이에는 커다란 격차가 있기 때문입니다. 그러나 이 틀에서 성경의 영감에 대해 주장하는 많은 사람은 하나님을 아주 먼 거리에서 책을 받아 적게 만드는 분으로 묘사하거나 그 저자들에게 어떤 장기적인 언어적 전기 충격을 가하는 분으로 묘사함으로써 영감을 주장하려고 시도해 왔습니다. 성경이 어떤 충만하고 풍부한 의미에서 실제로 '영감되었다'는 사상에 반발하는 많은 사람은 성경의 영감에 대한 이런 종류의 이상한 진술에 반박하는 것 같습니다. 누가 그런 사람들을 탓할 수 있겠습니까? 바울 서신이나 예레미야서나 호세아서를 간단히 살펴봐도 저자의 개성이 그 텍스트 안에 얼마나 생생하게 살아 있는지를 충분히 알 수 있기 때문입니다.

다시 세 번째 견해가 우리를 구해 줍니다. 성례와 마찬가지로 성경을 하늘과 땅이 서로 겹치고 맞물리는 접점 가운데 하나로 가정함으로써 말입니다. 그 같은 다른 모든 장소와 마찬가지로, 이것은 불가사의합니다. 불가사의하다는 말은 우리가 보는 즉시 무슨 일이 진행되는지 알 수가 없다는 뜻입니다. 실로 세 번째 견해는 우리가 그럴 수 없다고 장담합니다. 그러나 언급할 필요가 있지만 달리는 말하기 어려운 점을 말할 수 있게 해줍니다.

특히 세 번째 견해는 저자와 자료를 수집한 사람과 편집자 심지어 성경을 수집한 사람까지도, 다른 개성, 다른 스타일, 다른 방법, 다른 의도를 가졌지만 언약의 하나님의 범상치 않은 목적에 사로잡힌 사람이었다고 말할 수 있게 해줍니다. 하나님의 그 목적들 가운데는 글을 작성함으로써 자신의 말씀을 전해 주는 일도 포함되어 있었습니다. 세 번째 견해는 (말하자면) 언어의 직공이신 창조주 하나님(살아 계신 말씀이신 예수를 통해 가장 잘 아는 그 하나님)에 대해 말할 수 있게 해줍니다. 세 번째 견해는 말이 하나님이 전문적으로 다루시는 유일한 것은 아니지만, 하나님의 레퍼토리 가운데 핵심이라고 주장할 수 있게 해줍니다. 또한 이 하나님이 자신의 창조 세계에서 일하고자 하실 때, 자신의 형상을 지닌 피조물을 통해 일하기를 원하시며, 가능한 한 그들의 지적인 협력을 받아서 그 일을 하려 하시기 때문에, 그들과 더불어 그리고 그들을 통해—하나님이 어떤 일을 말씀하시고 이루시는 다른 많은 방법에 덧붙여 그리고 그 중의 중심 요소로서—구두로 소통하기를 기뻐하신다는 점을 이해할 수 있게 해줍니다.

다시 말해서, 성경은 한두 세대 전에 어떤 사람들이 말했던 바를 훨씬 넘어서는 것입니다. 그들은 마치 하나님이 어떤 다른 수단을 통해 자신을 계시하셨다는 듯이, 단순히 '그 계시에 대한 기록'일 뿐이라고 주장했습니다. 그리고 성경이 단지 일어났던 일을 기억하기 위해 사람들이 기록해 놓은 것에 불과할 뿐이라고 말합니다. 그러나 성경은 그런 주장을 훨씬 넘어서는 것입니다. 성경은 그 자체가 하나님의 계시의 일부입니다. 그리고 통상적으로 교회는 성경을 그런 것으로 대했습니다. 성경은 단순히 계시에 대한 증거나 메아리가 아닙니다. 문제의 일부는 그저 '계시'가 필요할 뿐이라는 전제에 있습니다. 계시를 어떤 참 정보의 전달이라고 여기는 것입니다. 실제로 성경이 많은 정보를 제공하는 것이 사실입니다. 그러나 성경이 더욱 근본적으로 제공하는 것은 하나님이 자신의 백성들에게 행하라고 요청하시는 사명을 감당할 수 있게 해주는 에너지입니다. 성경의 영감에 관해 말하는 것은 그 에너지가 하나님의 성령의 역사를 통해 임한다고 말하는 것과 다름 없습니다.

이 모든 것에서 성경이 우리에게 무엇을 **위해** 주어졌는가를 끊임없이 되새기는 것이 유익합니다. 성경에 있는 가장 유명한 '영감'에 대한 진술 가운데 하나는 이렇게 그 목적을 말합니다. "모든 성경은 하나님의 감동으로 된 것으로 교훈과 책망과 바르게 함과 의로 교육하기에 유익하니, 이는 하나님의 사람으로 온전하게 하며 모든 선한 일을 행할 능력을 갖추게 하려 함이라"(딤후 3:16-17).

**모든 선한 일을 행할 능력을 갖추게 한다**는 말에 핵심이 있습니다. 성경은 하나님의 백성으로 세상에서 하나님의 일을 행할 능력을 갖추게 하려고 하나님이 숨을 불어넣으신 책입니다(여기에서 "감동으로 된"이라는 단어는 *theopneustos*입니다. 이 단어는 문자적으로 "하나님이 숨을 내쉰"입니다).

다시 말해, 성경은 단순히 사람들이 스스로 어떤 일을 바르게 했는지 찾아보고 확인하기 위한 정확한 평가 기준이 아닙니다. 성경은 새 언약과 새 창조에 속하는 하나님의 목적을 수행하도록 하나님의 백성들을 구비시키기 위해 존재합니다. 성경은 사람들이 정의를 위해 일할 수 있도록, 그들이 그 일을 하면서 자신의 영성을 유지하도록, 모든 수준에서 관계를 창조하고 강화하도록 그리고 하나님의 아름다움이 반영된 새 창조를 낳을 수 있도록 하기 위해 존재합니다. 성경은 자동차가 어떻게 만들어지는지를 기록한 정확한 설명서와 같지 않습니다. 성경은 여러분이 차를 고칠 때 도와주는 정비공과 같으며, 차에 기름을 다시 넣어주는 주유소 직원과 같으며, 여러분이 가려는 곳에 어떻게 도착할 수 있는지를 말해 주는 네비게이션과 같습니다. 그렇게 해서 여러분이 어디에 도달하느냐는 단지 옛 창조 세계를 상처 하나 입지 않고 빠져나갈 수 있는 길을 찾아주는 데 있는 것이 아니라 **하나님의 세계에서 하나님의 새 창조가 일어나도록 하는 데** 있습니다.

바로 그런 이유 때문에 저는 사람들이 '무오'(infallible, 성경이 우리를 속이지는 않을 것이라는 생각)나 '무오류'(inerrant, 성경에 오류가 있을 수 없다는 더 강력한 생각)라는 단어를 사용하는 의도는 이해하면서도 제

자신은 그것들을 사용하지 않습니다. 아이러니하게도, 제 경험상, 이런 단어들을 놓고 벌어지는 논쟁은 종종 사람들을 성경에서 멀어지게 만들고, 성경 전체에 대해—성경의 큰 이야기와 더 큰 목적들, 한결같은 그 절정, 미완성 소설에서처럼 우리가 그 종결 에피소드의 등장인물이 된 듯한 느낌 등—합당치 않은 온갖 이론에 빠지게 만듭니다. '무오한' 혹은 '무오류한' 성경에 대한 주장은 복잡한 문화적 배경에서(특히 현대 북미 개신교의 모판에서) 성장했습니다. 그 배경이란, 성경을 한편으로는 로마 가톨릭에, 다른 한편으로는 자유주의적 모더니즘에 대항하는 보루로 여기는 입장입니다. 불행스럽게도, 이 두 세계의 전제들이 그 논란의 조건을 형성합니다. 성경의 무오성에 대한 이러한 개신교의 주장이 로마 교회가 교황의 무오성을 주장하거나 계몽주의의 합리주의가 그에 대항하여 싸움을 벌였던 사람들에게까지도 영향을 주었던 시기에 발생했다는 사실은 결코 우연이 아닙니다.

제 견해로는, 그와 같은 논쟁들이 성경이 존재하는 진정한 목적에서 벗어나도록 만들었습니다. (칼 바르트에 대해 전해 오는 한 가지 이야기가 생각납니다. 한 여성이 창세기에 있는 뱀이 실제로 말을 했었는지를 묻자, 바르트가 이렇게 대답했다고 합니다. "여사님, 그 뱀이 말을 했는지는 중요하지 않습니다. 중요한 것은 **그 뱀이 한 말이 무엇이냐**하는 것입니다.") 성경의 본질에 대한 특정한 정의들을 놓고서 벌이는 논쟁은, 자녀에게 좋은 습관을 가르치고 좋은 모범을 보여야 할 부모가 둘 중 누가 더 자녀를 사랑하는지 벌이는 말다툼과 같습니다. 성경은 하나님의 세계에서 하나님의 백성이 하나님의 일을 행할 수 있도록 구비시키기 위해 존재하는 것이지, 하나님의 온갖 진리를 다 갖고 있다고 여긴 나머지 폼잡고 느긋하게 앉아 있으라고 존재하는 것이 아닙니다.

## 제14장

# 이야기와 임무

그리스도인들이 성경에 대해 일정하게 하는 말 가운데 하나는 성경에 '권위가 있다'는 것입니다. 그렇지만 이 말이 무슨 뜻인지 파악하기는 쉽지 않습니다.

한 가지 좋은 출발점은 권위의 성격에 관해 예수께서 하신 말씀입니다. 이방인의 지배자들은 자기 백성들 위에 군림하지만, 너희는 그렇게 해서는 안 된다고 예수께서는 말씀하셨습니다. 첫째가 되고자 하는 사람은 누구든지 모든 사람의 종이 되어야 합니다. 그 이유는 인자가 섬김을 받기 위해 오신 것이 아니라 섬기려 하고 오히려 자신의 목숨을 많은 사람을 위한 대속물로 제공하기 위해 오셨기 때문입니다(막 10:35-45). 하나님의 권위가 예수께 부여되었다면, 성경이 똑같이 바로 그 신적 원천으로부터 그 권위를 부여받는다면, 성경이 '권위가 있다'고 말함으로써 우리가 주장하는 바는, 성경이 어떤 식으론가 **하나님이 예수를 통해서 즉 각별히 그분의 죽으심과 부활하심을 통해서 성취하신 일의 권위 있는 도구가 되었다**는 것입니다.

다시 말해서, 예수의 죽으심이 효력을 발휘하려면, 그 사실이 복음의 '말씀'을 통해 세상에 전달되어야만 합니다. (제10장에서 살펴보았듯이, 초대교회 그리스도인들이 볼 때 하나님의 '말씀'은 예수의 군주적 지위에 대한 강력한 선포였습니다.) 그리고 기독교 이야기의 뿌리를 구약에 두고 신약에서 만개하는 성경은 상당히 이른 시기부터 그 강력한 말씀을 담은 것으로 여겨졌습니다. 그 말씀은 하나님이 예수 안에서 성취하신 일을 전달하여 효력을 발생시키는 말씀입니다. 사실상 성경은, 공중에서 특정 지역의 전경을 찍은 사진처럼, 단순히 **구원 계획에 대한 권위 있는 기술**이 아니라 **구원 계획 자체의 일부**입니다. 성경은 오히려 여러분을 데리고 다니면서 그 경치를 보여 주고 어떻게 해야 충분히 그 경치를 즐길 수 있는지를 보여 주는 안내자에 가깝습니다.

바로 그런 이유 때문에 성경의 '권위'는, 이를테면 골프 클럽의 규칙이 지닌 '권위'와는 전혀 다른 방식으로 작용합니다. 물론 성경에는 규칙의 목록이 포함되어 있습니다(예를 들어, 출 20장에 나오는 십계명). 그러나 성경을 있는 그대로 전체적으로 볼 때, 그것은 '하라'와 '하지 말라'는 목록으로 구성되어 있지 않습니다. 성경은 하나의 이야기입니다. 아담과 하와가 동물들을 돌보는 에덴 동산으로부터 시작해서 어린양의 신부인 도성에까지 이어지는 장대한 서사시적 내러티브입니다. 그 도성으로부터 세상을 상쾌하게 해주는 생명수가 흘러나옵니다. 차이점이 있긴 하지만, 결국 성경은 하나의 사랑 이야기입니다. 그리고 성경의 권위는 우리가 동참하도록 초대하는 사랑 이야기의 권위입니다. 그런 의미에서 성경의 권위는 우리가 동참하도록 초대하는 춤의 '권위'에 더 가깝습니다. 혹은 이미 배경이 정해졌고, 플롯도 잘 전개되었으며, 계획된 대단원이 보이긴 하지만, 아직 갈 길이 남아 있어서 그 이야기가 결말을 향해 진행되어 갈 때 그 이야기 안에서 살며, 참여하며, 지식을 사용하며, 결정을 내리는 등장인물이 되라고 우리를 초대하는 어떤 소설의 권위에 더 가깝습니다.

이러한 '권위' 모델은 어떻게 우리가 성경을 기독교의 경전으로 읽을지를 가르쳐 줍니다. 구약 성경의 '권위'는 정확히 그 소설에서 **이전** 장면이 지니는 '권위'입니다. 지금 우리는 그 소설의 **후반부에 나오는** 장면 가운데서 살아갑니다. 이전 장면이 실제 어떤 성격이었는지가 중요합니다. 그러나 이 전반부의 장면은 자기의 임무를 다 끝마치고 우리를 그 뒤에 이어지는 후반부의 장면으로 데려다 주었습니다. 뒤에 오는 장면에서는 어떤 일들이 아주 근본적으로 급격하게 바뀌었습니다. 플롯은 진행되어 갔습니다. 가장 포스트모더니즘적인 소설들에서조차, 마지막 장에 등장하는 인물들은 대개 초두에서 했던 말이나 했던 행위를 그대로 반복하지 않습니다.

이는 누구나 "아, 이제 우리는 하나님의 계획 속에서 새로운 순간에 존재하기 때문에 이전 순간에 우리가 좋아하지 않던 것은 무엇이든 다 던져 버릴 수 있어"라고 말할 수 있는, 모든 것이 자유로운 상황에 놓이게 되었음을 의미하지 않습니다. 그 이야기는 여전히 동일한 이야기입니다. 그리고 그 이야기는 창조주 하나님이 어떻게 창조 세계를 그 반역과 망가짐과 부패와 죽음으로부터 구출하시는가에 대한 이야기였고, 여전히 그 이야기입니다. 하나님은 이스라엘에게 하신 약속을 성취하시고 이스라엘의 이야기에서 이루어진 메시아 예수의 죽음과 부활을 통해 이 일을 이루셨습니다. 그 모든 것은 타협할 수 없는 사실입니다. 그 사실에 모순되거나 그 사실을 해치는 것은 무엇이든지 그 소설을 의도된 결론에 이르지 못하도록 방해하는 것입니다. 바울은 자신의 서신에서 내내 **반복적으로** 이같이 주장합니다. 그리고 우리도 똑같이 주장할 태서가 되어 있어야 합니다.

그러므로 '성경의 권위'와 더불어 살아간다는 것은 성경이 전하는 그 이야기의 세계에서 살아간다는 뜻입니다. 이는 공동체적으로나 개인적으로 그 이야기에 푹 젖어드는 것을 의미합니다. 그리고 실로 기독교 지도자들과 교사들이 그 과정의 한 부분이 된다는 뜻입니다. 성경을 읽는 공동체에서만이 아니라, 그 공동체를 **통해** 더 넓은 세계에서 그 세계를 위해 하나님이 일하시는 방식의 일부가 된다는 뜻입니다. 이에 비추어 우리는 모든 새로운 주장의 타당성을 판단할 수 있으며, 우리 자신이 자신 있게 그런 주장을 내놓을 수도 있습니다. 이를테면 성경의 가장 심오한 계획 중 몇 가지를 성취하는 데 현재 세상에서 가장 필요한 것은 세계적 경제 정의라는 점을 확고히 지적할 수 있을 것입니다. 그것은 하나의 공동체로서, 단순히 우리의 전통이 성경에 관해 말하는 바가 아니라 성경 자체에 귀를 기울임으로써 우리가 성경을 통해 지금 이 땅 위에서도 천국의 삶에 의거해 살아갈 수 있게 된다는 뜻입니다.

이 모든 것은 우리가 고대의 텍스트 안에서 오늘날도 말씀하시는 하나님의 음성을 듣는 법을 배우는 사람이 되라는 그리고 우리 주위의 세상에서 그 살아 있는 말씀의 도구가 되라는 부르심을 받는다는 뜻입니다.

## :: 하나님의 음성 듣기

하나님은 진정 성경을 통해 말씀하십니다. 하나님은 성경을 **통해** 교회에 또한 교회를 통해 기꺼이 세상에 말씀하십니다. 이 두 가지 사실은 다 중요합니다. 우리가 이러한 생각을 하늘과 땅이 겹친다는 개념 안에 두고 예수 안에서 우리에게 다가온 하나님의 장래 목적이 하나님이 만물을 새롭게 하시는 그 날에 앞서 지금 실행 되는 모습으로 여길 경우, 이것이 무슨 말인지를 이해할 수 있습니다.

기도하고 성찬을 나누는 일과 마찬가지로, 성경을 읽는 일은 하늘의 삶과 땅의 삶이 서로 맞물리는 수단 가운데 하나입니다. (옛 저자들이 "은혜의 방편"이라고 말했던 것이 바로 이것입니다. 우리가 하나님의 은혜를 통제할 수 있다는 말이 아니라, 말하자면 하나님이 자신의 백성들을 만나주겠다고 약속하셨기 때문에 우리가 찾아갈 곳이 있다는 말입니다. 물론 우리가 그곳에 나아갔을 때, 때로는 하나님이 우리와 만나기로 한 약속을 잊어버리신 것이 아닌가 하고 느낄 수도 있습니다. 그러나 대개는 그 반대의 경우가 더 많습니다.)

**14. 이야기와 임무**

우리는 지금 여기서, 오늘 우리에게 말씀하시는 하나님의 음성을 듣기 위해 성경을 읽습니다.

어떻게 이런 일이 일어나는지는 예측할 수 없으며, 종종 신비스럽기도 합니다. 그런 일이 일어난다는 **사실**은 수세기에 걸친 수많은 그리스도인의 증언입니다. 성경에 있는 하나님의 음성을 듣도록 활성화하는 기술들이 발달되어 왔습니다. 그 기술 가운데 많은 것이 유익합니다(예를 들어, 1년이나 3년에 걸쳐, 먼저 복음서 네 권을 연달아 겹치기로 읽거나 레위기와 민수기를 전부 한 번에 내리 읽음으로써 소화불량에 걸리지 않게끔, 성경을 체계적으로 통독할 수 있게 해주는 개인 성경 통독표들이 있습니다). 전반적인 영성 체계들은 기도하는 마음으로 성경을 읽는 일을 중심으로 성장해 왔습니다. 복음주의 안에서는, 성경을 읽고 하나님의 음성을 듣는 '경건의 시간'이 핵심입니다. 많은 복음주의자는 이와 매우 유사하게 성 베네딕트와 몇몇 다른 로마 가톨릭 교사가 '렉치오 디비나'(lectio divina)라 알려진 체계를 발전시켜 왔다는 사실에 놀랍니다. 그와 같은 몇몇 묵상 방법을 통해, 독자들은 기도하면서 자신이 읽는 이야기의 한 등장인물이 '됩니다.' 그러면서 그 이야기의 전개에 따라 바라보고 기다리면서 어떤 말이 자신에게 전해지는지 혹은 어떤 반응을 자신에게 요구하는지를 살핍니다. 물론 교회의 역사 내내 설교자들은 성경이 원래의 정황에서 뜻한 바가 무엇인지를 이해하고, 설교를 듣는 청중들에게 그 시대에는 이 말씀이 무슨 뜻일지를 전달하기 위해 노력해 왔습니다. 이것이 실로 기독교 설교가 의미하는 바의 중추라고 말한다고 해도 지나치지 않을 것입니다.

위험은 분명 존재합니다. 그리고 그런 위험을 성공적으로 제거하는 기술은 전혀 없을 것입니다. 또한 그래서도 안 됩니다. 기술을 통해 위험을 다 제거함으로써 아예 성령을 억누를 수 있기 때문입니다. 우리가 성경을 '듣는' 방식 그리고 그렇게 함으로써 성경을 통해 우리에게 말씀하시는 하나님의 음성을 듣는 방식은 온갖 '주관적' 요소에 매여 있습니다. 물론 이 때문에 더 나빠지는 것은 아닙니다. 만일 주관적이 아니라면, 그런 의미에서 우리에게 실질적일 수 없습니다. 그러나 성경에서 하나님의 음성을 듣는다는 것은 단순히 정확한 기술을 숙지하는 문제가 아닙니다. 그것은 사랑의 문제입니다. 이미 암시했다시피, 그것은 하늘과 땅의 교차 지점에서 살아갈 때 요구되는 인식의 방식입니다. 그러나 우리의 사랑은 여전히 연약하고 부분적일 수밖에 없기 때문에 그리고 그 성격상 우리 자신의 기대와 두려움이 밀접하게 결부되어 있기 때문에, 우리가 성경을 읽어 가면서 하나님의 음성을 듣기 위해서는 언제나 현재와 과거의 다른 동료 그리스도인들의 그리고 다른 성경 구절들의 자문을 받아 점검받을 필요가 있습니다. 그렇게 하는 것은 상식입니다. 성경에서 하나님의 음성을 듣는다고 해서 우리가 아무런 오류를 범할 수 없는 위치에 오르게 되지는 않습니다. 성경을 통해서 하나님의 음성을 듣는 일은 우리를 예수가 계신 자리로 가게 해줍니다. 그 자리는 평생을 위한 부르심이든 다음 한 순간을 위한 부르심이든, 부르심을 간직하게 해주는 자리입니다. 부르심은 깨지기 쉬우며, 실천을 통해 검증됩니다. 그것이 바로 하늘과 땅의 교차 지점에서 살아가는 모습입니다.

그러나 부르심의 실천은 단지 우리 자신의 개인적인 순례에만 속하는 것이 아닙니다. 그것은 하나님의 새로운 세계의 일꾼이 되는 일과 관련되어 있습니다. 정의를 위한 일꾼, 영성을 탐구하는 사람, 관계를 회복시키는 사람, 아름다움을 창조하는 사람이 되는 일과 관련되어 있습니다. 하나님이 진정으로 성경을 통해 말씀하신다면, 우리가 이와 같은 임무를 수행하도록 임명하기 위해 말씀하시는 것입니다. 기독교 성경에는 성경의 각 부분에만이 아니라 그 형태와 전반적인 목적과 활용 방식에도 하늘과 땅의 만남만이 아니라 현재와 미래의 겹침과 상호 작용이 각인되어 있습니다. 기독교 성경은 하나님의 미래에 비추어서 현재를 살아가는 사람들이 읽도록 설계된 책입니다. 그 미래는 예수 안에 도래해 있는 미래로서 실천에 옮겨질 것을 요구하는 미래입니다.

이 모든 것은 기도와 마찬가지로 성경이 그 자체의 독특한 형태를 지님을 의미합니다. 마찬가지로 성경이 의도하는 대로 성경을 읽는 것은 나름대로 구별된 독특한 활동입니다. 이 사실은 좀더 살펴볼 필요가 있습니다.

모든 종류의 '신성한 책', 즉 경전들이 다 같은 **종류**에 속하는 것은 아닙니다. 힌두교의 위대한 전통들, 특히 바가바드기타(Bhagavad-Gita)는 독자에게 글 속의 등장인물이 되도록 요청하는 그런 이야기를 제공하지 않습니다. 그 전통들은, 다른 모든 사람을 제쳐놓고 특정한 가족과 지역을 택하여 그 가운데서 행함으로써 온 세상에 말씀하시고자 하는 독특한 창조주로서의 유일신에 대해 말하지 않습니다. 이러한 점은 내용뿐만 아니라 형식에도 영향을 줍니다. 마호메트의 기념비적인 작품인 코란은 전적으로 또 다른 종류의 책입니다. 그 책은 (사실상) 엄격한 '권위주의적' 책에 더 가깝습니다. 어떤 사람들은 기독교의 성경을 그런 식으로 생각하지만, 오히려 그 사람들이 성경을 그런 식으로 바꾸어 놓으려는 것이라고 말해야 할 것입니다. 기독교회가 유대교의 경전인 구약을 자신의 경전으로 삼지만, 유대교조차도 기독교가 갖는 종류의 지속적인 이야기—그 이야기 안에서 독자가 참신한 등장인물이 되도록 요청하는 이야기—를 말하지 않습니다. 기독교에서 예수께서 차지하는 자리를 유대교에서는 미쉬나(Mishnah)와 탈무드에서 발견되는 토라의 법전화와 토라에 대한 논의가 차지합니다. 그리고 다시 여기에서 우리는 그 내용뿐만 아니라 형태와 목적에도 명백한 차이점이 있음을 발견합니다.

이 말은 아브라함과 이삭과 야곱의 하나님이자 모든 창조 세계의 주재자이신 하나님이 다른 사람들의 경전을 통해서는 아무런 말씀도 하지 않는다는 뜻이 아닙니다. 오히려 이 말은 그리스도인이 예수에 대해 믿는 바가 사람에게 그 안에 들어와 살라고 요청하는 하나의 내러티브를 만든다는 뜻이고, 그 내러티브 안에서 살아가는 일이 세상에서 해야 할 특정한 소명을 만들어 낸다는 뜻이며, 성경은 그 소명에 대해 지능과 생각과 하나님의 형상을 지닌 사람으로서 순종하려는 사람들을 하나님이 유지하시고 감독하시는 책이라는 뜻입니다. 성경은 끊임없이 독자에게 만족한 상태로 잠자지 말라고 도전합니다. 교회에 그 같은 책을 선물로 주신 것은 각 세대에게 성장해야 함을, 생각이 성숙하도록 자랄 필요가 있으며 더욱 더 온전한 사람 즉 성인이 될 필요가 있음을 알려주기 위함이었습니다. 이 일은 성경에서 하나님이 우리에게 건네시는 말씀을 통해 적지 않게 이루어집니다. 그 말씀은 우리로 하여금 가볍게 거부하고 숨어버리게 만들든지, 아니면 더 깊이 생각하고 하나님이 무슨 일을 하시려는지, 우리에게 원하시는 것이 무엇인지, 좀더 구체적으로 말하자면 하나님이 **우리를 통해** 하시려는 일이 무엇인지를 알아내게 만듭니다. 성경은 우리가 우리 앞에 놓인 임무를 깨닫고, 그 임무를 실천에 옮길 수 있는 사람이 되게 만들기 위해 존재합니다.

:: **해석의 도전**

그렇다면 성경은 어떻게 해석해야 할까요? 어떤 의미에서는 이 책 전체가 그 질문에 대한 답입니다. 성경의 각 책과 각 장과 각 음절의 성격을 고려하라는 것이 더 충분한 답일 것입니다. 특정한 문화권에서의 정황과 의미, 해당 책의 전반적인 위치, 주제, 그 문화 및 시간대와 성경 자체의 범위와 흐름 안에서 맥을 같이 하는 부분 등이 다 중요합니다. 엄밀함과 집중력을 가지고 그러한 점을 탐구하는 일은, 비록 오늘날 그 일을 하는 데 온갖 격려와 도움거리가 존재한다 할지라도, 막대한 작업입니다.

그러나 핵심적으로 인정해야 할 사실은, 하나님은 우리가 이 성경책을 소유하여 개인적으로나 단체적으로 읽고 연구할 것을 원하시며, 이 책이 성령의 권능을 통해 수천 가지 방식으로 예수에 대해서와 그분을 통해 하나님이 달성하신 바에 대해 증거하게 하신다는 것입니다. 앞서 지적했지만 중요하기에 다시 한 번 반복하자면, 성경은 단순히 하나님과 예수와 세상의 소망에 관한 참된 정보를 간직하는 보관소가 아닙니다. 성경은 오히려 성령의 권능을 통해 살아 계신 하나님이 자신의 백성과 세상을 구원하시고, 그 백성을 하나님의 새로운 창조 세계를 향한 순례의 여정으로 이끌어 주시며, 비록 여행 중이라 할지라도 그 백성을 자신의 새로운 창조 세계의 역군으로 삼으시는 수단의 한 부분입니다.

그러나 우리가 교회의 모임에서나 바깥 세계에서 성경을 놓고 논의할 때마다 무슨 말을 듣습니까? 며칠 전 저녁 뉴스에서 한 리포터는 "그것은 사람들이 성경을 문자적으로 읽는지, 성경이 해석될 필요가 있다고 보는지에 달려 있습니다"라고 말했습니다. 혹은 제가 최근에 어느 강연자가 크게 강조하면서 주장하는 소리를 들었듯이, "어떤 사람들은 성경을 문자적으로 받아들이고, 우리 중 다른 어떤 사람들은 성경을 은유적으로 바라봅니다." '성경을 문자적으로 받아들인다'는 것은 무슨 뜻이며, '은유적으로 바라본다'는 것은 무슨 뜻일까요? 이런 질문을 하는 것이 과연 유익할까요?

폭넓게 말씀드려서, 아닙니다. 그렇지 않습니다. '문자적' 해석과 '은유적' 해석을 구분하는 옛 구분 방식은 우리가 그 방식을 사용하기 전에 그 시작에서부터 재조정할 필요가 있습니다.

아이러니하게도, 그 의미하는 바를 살펴보면 '문자적'과 '문자적으로'라는 말은 종잡을 수 없을 정도로 다양하게 사용됩니다. 일광욕을 하던 사람이 "하루 종일 그 자리에 앉아 있었더니 말 그

대로(literally, 문자적으로) 양 팔에 불이 난 것 같습니다"라고 말할 때처럼, 혹은 어떤 사무실 직원이 "전화벨이 하루 종일 말 그대로 쉬지 않고 울려댔습니다"라고 말할 때처럼, 종종 '문자적으로'라는 말이 실제로는 '은유적으로'라는 뜻입니다. 때로 그 말은, 말한 것이 진정 그렇거나 사실인 것은 아니라는 점을 실질적으로는 암묵적으로 인정하면서, '진짜'라는 뜻을 나타냅니다. "내 상사는 진짜(literally) 아돌프 히틀러야!"

그러나 그 말이 성경과 관련해서 사용될 때는, 한 가지 특정한 논란거리에서 비롯되는 여러 반향을 불러일으킵니다. 그 논쟁은 창세기의 창조 기사에 대한 해석입니다. 북미에 사는 사람들은 문자적인 7일 창조를 주장해 온 사람들과 창세기 1장을 진화론에 입각해서 재해석할 것을 주장해 온 사람들 사이에 벌어진 양극화된 논쟁을 떠올릴 필요조차 없을 것입니다. '창조 대 진화'라는 말로 진행되어 온 그 논란은 온갖 다른 종류의 논란거리를 (특히 미국 문화에서) 불러일으켰습니다. 그리고 이 논란은 성경의 다른 부분들에 대한 심각한 논의에 유례없이 무익한 배경을 제공했습니다.

사실상 어떤 배경을 가졌든지, 어떤 문화권 출신이든지, 제가 만나 본 사람들 중 성경을 읽는 사람은 모두 최소한 성경의 어떤 부분은 문자적인 뜻을 가지고 있고, 어떤 부분은 은유적인 뜻을 가지고 있음을 본능적으로 인식했습니다. 구약 성경이 바빌론 사람들이 예루살렘을 함락하고 그 성을 불태워 버렸다고 선언할 때, 그 말은 말 그대로 그들이 예루살렘을 함락하고 불태워 버렸음을 의미합니다. 바울이 자신이 세 번이나 조난을 당했었다고 말할 때, 그가 말하는 바는 자신이 실제로 세 번이나 조난을 당했음을 의미합니다. 반면에, 도둑이 밤에 찾아 올 것이라고, 임신한 여자에게 해산의 고통이 이를 것이라고, 그래서 잠들어서도 술에 취해서도 안 되며 깨어 갑주를 입어야 한다고 말할 때(살전 5:1-8), 특히 서투른 독자는 바울의 매우 독특한 뒤섞인 은유들을 제대로 깨닫지 못할 것입니다. 그리고 아시리아의 왕의 사자가 히스기야 왕의 부하들에게 이집트는 "상한 갈대 지팡이"며 "사람이 그것을 의지하면 그의 손에 찔려 들어갈지라"(왕하 18:21)라고 외쳤을 때, 이집트에는 갈대가 자라며 그 은유가 매우 적절하기 때문에, 그 말이 하나의 은유라는 점을 우리는 깨달을 것입니다.

예수의 비유에 또 다른 명백한 예들이 포함되어 있습니다. 나는 아직까지도 탕자의 이야기가 실제로 일어났던 일이기 때문에 팔레스타인 주변의 여러 농가를 찾아가면, 마침내 그 늙은 아버지와 그의 두 아들을(그 두 아들이 서로 싸웠을 것이라고 언제나 가정하면서) 만나게 될 것이라는 인상을 받았다는 독자를 만나 본 적이 없습니다. 사실상 모든 독자는 그 점에 대해 거의 생각도 하지 않고 그 점을 극복해 버립니다. 예수께서는 때로 '문자적인' 의미를 지적하심으로써("가서 너도 이와 같이 하라", 눅 10:37) 그 점을 강조했습니다(예수의 말씀을 들었던 청중들이 그 점에 대해 오해했을 가능성은 없습니다). 때로는 복음서 기자들도 그렇게 했습니다. 이를테면, 마가는 제사장들이 어떤 특정한 비유가 자신을 겨냥함을 깨달았다고 말했습니다(막 12:12). 그러나 이것은 비유에 있는 유일한 '진리'가 말하자면 듣는 자들이 즉시로 꺼내 쓸 수 있는 점뿐이라는 뜻이 아닙니다. 비유는 다양한 아주 다른 층위에서도 '진리'입니다. 그리고 이 점을 인정한다고 해서, "중요하고 유일한 '진리'는 '영적' 의미며, 그 의미는 현실적인 사건으로 '발생'하지 않는다"라고 말하려는 것이 **아닙니다**. (하나님께 감사하게도) 진리는 그보다 더 복잡다단합니다. 하나님의 세계가 그보다 더 복잡다단하고 실제로 더 흥미롭기 때문입니다.

끊임없는 혼란의 원천이 되는 또 다른 문제가 이 점에서 등장합니다. 조금 전에 제가 언급한 '문자적으로'라는 말의 일상적인 용법에 덧붙여서, 오늘날 사람들은 '문자적으로'라는 단어와 '은유적으로'라는 단어를 다른 의미로 사용합니다. 한편으로 그리고 그 두 단어의 참된 의미에 맞게, 사람들은 **그 단어들이 사물을 가리키는 방식**을 가리킵니다. '아버지'는 문자적으로 자식을 낳은 사람을 의미합니다. '장미 한 송이'는 문자적으로 장미라는 이름을 가진 꽃을 가리킵니다. 그러나 만일 제가 제 손녀딸에게 "너는 나의 작은 장미야"라고 말한다면, 저는 실제로는 한 사람을 의미하면서도 은유적으로 꽃을 언급한 것입니다. 이것은 사람에게 꽃의 어떤 속성(예쁘고, 산뜻하고, 상쾌한 미소를. 그렇지만 가시는 없는 속성)을 덧붙이기 위함입니다. 그리고 경건한 교구 신자가 사제에게 "Father"라고 일컬을 때, 우리는 그 일컬음이 곧 은유적이라고 받아들입니다. 그것은 실제로 자식을 낳는 것과는 무관한 부성을 그에게 부여하는 것입니다. 여기서 '문자적'이라는 말과 '은유적'이라는 말은 우리에게 그 대상이 추상적인지 구체적인지를 말해 주는 것이 아니라, '아버지'와 '장미'가 말 그대로 실제 어떤 아버지와 실제 어떤 장미를 가리키도록 사용되는지, 실제로는 자식을 낳은 아버지도 아니고 장미도 아니지만 은유적으로 잠시 그 같은 단어들을 그 사람에게 사용함으로써 우리가 그를 더 잘 이해하게 되는 (어떤 추상적인 실체가 아니라) 실제 사람을 가리키는지를 말해 줍니다.

그러나 '문자적'과 '은유적'은 또한 **우리가 가리키는 것들의 종류**와 관련된 무엇을 의미하게 되었습니다. "그것이 문자적인 부활이었습니까? 아니면 은유적인 부활이었습니까?" 우리는 모두 그런 말을 하는 사람이 무엇을 묻는 것인지 잘 압니다. 그가 묻는 말은 부활이 실제로 일어났느냐 그렇지 않느냐 하는 것입니다. 그러나 이런 식으로 '문자적'과 '은유적'이라는 말을 사용하는 것은, 그런 용법이 아무리 흔해졌다 해도 매우 혼란스러운 것입니다. 그런 용법은 '문자적'이라는 단어가 '구체적'이라는 의미를 갖게 하며, '은유적'이라는 단어가 '추상적' 혹은 어떤 다른 비구상적인(non-concrete, 이 말 자체가 또 다른 수많은 혼란을 불러일으키는 말이겠지만, '영적인') 사상이라는 의미를 갖게 합니다.

이것은 우리가 이 시점에서 논의할 수 있는 논의 중 빙산의 일각일 뿐입니다. 그렇지만 두 가지 점을 강조하고자 합니다. 첫째, 창세기에 대한 이전의 무익한 논란들 때문에, 우리는 성경의 역사적 부분을 문자적으로 읽어야 한다고 주장하는 사람과 그 부분이 구체적인 현실에서 실제로 일어난 일을 가리키도록 의도한다고 주장하는 사람은 다 텍스트를 읽는 방법도 오늘날의 현실 세계에서 살아가는 방법도 배우지 못한 일자무식한 사람이라고 여기지 않도록 주의해야 합니다. 또는 그 반대로, 성경의 멋진 은유를 은유로 읽어야 한다고, 예를 들어 "인자가 구름을 타고 임하신다"는 구절을 인자의 정당성을 밝히고 그분을 높이는 일을 암시하는 은유로 읽어야 한다고 주장하는 사람을 기독교의 진리를 믿는 것을 포기한 위험한 반문자주의자라고 여기게 만드는 동일한 양극화를 허용해서는 안 됩니다.

성경은 진짜 현실 세계에서 일어났던 일들을 서술하려는 구절들로 가득 차 있습니다. 그리고 그 점에서 현실 세계에서 일어나는 다양한 유형의 행위를 명하거나 금하려는 말씀으로도 가득 차 있습니다. 성경이 말하는 하나님은 그 세계의 창조주이십니다. 그 전체 이야기의 요점의 한 부분은 하나님이 그 세상을 사랑하시며 구원하시려 한다는, 그분이 실제 역사 속에서 구체적인 일련의 사건들을 통해 자신의 계획을 작전에 옮기셨다는 그리고 자신의 백성들의 구체적인 삶과 일을 통해 이 계획이 이루어지게 하신다는 것입니다. 그러나 성경은, 다른 모든 위대한 글과 마찬가지로, 복합적이고 아름답고 환기시키는 문학 양식과 비유―은유는 그 가운데 하나일 뿐인―를 수단으로 실질적이고 구체적이며 시공간 안에서 일어난 이 사건들의 의미와 그에 대한 적절한 해석을 일정하게 거듭해서 드러냅니다. 문자상의 의도된 지시 의미를 확인하고(사실상 기려고) 그렇게 함으로써 언급하는 구체적인 사건들을 검토하고, 은유적 의미의 전반적인 범위를 탐구하는 이 모든 과제는 성경 해석의 핵심 요소로서 함께 통합되어야 하는 것들입니다.

제가 강조하려는 두 번째 사실은, 모든 독자나 주석가나 설교자가 특정 구절에서 어떤 부분이 '문자적으로 읽도록 의도되었으며', 어떤 부분이 '은유적으로 읽도록 의도되었으며', 어떤 부분이 두 가지 모두의 방식으로 읽도록 의도되었을지 따져 봐야 한다는 것입니다. '문자적으로 읽도록 의도된' 부분이 실제로 구체적인 현실에서 일어났는지의 여부를 묻는 두 번째 단계로 돌입하기 전에 그러한 점을 따져 봐야 한다는 것입니다. 이는 성경은 모두 '문자적으로 받아들여야 한다'든지 '은유적으로 받아들여야 한다'는 점을 미리 알 수 있다고 주장함으로써 사전에 결정될 수 없는 것입니다.

조금 전에 언급했던 '인자' 구절을 예로 들어봅시다. 이 구절은 다니엘 7장에 나옵니다. 그 구절은 다니엘이 네 마리 "짐승"이 바다에서 나와 올라오는 꿈을 꾸었다고 말합니다. 우선, 그 구절을 낯설고 험악한 꿈을 꾸고 그 꿈을 해석하고자 열망했던 다니엘이라는 실제 인물에게로 소급해서 살펴보는 것이 가능하지만, 다니엘서는 확대된 풍유를 위해 의식적으로 주도면밀하게 허구적인 '꿈들'을 구성하여 활용하는 잘 알려진 장르와 밀접하게 연결되어 있습니다[존 번연의 『천로역정』(Pilgrim's Progress)을 생각해 보기 바랍니다]. 그것이 최소한 우리가 열어 놓아야 할 하나의 가능성입니다.

그 점을 넘어서, 네 마리 "짐승"—사자, 표범, 곰, 열 개의 뿔을 가진 마지막 짐승—은 명백히 은유적입니다. 고대 세계의 어느 누구도 혹은 현대인도, 만일 다니엘의 꿈이 실현되었는지에 대한 질문을 받을 경우, 그러한 짐승들이 '실제로 존재했었는지'—여러분의 경우 들판이나 동물원에 가서 그런 짐승들을 볼 수 있는지—를 조사하려 들지 않았을 것입니다. 그러나 그런 짐승들이 네 마리 있었다는 것은 상당히 문자적으로 읽도록 의도된 것이었습니다. (두려움과 떨림으로 그 짐승들이 연달아 나타났던 곳이 어디인지를 계산했던) 고대 유대인들은 넷이라는 수를 그런 식으로 읽었으며, 현대의 모든 주석가도 그런 식으로 읽습니다. 흥미로운 점은 그 네 번째 짐승이 주전 2세기에는 거의 확실하게 시리아를 가리킨다고 이해되었으며, 주후 1세기에는 로마를 가리킨다고 이해되었다는 사실입니다. 이러한 흥미로운 관찰은 은유적인 언어가 구체적인 현실에 대한 문자적 지시 의미를 의도했음을 강조합니다. 물론 세대마다 그 구체적인 실재가 무엇일지에 대해서는 달랐지만 말입니다.

다시 그 꿈이 그 짐승들이 "바다에서 나왔다"(7:3)고 말하는데, 꿈을 해석하는 천사가 "네 큰 짐승은 세상에 일어날 네 왕이라"(7:17)라고 말해도 우리는 그것을 모순이라고 여기지 않습니다. 많은 고대 유대인은 바다를 혼란의 원천으로 간주했습니다. 그래서 다니엘 7장의 요점의 일부는 (아이러니하게도, 이 논의가 시작되었던 이유에 비추어 볼 때) 창세기 1장을 해석하되 바다에서 생명이 등장하고 한 사람이 마침내 그 모든 것에 하나님의 질서를 가져다주는 것으로 해석하는 것입니다. 은유적으로는, 그 왕들이 "바다에서" 나오지만, 그들은 사람의 마음속에 있는 추상적인 실체나 생각이 아니라 실제로 생명을 가지고 땅을 기반으로 하는 군대를 지닌 구체적인 왕입니다. 그리고 7:13의 '인자의 임함'은 문자적인 맥락에서 한 인물이 구름 위에서 날아다니는 것으로 해석되는 것이 아니라, 은유적으로 그러나 철저하게 구체적인 맥락에서 지극히 높으신 이의 성도들(즉, 충성스런 유대인들)이 나라를 얻고 영원히 소유하는 것으로 해석됩니다(단 7:18).

이 모든 것은 '문자적' 해석과 '은유적' 해석의 양극화가 혼잡해졌으며 혼잡하게 만든다는 점을 말하는 것입니다. 그 양극화라는 덫에 빠진 사실을 발견한 사람들은 심호흡을 한 번 하고 나서 성경의 영광스러운 은유 몇 가지를 읽고 그 저자가 가리키던 구체적인 사건에 관해 생각해 보고 다시 시작해야 합니다.

한 가지 우리가 각별히 주의를 기울여 피해야 할 매우 교묘하고 강력한 사상의 흐름이 있습니다. 다음과 같이 가정하기가 너무나도 쉽습니다. 성경이 실제로는 '문자적으로 받아들여지도록' 의도된 것이 아니라 대체로 '은유적으로 해석되도록' 의도되었다면, 그 저자들은 (그리고 심지어 하나님까지라도) 우리의 구체적인 상황이 어떻든지, 신체적·경제적·정치적인 삶에서 우리가 무엇을 하든지 별 관심이 없다고 가정하는 것입니다. '문자적이 아니라 은유적'이라고 말하는 것은 하나님은 오직 우리의 비구상적인(영적인) 삶과 생각과 감정에만 신경 쓰신다는 제안에 신속하게 빨려 들어갑니다. 그리고 그 말은 결코 확실하게 언급되지 않기 때문에 더욱 강력합니다. 우리는 그 같은 넌센스가 바다에서 올라오자마자 그놈을 알아봐야 합니다. 그 넌센스는 우리 문화의 절반이 수용하는 무시무시한 이원론적 생각으로서, 문자적으로, 은유적으로 그리고 여러분이 생각할 수 있는 온갖 다른 방법으로 읽는 전체 성경이 무찌르고 멸망시켜야 할 사상 노선입니다. 주후 1세기의 유대인은 아무도 그처럼 생각하지 않았을 것입니다. 또한 초대교회의 어떤 그리스도인도 그처럼 생각하지 않았을 것입니다.

그러므로 성경 해석은 여전히 엄청나고 놀라운 과업입니다. 그래서 시간이 있고 능력이 있는 한, 우리는 성경과 씨름할 필요가 있습니다. 우리는 이 씨름을 개인적으로 뿐만 아니라, 다른 지체들이 서로를 도울 수 있는 서로 다른 솜씨와 지식을 지니고 있을 교회의 삶에서 신중하게 기도하는 마음으로 이루어지는 공부를 통해서도 해야 합니다. 유일하고 확고한 규칙은 성경이 실로 교회가 세상에서 맡은 바 과업을 감당할 능력을 갖추도록 교회에 주어진 하나님의 선물이라는 사실을 기억하는 것입니다. 그래서 성경에 대한 그같이 진지한 연구는 하늘과 땅이 서로 맞물리고 하나님의 미래의 목적이 현재에 이르는 장소 중 하나가 되고, 그 수단이 될 수 있으며 되어야 합니다. 성경은 정의와 영성과 관계와 아름다움에 대한 고대 인간의 추구에 대한 하나님의 답변의 일부입니다. 성경을 읽고 무슨 일이 일어나는지를 기다려 보십시오.

# 제15장

## 믿는다는 것과 속한다는 것

강과 나무는 정반대인 것처럼 보입니다.

말 그대로, 강은 사방에서 시작됩니다. 이 산 저 산에서 솟아오르는 작은 샘물들, 시냇물로 채워지는 먼 곳의 호수, 녹아내리는 빙하 등. 이 모든 것과 그 이상의 수천 가지 것들이 거품을 일으키며 흘러내리는 물과, 이 곳에서는 매끄럽게 저 곳에서는 소용돌이치며 흘러가는 급류를 만들어 냅니다. 점점 다른 시냇물, 다른 강이 합류합니다. 그 많은 물이 모이면서 커다란 강이 하나 이루어집니다. 저는 한 동안 캐나다의 오타와 강 강둑에 살았습니다. 거기에서 상류로 올라가면, 그 강은 세인트로렌스와 합류합니다. 그 지점에서는 강 폭이 1.6킬로미터가 넘습니다. 많은 지류가 강을 그런 모습으로 만듭니다.

나무는 단 하나의 씨앗에서 시작합니다. 상수리 한 톨이나 그 비슷한 것이 땅에 떨어집니다. 그것은 작고, 연약하고, 외톨이입니다. 그 씨앗이 발아하여 어두운 땅 속으로 뿌리를 내리기 시작합니다. 동시에 그 씨앗은 빛과 공기 속으로 싹을 틔워 올립니다. 뿌리는 신속하게 퍼져나가면서 그 일대를 더듬으며 자양분과 물을 찾습니다. 그 싹은 줄기가 되고, 다시 곧게 선 큰 기둥이 됩니다. 그리고 다시 신속하게 이 기둥이 가지를 뻗습니다. 참나무나 삼나무는 모든 방향으로 멀리 넓게 가지를 뻗을 것입니다. 가지를 옆으로 뻗지 않고 키만 뻣뻣하게 크는 것 같은 포플러도 나무 둥치 하나만 서 있는 것이 아닙니다. 강은 많은 지류가 흘러들어가 하나를 이루지만, 나무는 하나에서 많은 가지가 뻗어 나옵니다.

교회를 이해하기 위해서는, 이 두 이미지를 다 기억할 필요가 있습니다.

교회는 강과 같습니다. 성경의 마지막 책에서, 요한은 환상 가운데 모든 민족과 친족과 지파와 방언들 출신의 거대한 무리가 다 함께 찬양의 거대한 합창을 이루는 것을 보았습니다. 마치 강과 같이, 그들은 모두 다른 곳에서 출발했습니다. 그러나 이제 그들은 각자의 서로 다른 지류를 가지고 들어와 단 하나의 흐름을 이룹니다. 강의 이미지는 다음과 같은 사실을 강력하게 일깨워 줍니다. 비록 교회가 그 정의상 다양한 배경의 사람들로 구성되지만, 그 요점의 일부는 그들이 서로에게 속해 있으며 동일한 방향으로 흘러가는 동일하고 강력한 흐름의 일부가 되도록 되어 있다는 점입니다. 다양성은 통일성에, 하나됨에 자리를 내어 줍니다.

그러나 동시에 교회는 하나의 나무와 같습니다. 단 하나의 씨앗인 예수 자신이 검은 땅 속에 뿌려져 놀라운 나무를 성장시켰습니다. 가지들이 모든 방향으로 뻗어 가게 되었습니다. 어떤 가지는 거의 똑바로 위를 향해 뻗어 가며, 어떤 가지는 땅을 향해 뻗어 가고, 어떤 가지는 이웃의 담장들을 넘어서 뻗어 갑니다. 이렇게 맹렬하게 뻗어 가는 가지들을 바라보노라면, 이 가지들이 모두 같은 줄기에서 나온 것이라는 점을 잊어버릴 지경입니다. 그러나 그 가지들은 다 한 줄기에서 나온 것입니다. 통일성이 다양성을 낳습니다.

이 이미지들을 지나치게 확대해서는 안 될 것입니다. 성경의 마지막 장을 보면, 강과 나무가 새 예루살렘에 대한 특별한 묘사의 일부가 되어 함께 등장합니다. 강은 단 하나의 원천으로부터 흘러 나오고, 나무는 모두 동일한 치료 효과를 지닌 잎사귀를 가지고 있습니다. 그러나 이 이중적인 이미지는 그리스도인이 교회—하나님의 백성, 그리스도의 몸, 그리스도의 신부, 하나님의 권속, 길가 한 구석에 누추하게 서 있는 건물에서 정기적으로 모이는 미미한 사람들—라고 말할 때에 무슨 뜻으로 말하는지를 어느 정도 이해할 수 있게 해줍니다. 무엇이 교회일까요? 누가 그리고 어떻게 교회에 속할까요? 똑같이 중요하게는, 교회는 무엇을 위해 존재할까요?

:: **교회와 그 목적**

교회는 창조주 하나님이 아브라함에게 약속하신 하나이자 다양한 민족으로 이루어진 가족입니다. 교회는 이스라엘의 메시아 예수를 통해 존재하게 되었습니다. 교회는 하나님의 성령에 의해 생동하는 힘을 얻었으며, 온 창조 세계에 하나님의 구원의 의(義)에 대한 변혁적인 소식을 전하도록 부름받았습니다. 이상은 꽉 들어찬 정의입니다. 이 정의의 한 마디 한 마디가 다 중요합니다. 이 정의를 좀더 면밀히 살펴봄으로써, 강과 나무가 어떻게 우리의 이해에 기여하는지를 보도록 합시다.

첫째, 교회는 수십만 개의 흩어진 지류가 모여 형성된 하나의 거대한 강입니다. 대체로 단 하나의 친족으로 이루어졌던 이스라엘의 초기에도 이방인이 이스라엘의 한 가족으로 들어올 수 있는 여지가 많이 있었습니다(그녀의 이름으로 제목을 붙인 룻기에 나오는 룻의 경우에서와 같이). 예수께서 하실 일을 다 이루자, 그 일은 새로운 기준이 되었습니다. 각각의 인종, 지리적이며 문화적인 각각의 배경, 각각의 형태와 종류와 크기의 사람들이 이 새롭게 이루어진 백성 안으로 들어오라는 소집 명령을 받았으며 기쁘게 받아들여졌습니다. 교회가 '하나님의 백성'이라는 말은, 아브라함의 가족과 전 세계에 흩어진 교회 가족 사이의 연속성을 강조합니다. 이러한 연속성은 기독교 역사상 아주 일찍부터 강조되어 왔습니다. 이 이미지 자체만으로 볼 때, 아마도 이와 같은 이미지가 지닌 주요 문제점은 (초대교회 그리스도인들에게도 마찬가지였지만) 어떻게 해서 그처럼 많은 유대인이 처음부터 예수가 자신의 메시아이심을 믿지 않고, 따라서 메시아 예수를 주님으로 높였던 가족에게 속하지 않았는가 하는 당혹스러움을 우리에게 가져다준다는 사실입니다.

둘째, 교회는 하나님이 아브라함을 부르심으로써 심어 놓으신 나무, 많은 가지를 지닌 나무입니다. 그 나무의 둥치는 예수입니다. 그 둥치에 달린 많은 가지와 나뭇잎은 전 세계 수백만의 기독교 공동체와 그리스도인 개개인입니다. 성경이 거의 동일한 점을 표현해 주는 한 가지 방식은 바울을 따라 교회를 '그리스도의 몸'으로 생각하는 것입니다. 즉 각 개인과 각 지역 공동체는 하나의 몸에 붙어 있는 지체라는 것입니다. '몸'은 단순히 다양성 속의 통일성에 대한 하나의 이미지에 불과한 것이 아니라, 그 이상입니다. 몸이라는 표현은 교회가 그리스도의 일을 **행하도록**, 세상에서 그리고 세상을 위해서 행하시는 그리스도의 **행위의** 도구가 되도록 부름받았음을 말하는 방식입니다. 옛 이스라엘에 뿌리를 내리고 예수 안에 곧게 서 있으며, 모든 방향으로 예수 생명의 가지를 뻗어 나가는 그 나무는, 예수의 일을 실행에 옮기며 예수께서 달성하신 일을 전 세계에서 현실화하는 도구가 되어야 합니다. 이런 식으로 교회를 바라보는 것은 또 하나의 성경적 이미지에 매우 가깝습니다. 그 이미지는 구약 성경에서도, 예수의 가르침에서도 볼 수 있는 이미지입니다. 즉 하나님의 백성을 많은 가지를 지닌 한 그루의 포도나무로 보는 것입니다.

　　이 두 이미지에서도 '가족'이라는 개념은 결코 사라지지 않았습니다. 그렇지만 그 개념은 우리를 오도할 수 있습니다. 어떤 수준에서, 가족은 중심적입니다. 초대교회 그리스도인들은 확대된 가족으로서 살기 위해 최선을 다했습니다. 그들은 (그 세상에서) 대가족이 그랬듯이 서로를 돌봤습니다. 그들은 서로를 '형제' '자매'로 불렀고, 실제로 그렇게 여겼습니다. 그들은 그렇게 살고 기도하고 생각했습니다. 그들은 같은 아버지의 자녀로서 같은 형 혹은 오빠를 따랐으며, 필요가 있을 때 쓸 것을 나누었습니다. 그들이 '사랑'에 대해 말했을 때, 그들이 의미했던 중심적인 내용은 한 가족으로 서로를 돌보는 공동체로서 살아간다는 것이었습니다. 교회는 결코 그 소명을 잊어서는 안 됩니다.

그러나 동시에 '가족'이라는 개념은 잘못된 방향으로 우리를 이끌 수 있습니다. 많은 설교자가 말했듯이, 하나님께는 손자손녀가 없습니다(God has no grandchildren, 저는 이 말을 빌리 그레이엄이 최초로 했다고 들었습니다). 초대교회의 가장 큰 싸움 가운데 하나는 바깥에서 들어온 사람들, 여전히 기본적으로 유대적인 공동체 안으로 들어온 사람들이 예수를 중심으로 재정의된 하나님의 백성에 속하기 위해, 과연 유대인이 되어야 하는지—즉 '개종'의 과정을 통과해야 하는지—에 관한 것이었습니다. 이는 그들이, 남자의 경우에는 할례를 받는 일을 포함해서, 유대인의 법을 따라야 한다는 의미일 수 있습니다. 바울과 나머지 사도들로부터 나온 대답은 '아니다!'였습니다. 하나님은 비유대인은 비유대인으로서 받아들이시고, 그들에게 유대적이 되기를 요구하지 않으십니다. 그와 동시에, 유대인은 자신의 출생과 조상의 신분에 의지해서는 자신이 메시아를 통해 자동적으로 하나님이 창조하시는 새로운 가족의 일원이 될 것이라고 확신할 수 없었습니다. 세례 요한이 말했듯이, 도끼가 나무뿌리에 놓여 있는 것입니다.

또한, 기독교 가정이나 가문에서 태어났기 때문에 메시아와 그분의 백성에 속하는 것도 아닙니다. 그렇다고 해서 가족이 교회의 발전에서 중요한 역할을 한다는 점을 부인하려는 것은 아닙니다. 많은 초대교회 그리스도인은 서로 밀접하게 연결되어 있었습니다. 때로는 두세 가족이 특정 지역과 세대 가운데서 교회의 삶과 사역에 크게 기여했습니다. 그러나 우리 모두 아는 것처럼, 기독교 가정에서 성장한 사람이 기독교 신앙과 생활에 완전히 등을 지는 일도 충분히 일어날 수 있습니다. 복음이나 교회와 전혀 접촉이 없이 성장한 사람이 교회의 완전한 일원이 되고 활동적인 식구가 되는 것도 가능한 일이며, 멋진 일이며, 자주 일어나는 일입니다. 많은 가지가 나무에서 떨어집니다. 많은 지류가 하나의 강으로 합류합니다. 특정한 가정에서 태어났다고 해서 그 사람이 하나님의 가족의 일원이 될 것인지 아닌지를 결정해 주지는 않습니다.

오늘날 많은 사람은 이 같은 집합적인 정체성을 파악하는 데 어려움을 느낍니다. 현대 서구 문화의 개인주의에 너무나도 흠뻑 젖어 있어서 우리의 일차적인 정체성이 우리가 속한 가족의 정체성이라는 생각을 부담스럽게 여깁니다. 더구나 문제의 그 가족이라는 것이 아주 거대하여 시공간을 거슬러 올라가는 경우에는 더 그렇습니다. 교회는 단순히 떨어져 있는 개인들의 집합이 아닙니다. 각 사람이 서로에게 거울이 되지 못하고 각자 알아서 나름대로 영적인 성장의 길을 찾아가는 것이 아닙니다. 물론 때로는 그렇게 보일 수도 있고 느낄 수도 있습니다. 그리고 우리 각 사람이 개인적인 수준에서 하나님의 부르심에 응답하도록 부름받는다는 것은 영광스러운 사실입니다. 여러분은 잠시 교회의 뒤편 그늘에 숨을 수 있습니다. 그렇지만 조만간 이것이 여러분을 위하는 것인지 아닌지를 결정해야 합니다. 그러나 우리는 (그리스도의 몸에 대한 바울의 이미지를 예로 들자면) 손이 더 큰 전체, 즉 몸 전체의 일부로서의 손이라는 교훈을 배울 필요가 있습니다. 발은 눈과 귀가 붙어 있는 몸의 지체이기 때문에 발로서의 자유를 제약받는 것이 아닙니다. 실제로 손과 발은 눈과 귀 및 다른 모든 지체와 적절하게 협력할 때 가장 자유롭습니다. 진정한 자유를 누리겠노라고, 진정한 자신이 되겠노라고 몸에서 자신을 끊는 것은 엄청난 재앙이 될 것입니다.

특히 그런 일은 교회의 존재 목적 그 자체를 부인하는 것입니다. 초대교회 그리스도인들에 따르면, 교회는 사람들이 자신의 영적인 발전을 추구하고 영적인 잠재력을 개발할 수 있는 장소를 제공하려고 존재하는 것이 아닙니다. 또한 사람들이 악한 세상으로부터 숨어서 저 세상이라는 목적지에 안전하게 도달할 수 있게 해주는 안전한 포구를 제공하려고 존재하는 것도 아닙니다. 개인의 영적인 성장과 궁극적인 구원은 오히려 하나님이 우리를 부르신 목적, 지금도 부르시는 목적, 핵심적이며 전체적인 그 주요 목적의 부산물입니다. 이 목적은 신약 성경 여러 곳에 분명하게 진술되어 있습니다. 즉 교회를 통해 하나님이 더 넓은 세상을 향해 자신이 진정 그 세상을 창조한 지혜롭고 사랑이 많으며 의로운 창조주이시며, 예수를 통해 그 세상을 부패시키고 노예화하는 권세들을 무찌르셨으며, 자신의 성령으로 말미암아 그 세상을 고치고 다시 새롭게 하는 역사를 벌이신다는 것입니다.

다시 말해서, 교회는 우리가 때로 '선교'라고 일컫는 것을 위해 존재합니다. 세상에 예수께서 그 주재자(Lord)라고 선포하는 것입니다. 이것이 '좋은 소식'입니다. 그리고 그 소식이 선포될 때, 그 소식은 사람들과 사회를 변화시킵니다. 좀더 협소한 의미에서의 선교 그리고 가장 넓은 의미에서의 선교를 위해 교회는 존재합니다. 하나님은 세상을 바로잡기를 원하십니다. 그래서 예수를 통해 이 프로젝트를 극적으로 시작하셨습니다. 예수께 속한 사람은 지금 여기에서 성령의 권능으로 그 바로잡는 목적의 역군이 되라고 부름받습니다. '선교'라는 단어는 '보내다'라는 뜻의 라틴어에서 유래했습니다. 부활하신 후에 예수께서는 "아버지께서 나를 보내신 것 같이 나도 너희를 보내노라"(요 20:21)라고 말씀하셨습니다.

이 말이 실천의 측면에서 무슨 뜻인지를 살펴보고자 합니다. 그렇지만 먼저 이 점에 주목하기 바랍니다. 처음부터 예수의 가르침에 분명히 나타난 것은, 하나님의 치유의 사랑을 베풀고 세상을 바로잡는 일꾼이 되라고 부르심을 받은 사람은 또한 동일한 치유의 사랑으로 자신의 삶을 바로잡는 사람이 되도록 부르심을 받았다는 점입니다. 메시지를 전하는 자가 그 메시지의 모범이 되어야 하는 것입니다. 바로 그런 이유 때문에, 하나님이 교회를 부르신 이유가 바로 선교지만, 선교사들 즉 모든 그리스도인은 먼저 온전케 된 사람들이라 할 수 있습니다. 잠깐 멈추어서 이 말이 정확히 무슨 뜻인지를 묻도록 합시다.

:: 좋은 소식을 듣고 깨어나다

아침에 깰 때 무슨 일이 일어납니까?

어떤 사람에게는 깨어나는 것이 거칠고 충격적인 경험입니다. 자명종이 울리면, 소스라치게 놀라면서 깊은 잠에서 빠져 나와 낮의 차갑고 눈부신 빛을 대하게 됩니다.

어떤 사람들에게 아침은 아주 조용하고 느린 과정입니다. 절반은 잠들어 있고, 절반만 깬 상태일 수도 있습니다. 어느 것이 어느 것인지 확신할 수 없을 수도 있습니다. 어떤 충격이나 후회가 없이 점차적으로 서서히 다른 날이 시작되었음을 알게 됩니다. 우리는 대부분 그 두 가지 경우에 대해 어느 정도 압니다. 상당히 많은 사람이 그 둘 중 어디엔가 속합니다. 깨어나는 일은 하나님이 누군가의 삶에 간섭하실 때 일어날 수 있는 사실을 보여 주는 가장 기본적인 그림 중 하나입니다.

따르릉 울리는 자명종 소리에 갑자기 정신을 차리게 된 아주 고전적인 이야기들도 있습니다. 다메섹을 향해 길을 가던 다소의 사울은 갑작스럽게 비친 빛에 눈이 멀고 말을 잊어버렸습니다. 그리그 그는 자신이 예배해 왔던 그 하나님이 십자가에 못박히고 부활하신 나사렛 예수 가운데서 자신을 계시하셨음을 발견했습니다. 존 웨슬리는 마음이 이상하게 따스해지는 경험을 한 다음 결코 뒤를 돌아보지 않았습니다. 이들은 유명한 사람들이지만, 그런 경험을 한 사람은 수백만 명이나 더 있습니다.

그리고 비록 똑같은 식으로 머리기사를 장식하지는 않지만, 반은 깨어나고 반은 잠든 상태에 대한 많은 이야기가 있습니다. 어떤 사람은 몇 달, 몇 년 혹은 수십 년이 걸릴 수도 있습니다. 그 동안 자신이 기독교 신앙 바깥에서 안을 들여다보는 것인지, 안에 들어

와서 그게 과연 진짜인지 둘러보는 것인지를 확신하지 못합니다.

보통의 경우 깨어나는 사람들은 그 중간 어디쯤에 있습니다. 그러나 중요한 것은 잠자는 것과 같은 상태가 있고 깨어난 것과 같은 상태가 있다는 것입니다. 그리고 그 두 상태의 차이점을 말하는 것과 깨어나서 그 행동이 무엇이든 행동해야 할 때에는 반드시 깨어 있는 것이 중요합니다.

실제로 깨어남은 예수에 대한 복음, 즉 창조주 하나님이 세상을 바로잡기 위해 결정적으로 일하셨다는 복된 소식이 한 사람의 의식에 전해질 때 발생하는 일을 설명하기 위해 초대교회 그리스도인들이 일정하게 사용했던 이미지 가운데 하나입니다. 여기에는 그럴 만한 이유가 있습니다. '잠'은 고대 유대 세계에서 죽음을 표현하는 주요 방식이었습니다. 예수의 부활과 더불어서, 세상은 깨어나라는 소리를 듣게 되었습니다. 사도 바울은, "잠자는 자여, 깨어서 죽은 자들 가운데서 일어나라. 그리스도께서 너에게 비추이시리라"(엡 5:14)라고 말합니다.

실제로 초대교회 그리스도인들은 부활이 모든 사람에게 필요한 것이라고 믿었습니다. 하나님이 마침내 이루실 새로운 세계에서가 아니라, 현재의 삶에서도 필요한 것이라고 믿었습니다. 종말에는 하나님이 우리에게 새로운 삶을 주실 것입니다. 그 새로운 삶에 비교했을 때 현재의 삶은 그림자에 불과합니다. 하나님은 자신의 궁극적인 새 창조 세계에서 우리에게 새로운 삶을 주시려 합니다. **그러나 새로운 창조는 이미 예수의 부활과 더불어 시작되었습니다.** 그래서 하나님은 우리가 **지금** 그 새로운 실재를 향해 깨어나기를 원하십니다. 우리는 죽음을 통과해 저 반대편으로 나가 새로운 종류의 삶으로 들어가야 합니다. 비록 나머지 세상이 아직은 깨어나지 않았지만, 우리는 낮 시간의 사람이 되어야 합니다. 우리는 그리스도의 빛에 의해 현재의 어둠 속에서 살아가야 합니다. 그렇게 한다면, 마침내 태양이 떠오를 때는 준비가 되어 있을 것입니다. 또는 이미지를 바꾸자면, 우리는 하나님이 언젠가 색칠하는 일을 도우라고 부르실 대작의 스케치에 참여하도록 미리 부름을 받은 자입니다. 그것이 바로 기독교 복음의 부르심에 응답하는 일이 갖는 의미입니다.

다시 말해서, 그것은 '새로운 종류의 종교적 경험을 갖는 일'이 아닙니다. 그 일이 그렇게 느껴질 수도 있고 그렇지 않을 수도 있습니다. 어떤 사람에게는 그리스도인이 된다는 것이 깊은 감정적인 경험일 수 있습니다. 또 다른 사람에게는 오랫동안 숙고해 온 문제에 대한 조용하면서도 확고한 결단일 수 있습니다. 우리의 개성은 너무나도 다릅니다. 그래서 하나님도 우리 모두를 아주 다르게 대하십니다. 어쨌거나 어떤 종교적 경험은 심히 비기독교적이거나 반(反)기독교적입니다. 고대 세계는 온갖 종교로 가득 차 있었습니다. 그리고 그 종교 중 많은 경우는 심히 비인간적인 것이었습니다. 우리가 항상 인식하는 것은 아니지만, 현대 세계 역시 심히 비인간적입니다.

그렇다면 기독교 복음을 듣고 그에 응답하는 일에는 어떤 일이 포함될까요? 하나님의 새로운 세상을 향해 깨어난다는 것이 무슨 뜻일까요? 다시 말해서, 하나님의 백성, 예수의 사람들인 교회의 일원이 된다는 것이 무슨 뜻일까요?

복음—창조주 하나님이 예수 안에서 행하신 일에 대한 '복된 소식'—은 무엇보다도 **발생한 일에 대한 소식**입니다. 그리고 그 소식에 대한 가장 적절한 반응은 **그 소식을 믿는 것**입니다. 하나님은 죽은 자들로부터 예수를 살리셨습니다. 그리고 그렇게 하심으로써 예수께서 오랫동안 고대해 왔던 하나님 나라를 출범하셨으며, (예수의 죽음으로 인해) 전 세계의 악이 마침내 패배했음을 단 한 차례의 강력한 행위를 통해 선언하셨습니다. 자명종이 울릴 때 그 시계가 하는 말은 이것입니다. "좋은 소식이 있습니다. 깨어나 그 소식을 믿으십시오!"

그렇지만 이 메시지는 전혀 가능성이 없는 것 같고 너무나 특별해서, 여러분이 바깥에 비가 내린다고 말하면 사람들이 그 말을 믿듯이 그리 단순하게 이 메시지를 믿으리라고는 기대할 수 없을 것입니다. 그렇지만 사람들이 그 메시지를 듣게 될 때, 적어도 몇 사람은 그 메시지를 **진정으로** 믿는 것을 볼 수 있습니다. 그 메시지가 그들에게 느껴집니다. 이해됩니다. 제가 말하는 '느낌'은 천편일률적이고 세속적인 상상력의 세계에서 말하는 그런 '느낌', 그런 이해를 말하는 것이 아닙니다. 세속적 상상력의 세계에서는 시험관에 넣어 확인할 수 있고, 은행 구좌에 집어넣을 수 있는 것만이 중요합니다. 그렇지만 제가 말하는 종류의 느낌이나 이해는, 비록 잠시 동안이지만, 위대한 걸작 앞에 감탄을 하며 서 있을 때든지, 어떤 노래나 교향악을 듣고 우리의 몸을 스쳐 지나가는 전율을 느꼈을 때든지, 완전히 새로운 세계를 언뜻 들여다보는 것과 같은 생소하고 새로운 세계에 존재하는 느낌입니다. 그런 종류의 '다가오는 느낌'은 은행 통장에서 수입과 지출을 맞추는 것과 같은 느낌이 아니라, 오히려 사랑에 빠지는 느낌에 훨씬 더 가깝습니다. 궁극적으로 하나님이 예수를 죽은 자들 가운데서 부활시키셨다는 **사실을** 믿는 것은 그 같은 일을 하실 수 있으며, 하셨으며, 하시는 그 **하나님을** 믿고 신뢰하는 것입니다.

이 점에서 우리가 사용하는 '믿음'이라는 말이 부적절할 수 있으며, 심지어 오도할 수도 있습니다. 초대교회 그리스도인들이 '믿음'이라는 말로 의미했던 바는 어떤 일을 하나님이 '행하셨음'을 믿는 일과 그러한 일을 행하신 '그 하나님'을 믿는 일 둘 다를 포함했습니다. 이 믿음은 하나님이 '존재하신다는 사실'을 믿는 것이 아닙니다. 물론 그러한 점이 분명히 포함되어 있습니다. 오히려 이 믿음은 사랑, 감사의 신뢰입니다.

그런 식으로 '이해가 될' 때, 여러분은 믿음이란 것이 계산적으로 따져 본 뒤에 한 걸음을 내딛을 것인지 어떤 입장을 취할 것인지를 결정하는 문제가 아니라는 것을 알게 됩니다. 믿음은 누군가가 여러분을 부르는 것의 문제입니다. 희미하게 겨우 알아차릴 수 있는 목소리로, 사랑의 초대이자 순종에 대한 요구이기도 한 메시지를 가지고 부르는 것입니다. 믿음에로의 부름은 이 둘 다입니다. 그것은 참 하나님, 세상의 창조주께서 여러분과 저를 포함하여 온 세상을 사랑하셔서 그 아들의 위격으로 몸소 오시고, 죽으시고, 부활하셔서 악의 권세를 다 소멸하시고, 새로운 세상을 만드셔서 그 새로운 세상에서 모든 것이 바로잡히고 기쁨이 슬픔을 대신하게 하셨음을 믿으라는 부르심입니다.

일을 바로잡지도 제대로 하지도 못하는 우리의 무능함을 의식하면 할수록, 어쩌면 진정한 사람답게 살라는 요청에 대한 우리의 파렴치한 불성실을 의식하면 할수록, 우리는 이 부르심이 진정 무엇인지 그 깊이를 듣게 될 것입니다. 그것은 **용서**에 대한 제안입니다. 깨끗이 씻긴 백지를 주시는, 완전한 새 출발이라는 하나님의 선물을 받아들이라는 요청입니다. 그 선물을 슬쩍 바라보기만 해도 경탄과 감사로 숨이 막힐 것이며, 그 선물에 응하여 내면에서부터 우러나오는 감사의 사랑을 느낄 것입니다. 앞서 살펴보았듯이, 인간의 논리라는 사다리를 딛고 올라가서는 어떤 식으로도 신이 존재한다는 '증명'을 얻을 수 없듯이, 인간의 도덕적 성취나 문화적 성취의 사다리를 딛고 올라가서는 하나님의 은총을 얻을 수 없습니다. 때로 어떤 그리스도인들은 자신이 바로 그렇게 해야 한다고 생각해 왔습니다. 그래서 그런 사람들은 그런 노력을 하면서 온갖 종류의 넌센스를 저질러 왔습니다.

그러나 우리가 자신의 도덕적 노력을 통해서 하나님의 총애를 얻을 수 없다는 사실 때문에, 믿음으로의 부르심이 동시에 순종으로의 부르심이라는 사실을 보지 못해서는 안 될 것입니다. 믿음으로의 부르심은 반드시 순종으로의 부르심이어야 합니다. 왜냐하면 그 믿음은 예수께서 세상의 정당한 주재자이자 주인이라고 선포하기 때문입니다. (사도 바울이 예수에 대해 사용했던 언어를 듣는 사람은 즉각적으로 자신이 카이사르에 대해 들어 왔던 익숙한 언어가 생각났을 것입니다.) 그런 이유 때문에 바울은 '믿음의 순종'에 관해 말할 수 있었습니다. 실로 초대교회 그리스도인들이 사용했던 '믿음'이란 단어는 '충성'이나 '충절'을 뜻할 수도 있습니다. 그것은 고대나 현대의 황제들이 언제나 자신의 신민들에게 요구해 왔던 것입니다. 복음의 메시지는 예수께서 바로 자신만의 고유한 자기희생의 사랑이라는 브랜드를 가지고 세상을 다스리시는 유일한 참 '황제'시라는 복된 소식입니다. 물론 이 말은 의도적으로 '황제'라는 단어 자체를 무위화합니다. 초대교회 그리스도인들이 예수와 연결지어 '제국적' 언어를 사용했을 때, 그들은 언제나 아이러니를 의식했습니다. 십자가에 못박힌 황제에 대해 들어 본 사람이 과연 있을까요?

예수께서 말씀하시는 왕국의 유형에 비추어 우리 자신을 보고 우리가 얼마나 철저하게 다른 코드에 따라 살아왔는지 깨닫게 될 때, 아마 생전 처음으로, 우리가 원래 지음받은 의도에 얼마나 부족한지 깨닫게 됩니다. 이 깨달음을 소위 '회개'라 합니다. 이는 우리의 순전한 사람됨을 망치고 왜곡하는 생활 패턴으로부터 진지하게 돌이키는 것을 말합니다. 회개는 특정한 잘못에 대해 미안한 감정을 갖는 것이 아닙니다. 물론 종종 그런 감정이 진정한 것일 수도 있지만 말입니다. 회개는 살아 계신 하나님이 우리로 하여금 자신의 형상을 세상에 나타내게 하셨다는 사실과 우리가 그렇게 하지 못했다는 사실에 대한 인정입니다. 이 점에 대한 전문 용어는 '죄'입니다. 그리고 죄의 기본적인 의미는 '법규를 어겼다'는 것이 아니라 '표적을 맞추지 못했다'는 것입니다. 즉, 완벽하고 순전하고 영광스러운 사람됨이라는 표적을 맞추지 못했다는 뜻입니다. 다시 한 번 말씀드리지만, 복음 그 자체, 예수께서 주님이라고 선언하며 순종하라고 우리에게 외치는 바로 그 메시지는 해결책을 포함합니다. 그 해결책은 그분의 십자가 때문에 우리가 값없이 받게 된 용서입니다. 우리가 할 수 있는 말은 "하나님, 감사합니다"뿐입니다.

믿고 사랑하고 순종하는 것 그리고 그렇게 하지 못한 잘못에 대해 회개하는 것. 이러한 종류의 믿음이 그리스도인의 표지며, 우리가 가슴에 다는 유일한 배지입니다. 바로 그런 이유 때문에, 전통적인 교회는 대부분 고대의 신조 가운데 하나를 공적으로 고백함으로써 그 신앙을 선포합니다. 이것은 우리가 어떤 사람이냐에 대해 도장을 찍는 것입니다. 우리가 우리의 신앙을 선포할 때, 우리는 이 하나님과 이 프로젝트에 대해 동의한다는 표시를 하는 것입니다. 그것은 우리의 정체성에 대한, 즉 우리가 누구며 교회가 무엇인가에 대한 중심적인 표지입니다. 말이 나왔으니 말이지, 이것이 바로 "믿음으로 말미암아 의롭다 함을 얻음"에 대해 말했을 때 바울이 의미했던 바입니다. 하나님은 이 믿음을 공유하는 사람들, 이 믿음에 동참하는 사람들을 "의롭다"라고 선언하십니다. 하나님의 의도는 온 세상을 바로잡으시려는 것입니다. 하나님은 이미 이 절차를 예수의 죽으심과 부활에서 그리고 사람들의 삶에서, 성령의 역사를 통해 그들을 믿음으로 이끌어 주심으로써 시작하셨습니다. 우리는 오직 이 믿음에 의해서만 예수께 속했음을 확인받습니다. 기독교 신앙을 받아들일 때, 그 사람은 하나님이 자신의 온 창조 세계를 위해 행하시려는 일에 대한 사전 표시로서 그리고 그 수단의 일부로서, '오른편에(올바른 자리에—역주) 놓이게' 됩니다.

기독교 신앙은 일반적인 종교적 각성이 아닙니다. 또한 있을

녑 하지도 않은 몇 가지 명제를 믿는 능력도 아닙니다. 기독교 신앙은 아무런 현실감도 없이 잘 속아 넘어가게 만드는 그런 신앙도 분명 아닙니다. 기독교 신앙은 예수에 대한 이야기를 듣는 신앙입니다. 그 이야기에는 예수가 세상의 진정한 주재자라는 선포가 담겨 있습니다. 그래서 진심으로 그리고 진정 감사하는 사랑으로, "예, 예수님이 주님이십니다. 그분이 나의 죄를 위해 죽으셨습니다. 하나님이 그분을 죽은 자들 가운데서 살리셨습니다. 이 일이 모든 것의 중심입니다"라고 응답하는 것입니다. 여러분이 바울처럼 눈을 멀게 하는 불빛 때문에 이 신앙을 갖게 되었든 오래도록 천천히 빙빙 도는 길을 통해서 이 신앙에 도달하게 되었든, 일단 여러분이 이 지점에 도달했다면, 여러분은 (자신이 깨닫든 그렇지 않든) 여러분이 이제까지 살았던 다른 모든 그리스도인과 똑같은 자격으로 교회의 일부가 되었음을 나타내는 배지를 단 것입니다. 현재 여러분은 하나님의 새로운 세계에서 깨어나 자신이 그 안에 있음을 발견하는 일이 어떤 의미인지를 발견합니다.

더욱이, 여러분은 새로운 삶이 시작되었다는 명백한 증거를 제공합니다. 여러분의 존재 깊은 곳 어딘가에서 이전에는 없던 생명이 활기를 띠며 생명력을 발휘하게 되었습니다. 이 때문에 많은 초대교회 그리스도인은 **태어남**이라는 말을 사용하게 되었습니다. 한 유대 지도자와의 유명한 대화에서 예수 자신이 "위로부터" 태어나는 일에 대해 말씀하셨습니다. 그것은 보통 사람의 출생과 구별되긴 하지만 그와 유사한 새로운 사건입니다(요 3장). 많은 초대교회 그리스도인은 이 생각을 선별하여 발전시켰습니다. 신생아가 숨을 쉬면서 울어대듯이, 새로 태어난 그리스도인에게 있는 생명의 징후들은 하나님의 사랑을 들이 마시고 고통의 첫 울음을 뱉어 내면서 이루어지는 믿음과 회개입니다. 그리고 바로 그 때 하나님이 제공하시는 것이 바로 어머니가 신생아를 위해 해주는 것과 똑같은 위로와 보호와 양육의 약속입니다.

## :: 가족에게 속함

"만일 하나님이 우리 아버지라면, 교회는 우리 어머니다." 이 말은 스위스의 종교 개혁자인 쟝 칼뱅이 한 말입니다. 이처럼 말하는 몇 개의 성경 구절이 있습니다(특히, 갈 4:26-27은 사 54:1을 반영하면서 그렇게 말합니다). 그 말은 신생아가 홀로 지내는 것이 전혀 바람직하지 않듯이, 그리스도인이 혼자 지내는 것은 불가능하며, 불필요하며, 바람직하지 않다는 사실을 강조합니다.

무엇보다도 교회는 '공동체'입니다. 하나님께 속했기 때문에, 우리가 예수 안에서 예수를 통해 아는 그 하나님께 속했기 때문에, 서로에게 속하는 사람들의 모임입니다. 종종 우리가 건물을 가리키는 말로 '교회'라는 단어를 사용하지만, 이는 그 건물이 이 공동체가 만나는 곳이라는 뜻입니다. 건물도 기억을 낳을 수 있고, 이런 저런 기억을 간직할 수 있는 것이 사실입니다. 사람들이 오랜 세월 동안 특정한 건물에서 기도하고 예배하고 애도하고 축하해 왔을 때, 그 건물 자체가 하나님의 반가운 임재를 강력하게 전할 수도 있을 것입니다.

교회는 우선적으로 서로 밀접하게 연결되어 있는 두 가지 목적을 위해 존재합니다. 하나는 하나님께 예배하는 일이며, 다른 하나는 세상에서 하나님의 나라를 위해 일하는 것입니다. 여러분은 개인적으로 그리고 여러분 개인에게 맞는 적합한 방식으로 예배할 수 있고, 예배해야 하며, 하나님의 나라를 위해 일할 수 있습니다. 그러나 만일 하나님의 나라가 원 속에서 뱅뱅 돌기보다 전진해 나가야 하는 것이라면, 우리는 떨어져서 일할 뿐만 아니라 더불어 일해야 합니다.

교회는 또 세 번째 목적을 위해 존재합니다. 그 목적은 나머지 두 목적을 위해 봉사합니다. 그것은 서로 격려하며, 서로를 믿음 안에서 세우며, 서로를 위해 함께 기도하고, 서로 배우고 가르치며, 따를 수 있는 본을 서로 세우며, 짊어져야 할 도전을 받아들이고, 수행해야 할 긴급한 임무를 수행하는 것입니다. 이것이 우리가 느슨하게 '친교'라고 말하는 모든 것입니다. 친교는 차 한 잔이나 커피 한 잔을 나누는 것이 아닙니다. 친교는 합작 투자 의식을 가지고, 모든 사람이 적정한 몫과 적절한 역할을 지닌 가족 사업 의식을 가지고 살아가는 것을 말합니다.

바로 이러한 맥락에서 교회 안에서 서로 다른 '사역들'이 성장합니다. 사도행전과 바울의 편지에 나타나는 매우 초기의 증거를 보면, 교회는 공동생활을 하면서 서로 다른 부르심이 있음을 인식했습니다. 하나님은 각 사람에게 다른 은사를 주셔서 온 공동체가 번성하고 그 공동체에게 맡겨진 일을 촉진해 나갈 수 있게 하셨습니다.

예배와, 친교와, 하나님의 나라를 세상에 나타내는 일은 서로에게로 그리고 서로로부터 흘러들어가고 흘러나옵니다. 하나님의 나라를 나타내는 일을 신선하게 올바로 유지하기 위해서는 언제나 예배로 돌아와야 합니다. 예배하지 않는다면, 하나님의 형상을 나타낼 수 없습니다. 마찬가지로, 예배는 친교를 유지하며 증대합니다. 예배가 없다면, 친교는 쉽게 같은 생각을 가진 집단으로 전락하게 됩니다. 그리고 그렇게 되면 다시 손쉽게 배타적인 파벌로 바뀌고 맙니다. 그런 상태는 예수의 사람들이 목표로 삼아야 하는 바의 정반대입니다.

교회가 모든 것을 올바로 처리하지 못할지라도, 우리가 말했던 기독교 신앙이 자라 성숙에 이르기까지 성장하게 되는 곳은 교회 안입니다. 가족의 경우가 거의 그렇듯이, 교회의 지체들은 서로의 관계를 통해서 자신이 누구인지를 발견합니다. 교회마다 그 크기가 상당히 다릅니다. 고립된 마을에서 손으로 꼽을 수 있을 만큼 모이는 작은 회중도 있고, 어떤 지역에서 수만 명이 모이는 엄청나게 큰 회중도 있습니다. 그러나 이상적으로는 모든 그리스도인이 개인적으로 서로 알고, 서로 돌보고, 서로 의미 있게 기도해 줄 수 있을 만큼 작은 그룹에 속하는 동시에 지체들이 지닌 다양성과 예배 스타일들과 하나님 나라 활동을 담을 수 있을 정도로 큰 단체에 속해야 합니다. 지역 교회가 작으면 작을수록, 더 큰 편성 단위에 강력하게 연결되는 일이 더욱 중요합니다. 정기적인 모임이 크면 클수록(제가 생각하는 것은 매주 함께 모이는 인원이 수백 명 혹은 수천 명 되는 교회들입니다) 각 지체가 또한 더 작은 그룹에 속하는 것이 더욱 중요합니다. 이상적으로는 12명 정도로 이루어진 그룹이 만나서 기도하고 성경 공부를 하고 믿음 안에서 서로를 세워주는 것입니다.

교회의 멤버십은 단 하나의 행위와 더불어서 출발합니다. 그 행위는 믿는다는 것과 속한다는 것이 무엇인지를 극적으로 전달해 주는 행위입니다. 그것은 바로 세례입니다.

## :: 세례의 물을 통과하여

이제는 우리가 그 이야기를 알아야합니다.

고대와 현대의 유대인들은 매년 아주 생생하게 하나님이 어떻게 자신들을 이집트에서 구출해 내셨는지를 이야기해 왔습니다. 하나님은 그들을 인도하여 홍해를 통과하게 하셨으며, 광야를 통과하여 약속의 땅에 이르게 하셨습니다. **물을 통과하여 자유로** 이끌어 주신 것입니다. 홍미롭게도 그 이야기는 지도자 모세와 더불어 시작합니다. 모세는 아주 어렸을 때 나일 강의 갈대숲에서 건짐을 받았습니다. 모세의 부모가 아들을 죽여야 한다는 명령대로 모세를 죽이지 않고 오히려 방수 처리된 바구니에 모세를 담아 강물에 띄운 것입니다. 모세는 나중에 하나님이 자신을 통해 이루실 '물을 통과하여 구출 받는 일'을 (작은 규모로) 통과해 나가야 했습니다. 모세가 죽은 후에, 다시 그 일이 일어났습니다. 여호수아는 자신의 백성들을 이끌고 요단 강을 통과하여 마침내 약속의 땅에 이르렀습니다.

이 이야기들은 훨씬 이전의 사건을 돌아보게 만듭니다. 창세기 1장에 따르면, 하나님의 큰 바람 혹은 숨 혹은 성령이 물들 위에 비둘기처럼 품어 덮었을 때 그리고 하나님이 물들을 분리하셔서 다른 곳을 만드시고 마른 땅이 나타나도록 말씀하셨을 때 창조가 이루어졌습니다. 창조 그 자체는, 말하자면, 하나의 출애굽과 더불어서, 하나의 세례와 더불어서 시작된 것입니다. **물을 통과하여 새 생명으로** 진행한 것입니다.

그러므로 유대의 가장 잘 알려진 부흥 운동 가운데 하나가 새로운 출애굽 운동의 형태와 요단 강 건너기 운동의 형태를 띠었다는 사실에 전혀 놀랄 필요가 없습니다. 예수의 사촌인 세례 요한은 백성들이 오랫동안 고대해 왔던 이스라엘의 하나님이 옛날부터 해오셨던 약속을 성취하실 때를 맞을 준비를 하도록 촉구하는 것이 자신의 소명이라고 믿었습니다. 세례 요한은 백성들에게 유대 광야로 나와 자신의 죄악을 고백하면서 요단 강에서 세례를 받으라고(말 그대로, '잠기라고') 촉구했습니다. **물을 통과하여 하나님의 새 언약 속으로** 들어가라는 것입니다. 그들은 정화된 백성, 새 언약의 백성, 임하셔서 그들을 건져주실 하나님을 맞이할 준비가 된 백성이어야 했습니다.

예수 자신이 세례 요한의 세례에 순복하셨습니다. 그분 자신이 구출하기 위해 오신 그 대상과 하나가 되셔서, 아버지의 언약 계획을 성취하셨습니다. 그래서 그분이 물에서 올라오자, 하나님의 성령이 그 위에 비둘기처럼 임했으며, 하늘에서 그분이 하나님의 참 아들, 이스라엘의 메시아, 이스라엘의 왕이라고 선포하는 음성이 들려왔습니다. 예수께서는 자신의 나라 운동이 그 같은 상징적인 새로운 출애굽 행위와 더불어서 시작하는 것으로 여기셨습니다.

그러나 또한 예수께서는 세례를 자신의 사역이 그 절정에 달하게 되는 행위를 가리키는 것으로 여기셨습니다. 한번은 예수께서 자신이 '받아야 할 세례'를 받게 될 것에 대해 말씀하셨습니다. 예수께서 일컬으시던 것은 자신의 죽음이었음이 확실했습니다. 앞서 살펴보았듯이, 예수께서는 유대의 가장 큰 출애굽 명절인 유월절을 상징적으로 당국자들에게 도전적인 행위를 할 수 있는 순간으로 선택하셨습니다. 그리고 그 다음으로 어떤 일이 벌어지게 될 것인지를 아셨습니다.

예수의 세례와 그분이 세심하게 계획하신 최후의 만찬은 모두 첫 출애굽(물을 통과하여 나오는 순간)을 가리키며, 또한 그 출애굽을 넘어서 처음 창조 사건을 가리키며, 최종적으로는 새로운 결정적 실재이자 새 언약과 새 창조의 순간으로서의 예수의 죽으심과 부활을 가리킵니다. 그리고 그 갱신을 달성하기 위해서는, 단지 물을 통과해서 반대편으로 나오는 것이 아니라 완전히 더 깊은 홍수를 통과하여 나오는 것이 필요했습니다. 벌써부터 이미 세례에 담겨 있던 다층적 의미가 모두 예수의 죽으심과 부활 사건에 다시금 하나로 모이게 되었습니다. **물을 통과하여 하나님의 새로운 세계로 들어가게 된 것입니다.**

바로 그런 이유 때문에, 우리가 현재 소유하는 가장 초기의 기독교 문서들은 기독교 세례를 단순히 예수의 세례나 출애굽과 처음 창조 사건에만 연결하지 않고, 예수의 죽으심과 부활에 연결하는 것입니다. 자신의 가장 초기 서신서 가운데 하나에서 바울은

'그 메시아와 더불어 십자가에 못박히는 일'과 새로운 삶으로 들어오는 일에 대해 말합니다. 그리고 그의 가장 위대한 작품(로마서)에서, 바울은 세례 그 자체에서 우리가 '그 메시아와 더불어' 죽고, 그분의 부활하신 생명에 동참하게 된다고 설명합니다. 기독교 이야기의 중심에서 가장 장엄하며 독특한 사건들은 우리 자신의 인생의 끝과 인생을 넘어서서 일어나는 것이 아니라, 즉 우리가 신체적으로 죽고 마침내 다시 부활할 때가 아니라, 현재 시간에서 우리가 계속 살아가는 동안에 **우리에게 일어납니다. 물을 통과하여 예수께 속하는 새로운 삶으로** 들어가는 것입니다.

바로 그 같은 이유 때문에, 매우 일찍부터 기독교 세례는 기독교 가족 안으로 들어가는 입문 양식으로 여겨졌으며, '다시 태어난다'는 사상과 연결되었던 것입니다. 물론 물세례를 통과한 모든 사람이 다 실제로 그리스도 안에 있는 하나님의 구원의 은혜가 자신의 삶을 뒤덮어 변화시키는 경험을 했거나 아는 것은 아닙니다. 여러 곳에서 바울은 자신의 편지를 읽는 사람들에게 세례를 받을 때 그들에게 일어난 일의 진리를 그들의 삶에서 실질적이 되도록 만들어야 할 책임이 그들에게 있음을 일깨워 줍니다. 그러나 그는 그 세례가 중요하지 않다거나 실질적이 아니라고 말하지는 않습니다. 세례를 받은 사람은 과거 이스라엘 백성이 홍해를 통과하여 건넌 후에도 여호와 하나님께 대항하여 반역할 수 있었듯이, 그 믿음을 배척할 수 있습니다. 사도 바울은 고린도전서 10장과 다른 곳에서 그 점을 지적합니다. 그러나 그들은 세례받지 않은 자가 될 수는 없습니다. 그 세례를 벗을 수 없습니다. 하나님은 그들을 바깥 사람들이 아니라 불순종하는 가족으로 간주하실 것입니다.

특히 우리는 어째서 기독교 세례에 성부와 성자와 성령의 이름으로 물에 들어가 잠기는 일(혹은 그들의 머리 위에 물을 붓는 일)이 포함되는지를 알 수 있을 것입니다. 그 이유는 세례가 전해 주는 그 이야기가 창조와 언약에서부터 새 창조와 새 언약에 이르는 하나님 자신의 이야기이며, 이야기 한가운데에 예수가 계시며, 성령이 품으시는 이야기이기 때문입니다. 세례를 통해 여러분은 그 이야기 안으로 옮겨집니다. 그래서 하나님이 써 나가시며 연출하시는 연극에 등장하는 한 인물이 됩니다. 그리고 일단 무대 위에 서면, 여러분은 그 줄거리의 일부가 됩니다. 여러분은 대사를 잘못 읽을 수도 있습니다. 최선을 다했지만 연극을 망칠 수도 있습니다. 그러나 그 이야기는 계속 진행됩니다. 그래서 그 이야기가 어디로 진행하는지, 여러분이 맡은 대사를 어떻게 익혀서 그 드라마에 참여할 수 있는지를 이해하는 것이 훨씬 더 좋을 것입니다. **물을 통과하여 세상을 위한 하나님의 목적의 일부가 되는 것입니다.**

# 제16장

# 새 창조의 시작

기독교 가족 안팎에서 사람들이 무슨 생각을 하든지, 기독교의 핵심은 '죽어서 천국 가는 것'이 아닙니다.

신약 성경은 구약 성경에서 하나님이 종국에 모든 창조 세계를 바로잡으실 것이라는 주제를 뽑아 냅니다. 땅과 하늘은 서로 겹칠 것입니다. 그렇지만 딱 들어맞지 않거나 지금처럼 신비스럽게 부분적으로 중첩되는 것이 아니라, 완벽하고 영광스럽게 전적으로 서로 겹칠 것입니다. '물이 바다를 덮음과 같이 하나님의 영광이 땅에 가득 차게 될 것입니다.' 그것이 이사야서에서부터(함축된 바에 따르면, 이사야서의 배후에 있는 창세기에서부터) 바울의 가장 위대한 비전의 순간들과 요한계시록의 마지막 장들에 이르기까지, 성경 이야기 전체에서 울려나오는 약속입니다. 그 위대한 드라마는 '구원받은 영혼들'이 그들을 죄악 가운데로 끌어내리는 악한 세상과 죽을 육치를 떠나 하늘로 낚이는 것이 아니라, 새 예루살렘이 하늘로부터 땅으로 내려와 "하나님의 장막이 사람들과 함께 있도록"(계 21:3) 하는 데서 끝이 날 것입니다.

100여 년 전에 뉴욕 북부 지역에 살던 한 미국인 목사가 창조 세계의 아름다움과 그 안에 계시는 창조주 하나님의 임재를 찬양하는 위대한 찬송을 하나 썼습니다. 그의 이름은 말트비 밥콕(Maltbie Babcock)이며 그가 지은 찬송은 "참 아름다워라, 주님의 세계는"(This is My Father's World)입니다. 이 찬송은 창조 세계의 현재의 아름다움을 넘어서, 그 창조 세계에 미친 혼란과 비극을 통과하여 궁극적인 해결을 가리킵니다. 관련된 가사에 몇 가지 다른 버전이 있지만, 이것이 가장 명확합니다(원 가사의 느낌을 살리기 위해 직역합니다—역주).

> 이것이 내 아버지의 세상이네, 내 결코 잊지 않으리.
> 비록 잘못된 것이 종종 아주 강하게 보여도,
> 하나님이 아직도 통치자시라네.
> 이것이 내 아버지의 세상이네, 싸움은 아직 끝나지 않았네.
> 죽으신 예수께서 앞으로 만족하실 것이네.
> 그리고 땅과 하늘이 하나가 될 것이네.

**그리고 땅과 하늘이 하나가 될 것이네.** 이것이 모든 그리스도인의 삶을 통해서 맑고 감미롭게 흘러나오는 종소리같이 울려나와야 하는 가락입니다. 이 소리는 우리에게 그 미래를 향해 부르심을 받은 백성으로서, 그 미래에 비추어 현재를 살아가는 백성으로서 현재를 살아가라고 요청합니다. 이 책에서 계속 되짚어보는 그 두 주제—하늘과 땅의 겹침과 우리의 현재와 하나님의 미래의 겹침—는 현재의 세상에서 우리가 믿는 자이자 세례를 받은 하나님의 백성의 일원으로서 예수의 주재권 아래 살아간다는 것이 무슨 뜻인가를 살펴볼 때, 다시 한 번 만나게 됩니다. 현재에 새로운 창조 세계를 출범시킨다는 이 두 주제를 살펴볼 때, 마침내 우리는 이 책 초반부에서 들었던 그 목소리의 메아리를 들으라는 요청을 받을 뿐만 아니라 나머지 세상이 우리를 통해 그 목소리를 듣고 응답할 수 있게 해주는 그런 백성이 되라는 요청을 받는다는 것을 발견하게 됩니다.

바울과 요한, 예수 그리고 주후 처음 2세기에 속한 거의 모든 위대한 기독교 스승은 부활에 대한 자신의 믿음을 강조했습니다. '부활'은 여러분이 '죽어서 천국에 가는 것'을 의미하지 않습니다. 그것은 '사후의 삶'에 대한 것이 아닙니다. 제8장에서 살펴보았듯이, 부활은 '죽음 **이후의** 삶'에 대한 것입니다. 여러분이 죽으면, 여러분은 '그리스도와 함께' 있게 될 것입니다('죽음 이후의 삶'). 그러나 여러분의 몸은 죽은 채로 남아 있습니다. 그 중간 시기에 여러분이 어디에 있으며 어떤 상태로 있는지를 설명하기란 어렵습니다. 그리고 신약 성경 기자들은 대부분 그 점을 설명하려 하지 않습니다. 만일 원하신다면, 그 상태를 '천국'(heaven)이라 부르십시오. 그러나 그것이 만물의 끝이라고는 생각하지 마십시오. 그 중간 시기 이후에 약속된 것이 하나님의 새로운 세상에서 살아가는 새로운 육체의 삶입니다("'죽음 이후의 삶' 이후의 삶").

오늘날 많은 그리스도인이 이 사실에 대해 혼동한다는 사실이 제게는 늘 수수께끼였습니다. 그 사실은 초대교회와 그 이후의 많은 기독교 세대에게는 제2의 천성과 같은 것이었습니다. 그것이 바로 그들이 믿었고 배운 바였습니다. 만일 우리가 다른 내용을 믿고 배우며 성장했다면, 이제는 우리의 눈을 비비고 성경 본문이 뭐라고 하는지를 다시 읽어보아야 할 때입니다. 하나님의 계획은 이 세상을 포기하고 내버리시는 것이 아닙니다. 이 세상은 하나님이 보시기에 "좋았다"고 하신 그 세상입니다. 오히려 하나님은 이 세상을 새롭게 만드실 뜻을 가지고 계십니다. 그리고 하나님이 그렇게 하실 때, 하나님은 자신의 모든 백성을 부활시켜서 새로운 육체적 생명을 주시고 새롭게 된 세상에서 살게 하실 것입니다. 그것이 바로 기독교 복음의 약속입니다.

그렇습니다. 그 세상에서 살아가는 것입니다. 그리고 또한 그 세상을 다스리는 것입니다. 여기에 어떤 신비가 있습니다. 오늘날에는 이 신비에 대해 생각해 보려는 사람조차 거의 없습니다. 바울과 요한계시록은 모두 하나님의 새로운 세상에서 그 메시아에게 속한 사람들이 책임을 맡는 자리에 있게 될 것이라고 강조합니다. 첫 창조 세계는 하나님의 형상을 지닌 피조물들의 보살핌 가운데 맡겨졌습니다. 새로운 창조 세계는 바울이 말하듯이, "자기를 창조하신 이의 형상을 따라 다시금 새롭게 된"(골 3:10) 자들의 지혜롭고 치유함이 있는 청지기 직분에 맡겨질 것입니다.

물론 하나님의 새로운 세상에서는 예수께서 중심인물이 되실 것입니다. 바로 그런 이유 때문에 교회는 처음부터 예수의 '재림'에 대해 늘 말해 왔던 것입니다. 물론 하늘과 땅의 겹침이라는 맥락에서 볼 때는, 몇몇 초대교회 그리스도인이 말했듯이, 예수의 '다시 나타나심'(reappearing)을 말하는 것이 더 적합할 것 같지만 말입니다. 지금 예수는 우리와 함께 계십니다. 그러나 하늘과 땅을 계속해서 분리하는 보이지 않는 베일 뒤편에 숨어 계십니다. 그래서 우리는 기도와 성례와 성경 읽기와 가난한 자들과 더불어 일하는 수고 등과 같이 그 베일이 특별히 엷어지는 순간에 베일을 관통하여 예수를 봅니다. 그러나 언젠가 그 베일은 걷힐 것입니다. 그리고 땅과 하늘이 하나가 될 것입니다. 예수께서 친히 임재하실 것입니다. 모든 무릎이 그분의 이름 앞에 꿇게 될 것입니다. 창조 세계가 갱신될 것입니다. 죽은 자들이 일으킴을 받을 것입니다. 하나님의 새로운 세계가 마침내 제자리를 찾고 새로운 전망과 가능성으로 가득 차게 될 것입니다. 이것이 바로 구원에 대한 기독교 비전의 모든 것입니다. 저는 구원(salvation)이라는 단어를 지금까지 사용하지 않았습니다. 이 단어가 종종 오해를 불러일으키기 때문입니다.

그러나 만일 바로 그 곳이 우리가 가는 곳이라면, 그 곳에 이르기 위해 어떤 길을 택해야 할까요?

## :: 하늘과 땅 사이에서 살아가기

여기에서 그 곳으로, 창조에서 새 창조로 가는 길에 대한 우리의 비전은—다시 말해서, 현재에서 우리가 살아가도록 부르심을 받은 그 길은—그 최종 목적지를 우리가 어떤 식으로 생각하느냐에 따라서 달라질 뿐만 아니라, 우리가 하나님과 세상을 이해하는 전체적인 방식에 따라서도 다양하게 달라질 것입니다.

앞서 제시했던 하나님과 세계가 서로 어떻게 연결되는지를 이해하는 세 가지 견해를 마지막으로 다시 한 번 살펴볼 필요가 있습니다. 첫 번째는, 하나님과 세계를 기본적으로 동일한 것으로, 이미 다소 전적으로 중첩된 것으로 이해하는 견해였습니다. 범신론자들과 그보다 정도는 조금 덜하지만 범재신론자들은 세계에 그리고 자신 안에 임재해 있는 신적 충동들을 접하거나 그 충동들과 조율하려고 노력합니다. 이미 살펴보았듯이, 그러한 도식에서는 근본적인 악을 제대로 이해하기가 어렵습니다. 많은 범신론자는 창조 질서 가운데서 사람이 참된 신성에 부합하여 살아간다는 것이 무슨 뜻인지를 표현하려고 노력해 왔던 아주 도덕적인 사람들입니다. 그러나 이 견해는 기독교적인 도덕성이나 윤리에 이르기에는 충분하지 않습니다.

두 번째는, 하나님과 세계를 서로 아주 멀찍이 떨어진 것으로 이해하는 견해였습니다. 기독교 윤리 문제에 직면해서, 오늘날 많은 사람은 만일 이렇게 멀리 계신 하나님이 사람들에게 특별한 방식으로 행동하기를 원하셨다면, 그들에게 지침을 주셨으리라는 사실을 당연시한다고 이 견해를 가정합니다. 아마도 인간의 양심에 쓰여 있겠지만, 생각하고 논증하고 배울 필요가 있는 모든 인류에게 공통적으로 존재하는 전반적인 도덕법 사상이 최소한 지난 200년 동안 서구 사회에서는 지극히 일반적이었습니다. 실로 많은 사람은 사도 바울이 '법'에 대해 말할 때, 그가 가리킨 것이 그러한 종류의 전반적인 도덕 체계였다고 가정해 왔습니다. 그리하여 기독교 윤리는 멀리 계신 하나님이 반포한 어느 정도는 자의적인 법전에 순종하기 위해 노력하는 문제가 되었습니다. 그러한 노력 가운데서, '죄'는 그런 식으로 만들어진 법을 어기는 것으로 이해되었으며, '구원'은 자신의 법령을 불순종하는 사람들에게 이 하나님이 가할 형벌로부터 사람들을 구출해 내는 것으로 이해되었습니다. 다시 말씀드리지만, 이러한 생각은 기독교의 느낌을 약간 가지고 있을 뿐, 실제로는 기독교적 방식이 아닙니다.

첫 번째와 두 번째 견해는 서로 반발하면서도 서로를 강화합니다. 범신론자들이나 범재신론자들은 두 번째 견해를 보고 그렇게 멀리 동떨어진 하나님과 그분의 자의적인 법률들 그리고 인류를 향한 그분의 거만하고 겉보기에 악의적인 태도에 대해 생각하면서 몸을 부르르 떱니다. 이신론자들은 첫 번째 견해를 보고 현재 있는 그대로의 세계에 존재하는 힘과 충동과 접하려고 노력한다는 것 자체만으로도 절반은 이교도적이라 생각하면서 몸을 부르르 떱니다. 이 게임은 정치에서부터 섹스 그리고 십자가의 의미에 이르기까지 모든 것에 대한 오늘날의 논의에서 천여 가지 분야로 전개됩니다. 그리고 이 게임은 핵심을 놓치고 있습니다.

세 번째 견해에 따르면, 하나님과 세계는 서로 다르지만, 멀리 떨어져 있지도 않습니다. 하늘과 땅이 서로 겹치고 맞물리는 순간들과 그렇게 만드는 사건들이 있었고, 그런 길이 있습니다. 헌신

족인 경건한 주후 1세기 유대인에게 토라는 멀리 있는 신이 정해준 자의적인 법령이 아니라, 이스라엘을 여호와께 묶어 주는 언약의 헌장이었습니다. 그것은 진정한 사람됨이 무엇인가를 발견할 수 있게 해주는 길이었습니다. 만일 모든 이스라엘 백성이 단 하루만이라도 토라를 지킬 수 있었다면, 장차 올 세상이 시작되었을 것이라고 어떤 유대 스승들은 선언했습니다. 토라는 하나님의 미래로 들어가는 길이었습니다. 물론 그랬습니다. 왜냐하면, 성전과 마찬가지로, 토라는 하늘과 땅이 중첩된 곳으로서 하늘과 땅이 완전히 하나가 되었을 때가 어떤 모습일지에 대해 우리가 일견할 수 있게 해주는 곳이기 때문입니다. 지혜에 대해서도 같은 말을 할 수 있었습니다. 지혜는 창조 세계의 청사진이자 인간으로서의 진정한 삶이 무엇인가에 대한 청사진이었기 때문입니다.

초대교회 그리스도인들은 이에 대해, "그렇습니다"라고 긍정적으로 대답했습니다. 그리고 성전과 토라와 지혜는 나사렛 예수, 이스라엘의 메시아, 하나님의 두 번째 자신, 그 충만한 의미에서 그분의 '아들'로서 하나가 되었습니다. 그리고 그분과 더불어서 하나님의 미래는 현재 안에 도래했으며, 예수라는 분 안에 도래했습니다. 그렇게 도래함으로써 하나님의 미래는 악의 세력과 대결하고 그 세력을 무찔렀으며, 하나님의 새로운 세계, 영원히 합쳐진 하늘과 땅에 이르는 길을 열어 놓았습니다. 세 번째 견해에 대한 기독교 버전에서는, 하늘과 땅만이 아니라 미래와 현재가 중첩되며 맞물립니다. 그리고 그렇게 서로 맞물리는 것이 단지 상상이 아닌 현실이 되는 길은 하나님의 성령의 강력한 역사를 통한 길입니다.

이것이 바로 특별히 기독교적 삶의 길을 위한 출발점입니다. 그 삶의 길은 단순히 우리의 내면 깊은 곳에 접하는 문제가 아닙니다. 그것은 멀리 계신 하나님의 명령을 지키는 문제도 분명 아닙니다. 오히려 그것은 사람됨의 새로운 길이며, 사람됨에 대한 예수의 길이며, 십자가와 부활이라는 삶의 길이며, 성령이 인도하여 이끄시는 길입니다. 그 길은 하나님이 만물을 새롭게 하실 그 어느 날 우리의 것이 될 충만하고 풍성하고 기쁜 인간 실존을 현재에 예상하는 길입니다. 기독교 윤리는 세상에서 무슨 일이 진행되는지를 발견하고 거기에 맞추어 나가는 문제가 아닙니다. 하나님의 총애를 얻기 위해 여러 가지 일을 하는 것이 아닙니다. 아주 오래 전에 혹은 아주 멀리서 전해 내려온 먼지가 켜켜이 쌓인 규칙서에 순종하려는 시도가 아닙니다. 그것은 하나님의 새로운 세계에서 우리가 노래하게 될 그 가락을 현재에 연습하는 것입니다.

## :: 포기하고 재발견하라

일단 그 점을 명확히 파악하게 되면, 한 사람의 그리스도인으로서 살아간다는 것이 무슨 뜻인가에 대해 참신하게 진술할 수 있는 길이 열립니다. 그리고 그 가운데서 최소한 그리스도인으로서의 삶이 이 책의 제1부에서 우리가 들었던 그 메아리들에 대해 응답하는 여러 방식을 최소한 대략적으로라도 보여 줄 수 있는 길이 열리게 됩니다.

그리스도인으로서의 삶, 즉 기독교적 삶은 그리스도와 더불어 죽고 다시 사는 것을 의미합니다. 이미 살펴보았듯이, 그것이 바로 세례의 일부 의미입니다. 세례가 바로 그리스도인으로서의 순례의 출발점입니다. 순례라는 모델은 유익합니다. 이는 세례가 이집트에서 나와 약속의 땅을 향해 출발하는 이스라엘 백성들에 대해 공명하도록 만들기 때문입니다. 모든 세상이 이제는 하나님의 거룩한 땅입니다. 그래서 하나님은 그 땅을 고쳐서, 우리의 모든 유랑의 궁극적인 목표지로서 새롭게 하실 것입니다.

우리는 예수의 죽으심과 부활과 더불어서 순례를 시작합니다. 우리의 목표는 현재 부패한 창조 세계의 갱신입니다. 이 사실은 광야를 통과하는 길, 우리의 순례에 특히 두 가지 점이 포함될 것임을 분명히 밝혀 줍니다. 그것은 한편으로는 포기며, 다른 한편으로는 재발견입니다.

**포기.** 현재 상태의 세상은 하나님의 궁극적인 의도와 조율되어 있지 않고 벗어나 있습니다. 우리 기독교가 "아니오!"라고 거절할 수밖에 없는 것은 정말 아주 많을 것입니다. 그 중에 어떤 것들은 우리의 상상과 개성에 깊숙이 자리잡고 있어서 우리 자신과 거의 분리할 수 없을 정도로 얽혀 있을 것입니다. 그러나 그에 대해 기독교가 할 수 있는 유일한 답변은 '거절'입니다. 예수는 자신을 따라오는 추종자들에게 "나를 따라오려거든 자신을 부인하고 자신의 십자가를 짊어져야 한다"고 말씀하셨습니다. 자신을 발견하는 유일한 길은 자신을 잃는 것이라고도 말씀하셨습니다(이는 오늘날의 자신이 진짜 누구인지를 발견하라는 철학과 너무나도 다른 의제입니다). 처음부터 바울과 요한과 같은 저자들은 이것이 그저 어려운 정도가 아니라 사실상 불가능하다는 점을 인식했습니다. 우리는 헤라클레스 같은 엄청난 도덕적 노력을 통해서도 그 일을 할 수 없습니다. 유일한 길은 우리 자신의 너머에 있는 힘, 즉 세례를 통해 예수의 죽으심과 부활에 우리가 동참한다는 사실에 근거해서 하나님의 성령의 힘을 끌어오는 것입니다.

**재발견.** 새 창조는 우리의 사람됨에 대한 부정이 아닙니다. 오히려 그것은 사람됨에 대한 긍정이며 재확인입니다. 그리고 그에 대해서는 기독교가 "예!"라고 대답할 것이 정말 많이 있을 것입니다. 그 중에 어떤 것들은 우리의 직관에 크게 거슬리며, 처음에는 당황스러울 수도 있을 것입니다. 그러나 그에 대한 기독교의 적절한 답변은 '수용'입니다. 예수의 부활은 그리스도인으로 살아간다는 것이 단순히 현재의 세상에서 내면의 진리를 발견하는 문제도 아니며, 현재의 세상에서 완전히 벗어나 다른 세상에 맞추어 조율하는 생활 방식을 배우는 것도 아님을 볼 수 있게 해줍니다. 예수의 부활은 하나님의 새 창조의 출발점입니다. 그리고 하나님의 새 창조에서는 첫 창조 세계에서 선했던 것이 모두 다시 긍정됩니다. 그리스도인으로 살아간다는 것은 그 사실을 조금 맛보는 것입니다. 하나님의 첫 창조 세계를 부패시키고 망가뜨렸던 모든 것은 다 제거될 것입니다. 그렇게 제거될 것에는 우리가 지금 아는 대로의 세상을 이루는 많은 것, 지금으로서는 우리가 그것이 없이 세상이 존재할 수 있으리라고는 상상할 수 없는 것들도 포함될 것입니다. 그리스도인으로 살아간다는 것은, 여전히 그 최종적인 구속을 열망하고 신음하는 세상에서 그 세상과 더불어 마침내 올 새로운 창조 세계를 대망하면서 다시금 새롭게 된 사람으로 살아가기를 익히는 것입니다.

문제는 무엇을 버려야 하며 무엇을 재발견해야 할지가 결코 명확하지 않다는 것입니다. 지금은 생활의 전적인 일부가 되었기 때문에 그런 것들을 배척하는 것은 하나님의 선한 창조 세계의 일부를 배척하는 것처럼 보이는 것들에 대해 어떻게 우리가 아니라고 당장 거부할 수 있겠습니까? 많은 그리스도인이 선하고 옳다고 보기보다는 위험하고 잘못된 것이라고 여기는 것들에 대해 우리가 어떻게 긍정적으로 말할 수 있겠습니까? (동일한 이전의 질문을 다시 한 번 하자면) 어떻게 하면 우리가 한편으로는 이원론을, 다른 한편으로는 이방종교를 피할 수 있겠습니까? 어쨌든 우리는 어떤 생활 방식과 품행이 새 창조 세계가 등장하면 배격되어야 할 부패한 악에 속하는지, 어떤 생활 방식과 품행이 수용되어야 하고 그것을 위해 투정하고 경축해야 할 새 창조 세계에 속하는 것인지를 분별해야 합니다.

이 일에는 대담한 용기가 필요하며, 지혜롭고 세심하게 살펴보는 일이 필요합니다. 우리는 예수의 삶과 가르침과 죽으심과 부활에 의해, 성령의 인도하심에 의해, 성경에서 우리가 발견하는 지혜에 의해, 우리의 세례라는 사실과 그 사실이 의미하는 모든 것에 의해 정보를 얻어야 합니다. 또한 다른 그리스도인들과의 사귐을 통해, 동시대인만이 아니라 다른 시대에 속했던 사람들의 삶과 그들의 글을 우리의 것으로 삼아 지혜로운 안내자로 사용함으로써 정보를 얻어야 합니다. 이런 식으로 이상의 모든 것을 열거하면, 그것들이 마치 따로 분리된 교훈의 자료인 것처럼 보입니다. 그러나 사실은 그렇지 않습니다. 이러한 것들은 100여 가지 방식으로 함께 역사합니다. 그리스도인이 되는 기술의 일부는 그 모든 것에 대해 민감해지는 법을 배우는 것입니다. 그리고 이쪽에서는 이런 말을, 저쪽에서는 저런 말을 한다고 보이는 것을 신중히 비교 검토하는 법을 배우는 것입니다.

우리가 그 모든 것을 아주 명확하게 정리했을 때만 우리는 '규칙'에 대해 말할 수 있습니다. 물론 규칙들은 **있습니다**. 신약 성경은 많은 규칙을 가지고 있습니다. 항상 은밀하게 구제하라, 동료 그리스도인을 결코 법정에 송사하지 말라, 사적인 복수를 하지 말라, 친절히 대하라, 언제나 환대하라, 즐겁게 헌금하라, 염려하지 말라, 양심의 문제에 대해서는 다른 그리스도인을 재단하지 말라, 항상 용서하라 등입니다. 그리고 무작위로 그렇게 선별해 놓은 목록에서 염려되는 점은, 대부분의 그리스도인이, 대부분의 시간 동안, 그런 명령들을 대부분 무시한다는 것입니다. 문제는 우리에게 명확한 규칙이 결여된 것이 아니라, 제가 보기에는, 예수께서 직접 가르치신 교훈은 말할 것도 없고, 우리가 가진 일차적인 문헌들에 실재로 담긴 내용이 무엇인지에 주목하도록 우리를 환기시키는 가르침이 결여된 것입니다.

그 규칙은 멀리 떨어져 계신 하나님이 우리가 재미 보는 것을 막기 위해서 (혹은 일종의 도덕 검증의 수단으로서 우리가 어떤 윤리적인 시련을 겪어 내도록) 생각해 낸 자의적인 법률이 아니라, 하늘과 땅이 서로 만나 중첩되는, 하나님의 미래가 현재의 세상에 침투하는, 진정한 사람됨이 실제적으로는 어떻게 보이며 느껴지는지를 발견할 수 있는 생활 방식에 대한 표지인 것으로 이해해야 합니다.

우리가 그 사실을 바라보기 시작할 때, 우리가 이 책을 시작하면서 들었던 그 메아리들이 실로 어떤 목소리가 되어 들려오는 것을 느낄 수 있게 됩니다. 물론 그것은 예수의 음성입니다. 그 소리는 우리에게 그분을 따라 하나님의 새로운 세계로 들어오라는 음성입니다. 현재 세계에 있는 암시와 표지판과 메아리는 다음 세계에서 현실로 바뀌게 됩니다. 우리는 어느 정도 길게 기독교 복음이 발생시키고 유지하려는 영성이 무엇인지에 대해 살펴보았습니다. 이제 마지막으로 다른 세 가지 '여운'—정의, 관계, 아름다움—에 대해 살펴보도록 합시다.

## :: 정의에 대한 재검토

진정 하나님은 세상을 바로잡으려 하십니다. 우리 마음속에서부터 솟아오르는 정의에 대한 외침이 있습니다. 자신이 억울한 일을 당했을 때만이 아니라 다른 사람들이 당하는 억울한 일을 볼 때도 그렇습니다. 하나님의 세상은 언제나 끝에 가서는 힘센 자들이 승리하는 도덕적 무정부 상태가 아니라, 공정하고 바르게 일이 처리되고, 정직하고 참되고 고결한 곳이 되어야 한다는 사실은 그 소원과 요구에 대한 살아 계신 하나님의 응답입니다.

그러나 우리가 그러한 소원과 요구로부터 하나님이 의도하시는 정의에 가까이 가기 위해서는, 세상이 주로 기대하고 요구하는 정의와는 매우 다른 길을 가야 합니다. 이 점에 대해 세상이 사용하는 용어는 대부분 폭력입니다. 권력을 가진 사람들은 자신이 인정할 수 없는 일이 일어날 때, 폭탄을 떨어뜨리고 탱크를 보냅니다. 권력을 갖지 못한 사람은 자신이 인정할 수 없는 일이 일어날 때, 가게의 유리창을 부수고, 군중 속에서 분신을 하며, 비행기를 몰고 건물로 돌진해 들어갑니다. 이러한 두 가지 방법 모두가 사태를 절대로 성공적으로 변화시키지 못한다는 사실은 이미 입증되었습니다. 그렇지만 사람들은 여전히 똑같은 방식을 택합니다. 그렇게 하는 것을 막지 못합니다.

십자가에서, 살아 계신 하나님은 엄청난 불의를 당하시면서 (성경의 이야기는 이 점을 주의 깊게 부각합니다), 하지만 위협이나 저주나 욕을 하지 않으면서, 세상의 맹렬한 분노와 폭력을 자신에게로 돌리셨습니다. 그리스도인들이 '속죄 신학'(atonement theology)이라 일컫는 바의 일부는 이런저런 의미에서 예수께서 악을 전달하거나 계속해서 순환되게 만들기를 거부하고 악의 무게를 감당하면서 죽으셨을 때, 악의 기초를 이루는 힘을 다 소진시키셨다는 신념입니다. 예수의 부활은 새로운 유형의 정의가 가능하게 된 세상의 시작입니다. 기도와 설득과 정치 행위를 통해, 한편으로는 여러 정부가 다른 한편으로는 혁명 집단이 끊임없는 폭력에, 힘에는 힘으로 대항하며 싸우는 일이 아닌 다른 접근 방법이 있음을 알게 할 수 있습니다. 동유럽의 공산주의를 무너뜨렸던 (아주) 조용했던 기도의 혁명은 놀라운 예입니다. 남아프리카공화국에서의 데스몬드 투투(Desmond Tutu) 주교의 비상한 활약 역시 또 다른 예입니다. 경찰 활동과 형사 사법 제도 가운데서 펼쳐지는 '회복적 정의' 프로그램에 착수하려는 시도 역시 또 다른 예를 제공합니다. 각각의 경우, 곁에서 지켜보는 사람들은 비폭력의 길이 약하고 비효과적인 것 같다고 말하고 싶은 유혹을 받습니다. 그렇지만 결과는 반대임이 입증됩니다.

그러므로 개인 관계에서든 국제 관계에서든, 그 사이 어느 관계에서든 치유하고 회복하는 정의를 위해 일하는 것은 일차적인 기독교적 소명입니다. 이는 기독교적 행위가 필요한 큰 영역입니다. 신약 성경이 풍성히 증거하듯이, 폭력과 개인적인 보복은 배제됩니다. 모든 그리스도인은 각자의 삶의 모든 수준에서 세상에 화해와 회복이 실천되는 세상을 위해 일하도록, 그래서 하나님이 진정으로 모든 것을 바로잡으실 그 날을 대망하도록 부르심을 받았습니다.

이 말은 전체 사회에 질서도 전혀 없고, 정부도 전혀 없으며, 강제력 있는 법이라는 수단도 전혀 없는 거룩한 무정부 상태를 옹호하는 것이 **아닙니다**. 흥미롭게도 개인적인 보복을 금하는 구절(롬 12장 끝 부분)에 바로 이어서, 바울은 하나님이 모든 사회가 제대로 질서를 바로잡고 확고하게 통치되기를 원하신다고 아주 분명하게 말합니다(롬 13장 서두). 지혜로운 창조주로서, 하나님은 권력 당국을 사용하십니다. 심지어 권력 당국이 하나님을 인정하지 않고 많은 실수를 저지른다 해도, 적어도 하나님의 세상에 어느 정도의 질서를 가져오기 위해 사용하십니다. 그렇지 않을 경우, 사회 질서와 문화 질서가 붕괴되고 강자와 부유한 자가 언제나 이기는 상황이 오게 됩니다. 정확히 약자와 가난한 자를 하나님이 열정적으로 돌보시기 때문에, 정부와 권력 당국, 관청을 세우셔서, 탐욕과 무력을 통해 약자와 가난한 자를 수탈하는 자를 계속해서 견제하게 하십니다. 물론 하나님은 권력을 지닌 통치자들이 실질적으로 하나님을 인정하고 법률을 제정하면서 하나님의 뜻에 맞추려고 좀더 직접적인 노력을 한다면 더 좋아하실 것입니다. 실로 그리스도인들은 그렇게 하는 것이 모든 사람에게 유익할 경우, 그 근거 위에서 이러한 일을 위해, 예를 들어 세계 부채의 상황과 같은 문제를 위해 캠페인을 벌여야 합니다. 그렇게 하는 것은 단지 우리의 신앙 전통이 제시하기 때문만은 아닙니다. 권력 당국이 하나님을 인정하지 않는 곳에서도 하나님은 어느 정도 악을 억누르고 덕을 권장하기 위해 권력 당국을 사용하십니다. 개별적인 국가에서만이 아니라 오늘날의 세계적인 국제 공동체에서 이것이 무엇을 의미할지를 찾는 일은 우리가 직면한 주요 과제 가운데 하나입니다.

또한 화해와 회복적 정의를 위해 일하는 것은 악의 실재를 무시하는 것이 아닙니다. 실로 그 일은 악한 행위를 매우 진지하고 심각하게 다룰 것을 요구합니다. 진정으로 그러한 악한 행위가 규명되고 다루어질 때에만, 화해는 일어날 수 있습니다. 그렇지 않다면, 우리가 신앙인이라 하면서 내세우는 모든 것은 복음에 대한 패러디일 뿐이며, 그렇지 않다는 것을 뻔히 알면서도 모든 것이 다 올바르게 잘되는 척하는 값싼 은혜의 일종일 뿐입니다. 지역적으로나 세계적으로 악을 다룰 방법을 발견하는 것 또한 오늘날 우리가 당면한 주요 과제 가운데 하나입니다. 기독교 복음은 세상이 대부분 결코 꿈꿔 보지 못했던 여러 측면에서 도덕적으로 성장하라고 우리에게 도전합니다.

그러므로 세상에서 정의를 요구하는 부르짖음은 기독 교회가 담당하고 증폭해야 할 외침입니다. 그것이 살아 계신 하나님의 음성에 대한 적절한 응답입니다. 예수 그리스도의 복음과 성령의 권능은 전진해 나가야 할 길이 있음을 제시합니다. 이 부르심은 세계화와 공정 무역에서부터 정부 개혁과 사회 개혁에 이르기까지, 혜택을 받지 못하는 소수의 곤경에서부터 자국 내에서든 해외에서든 반대를 진압하는 막강한 정부의 진압 활동에 주목하게 하는 일에 이르기까지, 여러 분야에서 프로그램과 할 일을 만들어 낼 수 있어야 합니다. 그리스도인은 모든 사람이 열망하며, 예수를 통해 참신하고 예기치 않은 방식으로 세상에 퍼져나가는 그 정의를 열정적으로 옹호하고 추구해야 합니다.

## :: 관계의 재발견

두 번째는, 관계입니다. 모든 인간 생활에서 관계는 중심적인 자리를 차지합니다. 은둔하는 수도사들이라 할지라도 음식과 물을 가져다줄 누군가가 필요합니다. 그리고 많은 고독한 영혼이 자신의 일상 업무의 일부로서 가까운 사람과 먼 사람을 위해 기도를 드립니다. 정의는 대규모적인 사회의 수준에서나 전 세계적인 수준에서만이 아니라 모든 수준에서 이루어지는 우리의 관계의 질서에 대해 말합니다. 그러나 관계에 대한 열망은 단순히 불공평을 피하고 정당한 권리를 얻는 일보다 훨씬 더 깊습니다. 관계는 친밀함, 우정, 서로의 기쁨, 열망, 존경과 연결되어 있습니다. 관계는 많은 사람이 볼 때 대부분의 시간 동안 삶을 가치 있게 만들어 주는 것입니다. 신약 성경을 보면, 거듭해서 기독교 공동체가 인간 관계를 형성하는 새로운 패턴의 모델이 되고, 서로를 어떻게 대해야 하는지에 대한 새로운 기준의 모델이 되라는 부르심을 받고 있음을 분명히 알 수 있습니다.

물론 핵심적인 단어는 '사랑'입니다. 사랑 그 자체에 대해서만도 수많은 글이 쓰였습니다. 그러나 저는 다른 것에 초점을 맞추고자 합니다. 그것은 더 낫고 분명한 기독교적 행위의 규칙을 논하는 자리에서 종종 무시되는 항목입니다. 그것은 우리가 서로에게 절대적으로 친절해야 한다는 것입니다. "서로 친절하게 하며 불쌍히 여기며 서로 용서하기를 하나님이 그리스도 안에서 너희를 용서하심과 같이 하라. 그러므로 사랑을 받는 자녀같이 너희는 하나님을 본받는 자가 되고 그리스도께서 너희를 사랑하신 것같이 너희도 사랑 가운데서 행하라. 그는 우리를 위하여 자신을 버리사 향기로운 제물과 희생 제물로 하나님께 드리셨느니라"(엡 4:32-5:2). 정의 추구는 너무나도 쉽게 **내** 권리나 **우리** 권리에 대한 요구로 전락해 버립니다. 친절하게 하라는 명령은 우리 자신과 우리의 필요, 우리의 권리, 바로잡아야 할 우리가 당한 잘못을 바라보느라 시간을 보내지 말고, 다른 모든 사람과 그들의 곤핍, 고민, 고통, 기쁨을 바라볼 것을 요구합니다. 친절은 인간으로 성장하는 우선적인 방법입니다. 친절은 가장 풍부하며 심오한 관계를 확립하고 유지할 수 있게 해줍니다.

바로 그런 이유 때문에 그리스도인은 분노에 어떻게 대처해야 하는지 배우라는 요구를 받습니다. 분노하는 일은 일어납니다. 화가 나는 것은 세상이 망가졌기 때문에 어쩔 수 없이 일어납니다. 우리는 때로 화를 품지 않도록 코뿔소의 가죽 같은 얼굴을 개발할 필요가 있을지도 모릅니다. 그러나 문제는 우리가 화가 났을 때 어떻게 할 것이냐 하는 것입니다. 여기에서 다시 바울의 명령은 명확하고 훈련하고 실제적입니다. 화를 내되 죄를 짓지 마십시오(바울은 아마도 시 4:4을 언급하는 것 같습니다). 해질 녘까지 화를 내지 마십시오. 마음에 깊이 두지 말고 간단히 넘기십시오. 다시 말해, 속에서 곪아 터지도록 만들지 말라는 것입니다. 원통한 마음을 품지 말고, 분을 품거나 화를 내거나 악담하거나 적개심을 품거나 욕하지 말고, 또한 거짓말을 하지 말아야 합니다(엡 4:25-31; 골 3:8-9). 우리가 익숙한 관계의 패턴에 대해 생각하고, 만일 그 관계에 관련된 모든 관계자가 각각 비록 원칙적이라 할지라도 이러한 훈계를 받아들여서 그에 따라 살아가겠다고 서명을 한다면, 그 관계의 패턴이 얼마나 달라질지 생각해 보십시오. 그런 생각은 해 볼 만한 가치가 있습니다. 그러나 만일 그렇게 산다는 것이 불가능하게 여겨진다면, 용서하십시오. 그 날의 명령은 용서라는 것이 우리가 줄 수 있는 답변입니다. 그것은 주기도문을 따라 기도드리는 사람들에게 우리가 당연히 기대해야 할 태도입니다.

다시 한 번 우리는 '윤리'라 일컬을 수 있는 제목 아래 예수 그리스도의 십자가의 승리와 성령의 권능을 살펴볼 수 있습니다.

서로 관계를 맺는 새로운 방식—친절의 방식, 분노의 사실을 받아들이되 분노가 서로의 관계를 지배하게 허락지 않는 방식—에 대한 신약 성경의 호소는 예수께서 이루신 업적에 확실하게 근거해 있습니다. 그분의 죽으심은 우리의 용서를 달성하셨습니다. 그러므로 당연히 우리는 그 용서를 서로에게 전해야 합니다. 우리는 원한을 품지 않는 사람, 샐쭉해지지 않는 사람이 되어야 하고, 그렇게 알려져야 합니다. 우리는 어떻게 '미안'이라고 말해야 하는지를 아는 사람 그리고 상대방이 그런 말을 자신에게 할 때 어떻게 대꾸해야 하는지를 아는 사람이 되어야 합니다. 신약 성경을 보면, 이 충고가 너무나 명확히 나와 있음에도 불구하고 기독 교회가 그에 대해 생각하고 해당 부분의 신약 성경을 해석하느라고 얼마나 많은 에너지를 소비해 왔는지를 생각해 보면, 이 일이 아직도 얼마나 어려운지를 다시 한 번 절실히 느낄 수 있습니다. 이는 아마도 마치 그 일이 억지로 강요된 명령에 순종하는 차원에서 한번 시도해 보았다가 그 일이 어렵다는 사실을 발견하고 아무도 그런 일을 잘 못하는 것 같기 때문에 중단해 버렸기 때문일 것입니다. 그러나 만일 우리가 지금 준비하는 삶은 하나님의 새로운 세상에서 살아갈 것을 준비하는 삶이라는 사실과 예수의 죽으심과 부활이 세례를 통해 우리 자신의 새로운 정체성을 형성하며, 새로운 방식으로 다시 시도할 수 있는 동기와 에너지를 우리에게 제공해 준다는 사실을 자꾸만 되새긴다면, 달라질 수 있을 것입니다.

관계에 대한 논의를 보면, 어떤 논의에서도 그 중심 부근에 자연스럽게 섹스의 문제가 자리잡고 있음을 발견할 수 있습니다.

여기에서 다시금 신약 성경은 단도직입적입니다. 분노나 화를 내는 일에 대해 말할 때와 마찬가지로, 신약 성경은 인간의 성에 대한 어떠한 왜곡도(이러한 왜곡들의 사례는 오늘날과 마찬가지로 고대 사회에서도 잘 알려진 것들이었습니다) 책임 없이 슬쩍 넘어갈 수 없다는 점을 확실하게 못박아두려는 듯, 여러 가지 말을 풍성하게 사용합니다. 길거리의 어느 가판대에서든 신문이나 잡지 한두 개를 골라 보십시오. 하루나 이틀 정도 텔레비전을 시청해 보십시오. 많은 사람이 모인 도시를 천천히 걸어보십시오. 그리고 다음 성경 구절들을 깊이 묵상해 보십시오.

> 불의한 자가 하나님의 나라를 유업으로 받지 못할 줄을 알지 못하느냐? 미혹을 받지 말라. 음행하는 자나 우상 숭배하는 자나 간음하는 자나 탐색하는 자나 남색하는 자나 도적이나 탐욕을 부리는 자나 술 취하는 자나 모욕하는 자나 속여 빼앗는 자들은 하나님의 나라를 유업으로 받지 못하리라. 너희 중에 이와 같은 자들이 있더니 주 예수 그리스도의 이름과 우리 하나님의 성령 안에서 씻음과 거룩함과 의롭다 하심을 받았느니라(고전 6:9-11).

> 음행과 온갖 더러운 것과 탐욕은 너희 중에서 그 이름조차도 부르지 말라. 이는 성도에게 마땅한 바니라. 누추함과 어리석은 말이나 희롱의 말이 마땅치 아니하니 오히려 감사하는 말을 하라.
> 너희도 정녕 이것을 알거니와 음행하는 자나 더러운 자나 탐하는 자 곧 우상 숭배자는 다 그리스도와 하나님의 나라에서 기업을

얻지 못하리니, 누구든지 헛된 말로 너희를 속이지 못하게 하라. 이로 말미암아 하나님의 진노가 불순종의 아들들에게 임하나니,

그러므로 그들과 함께하는 자가 되지 말라. 너희가 전에는 어둠이더니 이제는 주 안에서 빛이라. 빛의 자녀들처럼 행하라. 빛의 열매는 모든 착함과 의로움과 진실함에 있느니라. 주를 기쁘시게 할 것이 무엇인지 시험하여 보라(엡 5:3-10).

그러므로 땅에 있는 지체를 죽이라. 곧 음란과 부정과 사욕과 악한 정욕과 탐심이니 탐심은 우상 숭배니라. 이것들로 말미암아 하나님의 진노가 임하느니라. 너희도 전에 그 가운데 살 때에는 그 가운데서 행하였으나 이제는 너희가 이 모든 것을 벗어버리라(골 3:5-8a).

물론 문제는 현대 세계가 대부분의 고대 세계와 마찬가지로 때로 소위 활동적인 성생활이라는 것을 정상이라 간주하게 되었을 뿐만 아니라, 제정신을 가진 사람이라면 성생활이 없이는 살아갈 수 없는 것으로 간주하게 되었다는 사실입니다. 사람들이 묻는 유일한 질문은 이것입니다. 어떤 형태의 성생활이 자극적이고 성취감을 주며 인생에 활력을 주는가? 위대한 유대 전통과 맥을 같이 하는 그리고 그 점에 있어 훨씬 후대의 이슬람 전통과 맥을 같이 하는 초대교회 전통과 표준적인 기독교 전통은 이 점과 관련하여 고대와 현대 이방 종교의 통상적인 접근 방법에 대해 강하게 "안 돼!"라고 말합니다.

예수 자신이 사람의 마음속에서 솟아오르는 욕망—간통, 도둑질, 살인, 간음, 탐욕, 악독함, 속임, 방탕 등—에 대해 엄하게 말씀하셨습니다(막 7:21-22). 성적인 비행도 온갖 종류의 똑같이 중요한 다른 범주에 나란히 올라 있습니다. 그렇지만 그것은 성적인 비행이 문제가 되는 것이 아니라고 말하려는 구실이 아닙니다. 기독교의 처음 몇 세기 동안은 인류에게 알려진 온갖 종류의 성적 행위가 고대 그리스와 로마 사회 전역에서 널리 행해졌습니다. 그런데 그 몇 세기 내내 유대인들과 마찬가지로 그리스도인들은 성적 활동이 한 남자와 한 여자의 결혼 생활에 제한되어야 한다고 주장했습니다. 지금도 그렇지만 당시 다른 사람들은 그들이 미쳤다고 생각했습니다. 다만 차이점은 오늘날에는 교회도 절반가량이 그렇게 생각하는 것 같다는 점입니다.

그들은 미친 것이 아니었습니다. 새 창조 세계의 핵심은 그것이 새로운 **창조**라는 데 있습니다. 물론 하나님의 새로운 세상에서는 (사람들이 죽지 않을 것이기 때문에) 출산이 불필요할 것이라고 말하지만, 그 새로운 세상을 형언하기 위해 성경이 사용하는 그 이미지—어린양의 혼인(요한계시록) 혹은 옛 창조 세계의 자궁에서 새로운 세계가 태어난다는(로마서) 이미지—는 (창 1장과 2장에 있는 창조 기사에서 너무나도 중심적인 자리를 차지하는) 남녀 관계가 우연적이거나 임시적인 현상이 아니라, 오히려 창조 세계 자체가 그 안에 하나님이 주시는 생명과 출생의 가능성을 지닌다는 사실에 대한 상징임을 시사합니다. 이러한 각도에서 그 문제를 생각해 보더라도, 성적 활동이 공동체와 여러 인간관계를 세운다는 측면과는 거의 동떨어져 있으며, 단순히 자신의 방식으로 자신의 쾌락을 선택할 수 있는 한 사람의 권리를 주장하는 방식으로 전락하게 된 오늘날의 우리 문화와는 첨예하게 대조됩니다. 단도직입적으로 말하자면, 섹스는 하나의 성례가 되는 대신에 장난거리가 되었습니다.

고린도전서에서 바울이 사용하는 논리는 기독교적인 행위라는 전체 주제에 대해 우리가 접근하는 방식과 관련하여 특히 시사적입니다. 우리가 몸을 가지고 무엇을 하느냐가 중요한 이유는 "하나님이 주를 다시 살리셨고 또한 그의 권능으로 우리를 다시 살리실 것"이기 때문이라고 바울은 말합니다(고전 6:14). 다시 말해서, 궁극적인 목표가 몸이 없는 천국도 아니고, 그렇다고 해서 현재 지구상에서 살아가는 삶을 단순히 재 정돈해 놓은 것에 불과한 것이 아니라 온 창조 세계에 대한 구속이기 때문에, 우리의 부르심은 **현재** 우리의 몸 가운데서 살아가면서 **그 때에** 살게 될 삶을 예견하며 살아가야 한다는 것입니다. 결혼의 정절은 창조 세계 전체에 대한 하나님의 정절을 반영하며 예견합니다. 다른 종류의 성적 활동은 현재 세상의 왜곡과 부패를 상징하며 구현하는 것입니다.

다시 말해서, 기독교 성윤리는 단지 지금은 우리가 더 잘 알기 때문에 이제는 옆으로 치워버리고 자유를 누려야 할 케케묵은 옛날 법의 수집물이 아닙니다(두 번째 견해가 지닌 위험). 또한 우리가 내면 깊은 곳에서 발견하게 되는 욕망들은 그것이 무엇이든지 하나님이 부여해 놓은 것임에 틀림없다고 말하면서(첫 번째 견해가 지닌 자연스런 가정) 신약 성경을 반대해서도 안 됩니다. 예수께서는 그 점에 관해 아주 분명하셨습니다. 그렇습니다. 하나님은 우리의 가장 깊은 욕구들을 잘 알고 계십니다. 그렇지만 그 사실을 (떨리는 마음으로) 인정하는 유명한 옛 기도문은 그렇다고 해서 그 욕구들이 나타나는 그대로 만족시켜야 하고 실행되어야 한다고 말하는 것이 아니라 씻음 받고 치유될 필요가 있음을 말하는 것입니다. 다음이 그 기도문입니다.

> 전능하신 하나님이여, 당신은 모든 마음을 다 열어 보실 수 있으며, 모든 욕망을 아시며, 어떤 비밀도 당신에게는 감춰질 수 없나이다. 당신의 성령의 감동으로 우리 마음의 생각들을 씻기사, 우리가 온전히 당신을 사랑하고 당신의 거룩한 이름을 합당하게 드높이게 하소서. 우리 주 예수 그리스도를 의지하여 기도드립니다. 아멘.

또 다른 유명한 옛 기도문은 더 분명하게 그 점을 지적합니다.

> 전능하신 하나님이여, 주님만이 홀로 죄악된 인류의 사나운 의지와 열정에 질서를 부여하실 수 있습니다. 당신의 백성들에게 은혜를 베푸사 당신이 명하는 것을 사랑하고 당신이 약속하시는 것을 바라게 하소서. 그리하여 요동하는 이 세상에서 우리의 마음이 확실하게 참된 기쁨을 찾을 수 있는 곳에 굳건히 뿌리박을 수 있게 하소서. 우리 주 예수 그리스도를 의지하여 기도드립니다. 아멘.

그 동안 우리는 이 기도가 뒤집혀 버린 세상에서 그리고 비극이지만 그런 교회에서 너무나 오래 살았습니다. 그 곳은 인간의 의지와 애정이 있는 그대로 성스러운 것으로 간주되는 곳이며, 이미 우리가 사랑하는 것을 명령하고 바라는 것을 약속해 주시도록 하나님께 요구하는 곳입니다. 오늘날 많은 사람의 암묵적인 신앙은 단지 그들의 있는 모습 그대로를 발견하게 해주며, 그 모습 그대로 그냥 살게 해주는 것입니다. 그것은 이미 많은 사람이 보았듯이, 혼란과 어긋남과 역기능적인 인간됨을 낳는 처방입니다. 참된 기독교적 삶의 틀을 제공해 주는 십자가와 부활의 논리, 새 창조 세계의 논리는 다른 방향을 가리킵니다. 그 방향을 나타내는 중심적인 단어 가운데 하나가 기쁨입니다. 치유되고 강화된 관계의 기쁨이며, 새 창조 세계에 속한 기쁨이며, 이미 우리에게 있는 것이 아니라 하나님이 우리에게 주시고자 열망하는 바를 발견하는 기쁨입니다. 기독교 윤리의 중심에는 겸손이 있습니다. 그렇지만 기독교 윤리에 대한 패러디의 중심에는 교만이 있습니다. 다른 길은 다른 목적지를 향합니다. 그리고 그 다른 목적지가 그 길을 따라 여행하는 사람의 성격을 결정합니다.

## :: 아름다움의 재탄생

마침내 아름다움이라는 주제로 되돌아왔습니다. 아름다움에 대한 열망 그리고 우리가 그 아름다움을 발견할 때 느끼는 즐거움, 심지어 안도감은 (앞서 살펴보았듯이) 몇 가지 수수께끼 때문에 수그러듭니다. 마치 손에 움켜쥔 모래알처럼 아름다움은 손가락 사이로 술술 빠져나갑니다. 수선화는 집니다. 석양도 사라집니다. 사람의 아름다움도 쇠퇴하고 죽습니다. 우리가 아름다움에 가까이 가면 갈수록, 아름다움은 우리를 낙심케 만듭니다. 우리가 세상을, 그 극적 상황과 미묘함 그리고 그 장엄함을 있는 그대로 받아들인다 할지라도, 우리는 범신론의 감상주의나 권력만이 진짜 중요한 세계, 하나님이 내버리신 것 같은 세계의 야만주의로 끌려가는 경향이 있습니다[그것이 바로 건축학에서 야만주의 학파(brutalist school)의 주장 중 일부였습니다. 그 학파의 구체적인 기괴한 건축물들이 아직도 몇몇 도시에 흩어져 있습니다].

앞서 제가 제시했던 해결책은 우리가 창조 세계에서 일별하게 되는 아름다움은 더 큰 전체의 일부분으로 이해하는 것이 최선일 수 있으며, 더 큰 전체는 하나님이 하늘과 땅을 다시금 새롭게 하실 때 완성되리라는 것이었습니다. 이에 대한 명백한 한 가지 상징이 성경에서 떠나지 않고 등장하는 나무라는 상징입니다. 에덴동산에 있는 선악을 알게 하는 나무는 창조주에게 복종하지 않으면서도 얻을 수 있는 지혜를 제공하는 금지된 열매를 맺었습니다. 그것은 끔찍한 대가를 치르게 만드는 끔찍한 지혜였습니다. 그리고 생명나무는 쫓겨난 인류가 미칠 수 없는 곳에 그대로 남게 되었습니다. 그러나 그러다가 그 대서사시의 절정에서 그 여인의 후손이 다른 나무에 달렸습니다. 이 사건은 너무나도 분명하게 악의 긴 귀적—폭력과 치욕, 냉소적인 제도화된 종교, 제국주의적 잔학성, 친구의 배신—을 적나라하게 드러냈습니다. 그렇지만 매우 짧은 시기 안에, 초대교회 그리스도인들은 십자가를 무감각한 제국의 대군주에 대한 증오의 표시가 아니라 하나님의 사랑에 대한 궁극적 계시라고 말했습니다. 그리고 최후의 장면에서, 땅과 하늘이 만나는 새 예루살렘에서 생명나무가 그 강가에서 거침없이 자라납니다. 그리고 그 나뭇잎들은 만국에 치유를 제공합니다. 구속(redemption)을 말하는 그 표시는 회복된 아름다움에 대해 힘차게 말합니다. 그 아름다움은 첫 창조 세계에서 잘못되었다가 이제는 제자리를 찾았습니다. 그 표시는 지금 우리가 여행해야 하는 방향을 가리키는 표지판입니다. 그 방향은 십자가와 부활을 통해 정해진 방향입니다.

이 책을 마치면서 제가 제안하고 싶은 것은 교회가 모든 수준에서 아름다움에 대해 다시금 굶주림을 느껴야 한다는 것입니다. 이 일은 필수적이며 시급한 일입니다. 우리가 창조 세계의 선함을 경축하고, 현재의 망가진 상태에 대해 숙고하고, 우리가 할 수 있는 한 그 세계의 치유를 새 창조 세계 자체를 미리 축하해야 한다는 사실은 기독교적인 삶에서 핵심입니다. 미술, 음악, 문학, 댄스, 연극 그리고 인간의 즐거움과 지혜에 대한 다른 많은 표현은 모두 새로운 방향에서 탐구될 수 있습니다.

요점은 이것입니다. 예술 작품이란 현실의 경계에서 얼쩡거리는, 예쁘긴 하지만 현실과는 무관한 것들이 아닙니다. 예술 작품은, 다른 방법으로는 파악은 고사하고 잠깐 바라볼 수조차 없는 실재의 중심으로 들어가게 해주는 고속도로입니다. 현재의 세상은 선하지만 망가져 있습니다. 어쨌든 불완전합니다. 모든 종류의 예술은 여러 차원에서 그 역설을 이해할 수 있게 해줍니다. 그러나 현재의 세상은 또한 아직 발생하지 않은 일을 위해 설계되어 있습니다. 그것은 마치 연주되기를 기다리는 한 대의 바이올린과 같습니다. 보기에도 아름답고, 손에 들기에도 우아해 보입니다. 그렇지만 여러분이 연주자의 손에 들린 바이올린의 소리를 결코 들어본 적이 없다면, 아직은 드러나지 않은 아름다움의 그 새로운 차원들에 대해 믿을 수가 없을 것입니다. 예술은 그와 같은 점을 보여 줄 수 있을 것입니다. 현재의 시간 속에 배태된 장래의 가능성을 일견할 수 있게 해줄 것입니다. 그것은 마치 성배(聖杯)와 같습니다. 보기에 아름답고 손에 쥐는 것도 황홀하겠지만, 그 잔은 포도주가 채워지기를 기다리는 것입니다. 성례적인 가능성들로 가득 차 있는 포도주는 그 성배에 가장 충만한 의미를 부여해 줍니다. 예술은 그 모든 수수께끼를 지닌 즉각적인 아름다움을 넘어 서서, 아름다움만이 아니라 전체 세계와 그 안에 있는 우리 자신에 대해 이해할 수 있게 해주는 새로운 창조 세계를 일견하도록 도와줄 수 있을 것입니다. 아마도 그럴 것입니다.

그래서 예술가는 정의를 위해 수고하는 사람들과 구속적 관계들(redemptive relationships)을 위해 노력하는 사람들과 힘을 합칠 수 있으며, 더불어 순전한 구속적 영성(redemptive spirituality)에 도달하려는 사람들을 격려하고 유지해 줄 수 있습니다. 그 모든 점을 이해할 수 있게 해주는 길은 앞을 바라보는 것입니다. 물이 바다를 덮음과 같이 온 땅이 여호와 하나님에 대한 지식과 영광으로 가득 차게 될 장래를 바라보십시오. 그리고 그 약속에 비추어 현재를 살아가십시오. 그 일이 완전하게 현실화될 것이라고 확신하십시오. 하나님이 부활절에 예수께 행하신 일을 통해서, 온 창조 세계에 대해 행하실 일을 그 때에 이미 성취하셨기 때문입니다. 점차적으로 우리는 아무리 강조해도 지나치지 않을 한 가지 진리를 바라보게 되었습니다. 그 진리는 그리스도인으로서 우리 앞에 놓인 임무가, 우리가 걸어가야 할 길이, 우리가 배워야 할 교훈이 하나님의 말씀—복음의 말씀, 예수와 성령의 말씀—안에서 우리에게 이른 큰 소명의 일부라는 사실입니다. 우리는 하나님의 새 창조 세계의 **일부가** 되라는 부르심을 받았으며, 지금 여기에서 그 새 창조 세계의 **일꾼이** 되라는 부르심을 받습니다. 우리는 교향악과 가정생활에서, 회복적인 정의와 시(詩)에서, 거룩함과 가난한 자에 대한 봉사에서, 정치와 그림에서 그 새 창조 세계를 **드러내고 본이 되라는** 부르심을 받습니다.

새벽 미명에 동이 터오는 것을 보면, 어둠에 대해 다시금 새롭게 생각하게 됩니다. '죄'는 단순히 어떤 법규 하나를 어기는 것이 아닙니다. 죄는 기회 상실입니다. 한 음성의 메아리를 들은 우리는 와서 그 음성을 발한 이를 만나라는 부르심을 받습니다. 우리는 바로 그 음성인 복음의 말씀에 의해 변화를 받으라는 초대를 받습니다. 그 말씀은 악이 심판받았음을, 세상이 바로잡혔음을, 하늘과 땅이 영원히 결합되었음을, 새 창조가 시작되었음을 선포하는 말씀입니다. 우리는 그 말씀을 말하고, 살아내고, 그려 내고, 노래함으로써 그 말씀의 메아리를 들은 사람들이 와서 더 큰 프로젝트에 동참할 수 있게 만드는 사람이 되라고 요청받습니다. 그것이 선물이자 가능성으로 우리 앞에 있는 놓인 기회입니다. 기독교적인 거룩함은 (흔히 사람들이 상상하듯이) 좋은 것을 거부하는 게 아닙니다. 기독교적인 거룩함은 성장하여 더 좋은 것을 붙잡는 것입니다.

영적으로 지음받았기 때문에, 우리는 내면을 성찰한다고 그 안에서 허우적거립니다. 기쁨을 누리도록 지음받았기 때문에, 우리는 쾌락을 추구합니다. 정의를 이루도록 지음받았기 때문에, 복수를 하겠다고 아우성을 칩니다. 관계를 형성하도록 지음받았기 때문에, 자기 방식대로 주장합니다. 아름다움을 맛보도록 지음받았기 때문에, 감성에 만족합니다. 그러나 새 창조는 이미 시작되었습니다. 해는 떠오르기 시작했습니다. 그리스도인은 현 세상의 망가지고 깨지고 불완전한 모든 것을 예수 그리스도의 무덤에 남겨 두라는 요청을 받습니다. 지금은 성령의 권능 안에서 동터오는 새 날의 일꾼, 전령, 청지기로서의 우리의 고유한 역할, 온전한 사람으로서의 역할을 짊어져야 할 때입니다. 간단히 말해서, 그것이 기독교적이라는 말의 의미입니다. 그것은 예수 그리스도를 따라 새로운 세상, 하나님의 새로운 세계로 따라 들어가는 것입니다. 그분이 우리 앞에 그 세계를 활짝 열어 놓으셨습니다.

## 몇 걸음 더 나아가려면…

이 책은 흥미롭고 복잡한 엄청나게 많은 주제를 겉으로 약간 다룰 수 있었을 뿐입니다. 스스로 더 찾아보고, 간단한 토론도 해 보고, 더 충분하게 알아보고픈 분들을 위해서는, 초보적으로 시작하는 분에서부터 학자에 이르기까지 모든 수준에서 얻을 수 있는 폭넓은 글들이 있습니다. 가장 필수적인 것 가운데 하나는 알아보기 쉽게 오늘날의 말로 잘 번역된 성경입니다. 하지만 어떤 번역도 완벽할 수 없기 때문에, 사실은 서로 다른 두 개의 번역본을 참고하는 것이 더 좋습니다. 그래서 시시때때로 다른 번역본을 참고하도록 권하고 싶습니다. NRSV(New Revised Standard Version)가 가장 믿을 만하며 읽을 만합니다. NASB(New American Standard Version)는 가장 널리 사용되는 번역본입니다. NIV(New International Version)는 대중적이긴 하지만 항상 믿을 만하지는 못합니다. 특히 바울 서신에 대한 번역에 그런 점들이 있습니다. NEB(New English Bible)와 그 후속판인

RSV(Revised English Bible)는 가치가 있지만, 특이한 점이 있고 곳곳에 믿을 만하지 못한 구석이 있습니다. Jerusalem Bible과 그 후속판인 New Jerusalem Bible은 때때로 탁월하지만, 때때로 오도하기도 합니다. 그러나 중요한 것은 현대어로 된 번역본을 구해서 읽기 시작하는 것입니다.

여러분이 성경을 읽어 나갈 때 도움을 얻을 수 있는 성경 사전들이 있습니다. 가장 최근 것 가운데, 폴 액트마이어(Paul J. Achtemeier)가 편집한 「하퍼 콜린스 성경 사전」(*HarperCollins Bible Dictionary, revised edition*)이 있습니다. 그리고 프리드먼(D. N. Freedman)이 편집한 「어드만 성경 사전」(*Eerdmans Dictionary of the Bible*)이 있습니다. 기독 교회의 역사와 신앙이라는 막대한 분야를 망라하는 놀라운 두 개의 참고서로는, 크로스(F. L. Cross)와 리빙스턴(E. A. Livingstone)이 편집한 「옥스퍼드 기독 교회 사전」(*Oxford Dictionary of the Christian Church*, 3rd edition)과 에이드리언 헤이스팅스(Adrian Hastings)가 편집한 「옥스퍼드 기독교 사상 편람」(*Oxford Companion to Christian Thought*)이 있습니다.

기독교의 중심 인물인 예수와 관련해서는, 제가 쓴 「Jesus 코드」(*The Challenge of Jesus*, 성서유니온 역간)를 소개할 수 있을 것 같습니다. 이 책에서 저와 다른 학자들이 좀더 학문적인 수준에서 작업해 온 주제들을 요약하여 현대 세계에서 예수를 따르는 사람이 해야 할 과업과 그 주제들이 어떤 연관성을 지니는가를 보여 주고자 노력했습니다.

그렇지만 이 책을 다 읽은 후에 더 해야 할 일이 그저 더 많은 책을 읽는 일뿐이라는 인상을 주어서는 안 될 것입니다. 교회는 그 모든 실수에도 불구하고 그 중심에 있어서는 예수를 따르고자 노력하는 사람들의 공동체입니다. 이러한 일들을 스스로 찾겠다고 시작한 사람들이 도움과 격려와 지혜를 발견할 수 있는 때는 바로 그 공동체와 함께할 때입니다. 이는 음악을 즐기기 시작한 사람에게 말할 수 있는 것과 비슷합니다. 그저 음악만 듣지 말고, 악기를 하나 마련해 연주해 보고, 오케스트라를 찾아가 가입하십시오.

### 한국의 독자를 위해….

저자가 소개한 책들은 분명 훌륭한 책임에도 한국의 독자들과는 거리가 있는 듯합니다. 그래서 간단히 몇 가지를 소개합니다.

• 우리말 성경
얼마 전부터 대부분의 한국 교회에서 사용하기 시작한 「개역개정판」과 원문의 의미에 충실하면서도 현대적 표현을 사용한 「새번역」(표준새번역개정판)이 있습니다.

• 성경사전
신뢰할 만한 정확한 내용과 이해하기 쉬운 표현에 주안점을 둔 「IVP 성경사전」(IVP), 알찬 내용으로 많은 이의 사랑을 받아 온 「아가페 성경사전」(아가페)이 있습니다.

• 주석
각 분야 최고의 신학자들이 성경을 단락별로 명쾌하게 설명해 준 「IVP 성경주석」(IVP), 성경의 문화적·역사적·지리적 배경을 설명함으로써 독자의 눈을 열어 주는 「IVP 성경배경주석」(IVP)이 있습니다.

그리고 깊이 있는 성경 연구를 위해서는, 성경을 장르별로 어떻게 읽을 것인가를 설명해 주는 「성경을 어떻게 읽을 것인가」(성서유니온)와 탁월한 강해서인 BST 시리즈(IVP)가 있습니다.

# 색인

'가족', 교회에 대해 사용된 개념 ('family', concept used of the church) 303-306
감동으로 된(*theopneustos*) 278
거룩함, 을 향한 그리스도인의 부르심 (holiness, Christian call to) 199-200
결혼(marriage) 53-55
계약, 언약으로서(Testament, as covenant) 267
고난, 고통(suffering) 79, 208-210
고난받는 종(Suffering Servant) 136-137, 165-166
공동체(community) 56-57, 319
과학, 과 역사(science, and history) 175
교회(church) 10
　권위(authority) 284-285
　와 성령(and the Holy Spirit) 189-198
　의 본질과 목적(nature and purpose) 301-309, 319-322
구약 성경(Old Testament)
　과 인간관계(and human relationships) 63
　구성(composition) 226, 267-268
　권위(authority) 283
　예배 중에 읽기(readings within worship) 229
　이스라엘 이야기의 원천으로서(as source for Israel's story) 116
　하늘과 땅에서의(on heaven and earth) 102-103
구원(salvation) 227, 333, 331
권력(powers) 209-210
권위(authority) 280-285
그리스도(호칭)[Christ(title)] 162, 179
그리스도의 몸, 교회에 대해 사용된 이미지('Body of Christ', image used of the church) 305, 308
그리스도인, 하나님의 전으로서(Christians, as God's temple) 198, 199, 202
기도(prayer) 10, 241, 245-250
　실천(practice) 259-262, 287
　의 원천(sources for) 250-259
　주기도문(Lord's Prayer) 241-244, 251

기독교(Christianity)  9, 11
  신뢰성(credibility)  31-32
  안의 이야기(story within)  89, 93
  와 영성(and spirituality)  48-50
  이스라엘의 역할(Israel's role)  113-126
  켈틱 기독교(Celtic Christianity)  46
기독교적 삶, 그리스도인으로서의 삶(Christian life)  310-319, 334, 335-340
기쁨, 인간관계 안에서의(joy, within human relationships)  353

나사렛 예수(Jesus of Nazareth)  141-148
  구원하시는 인자(Son of Man savings)  162
  권위에서(on authority)  281
  기도(prayers)  104, 241-244, 250-251
  기도에서의(within prayer)  249-250
  메시아로서(as the Messiah)  162-163, 167-172, 179, 205-206, 221, 334
  부활(resurrection)  93, 171-179, 190, 336, 341
  신성(divinity)  179-184
  와 인간관계에서의 새 창조(and new creation in human relationships)  346-347
  와 정의에 대한 열정(and the passion for justice)  26-29
  유대 음식법에서(on Jewish food laws)  199
  유월절에 대한 해석(interpretation of the Passover)  166-169
  이스라엘 이야기의 절정으로서(as climax of Israel's story)  113
  재림(second coming)  331
  정경 복음서에 계시된(as revealed in the canonical gospels)  148-153
  주의 만찬(Lord's Supper)  232-234
  탄생(birth)  144
  하나님 나라의 선포(proclamation of God's kingdom)  153-160, 161, 185-188
  하나님의 형상으로서(as God's image)  48, 210-213

다니엘(서)[Daniel(book)]  126, 154, 160, 174, 297-298
도마복음서(Gospel of Thomas)  150-151

말씀(word)  179, 202-204, 282
메시아(Messiah)  161-164, 169-171, 172, 179
  그리스도인을 위한 지혜의 은사(gift of Wisdom to Christians)  204-206
  와 새 창조(and new creation)  334-335
  통치(rule)  133
'문자적'/'문자적으로'('literal'/'literally')  291-292, 293-299
민주주의(democracy)  57-58
믿음(belief)  314
'믿음'('faith')  316-318

바벨탑(Tower of Babel)  116
바울(Paul, St)  293
  분노에 관하여(on anger)  346-347
  세례에 관하여(on baptism)  325
  토라의 성취(fulfilling of Torah)  199-201
  하나님의 형상으로서 예수에 관하여(on Jesus as God's image)  213
  서신들(letters)  271

주의 만찬에 관하여(on the Lord's Super) 234
기도에 관하여(on prayer) 246, 258
성령의 역사에 관하여(on the Spirit's work) 190-193, 212-213
고난에 관하여(on suffering) 210
과 믿음의 순종(and the obedience of faith) 315-316
지혜에 관하여(on wisdom) 204

박해(persecution) 210
범신론(pantheism) 97-98, 105-106, 194-195, 246, 332-333
범재신론(panentheism) 98, 194, 332, 333
복음(개념)[gospel(concept)] 313-314
복음서(gospels)
　외경적(apocryphal gospels) 270-271
　정경적(canonical gospels) 148-153, 242, 271
부르심(vocation) 287, 288-290
부활(resurrection) 93, 164, 171-179, 190, 311, 330, 336, 341
분노(anger) 346-347
비극과 희극(tragedy and comedy) 26-29
비유(parables) 158-159, 293

사도 교부(Apostolic Father) 271
사랑(love)
　하나님과 동일시 된(identified with God) 212
　과 아는 것(and knowledge) 86
　인간관계에서의(within human relationships) 345
사역, 교회에서의(ministries, within the church) 321
사해 사본(Dead Sea Scrolls) 148, 270

삼위일체(Trinity) 211-213
상대주의(relativism) 51
새 창조(new creation) 193, 327-331, 333-335
　복음서 말씀을 통한(through the Word of the gospel) 202-204
　성령의 영향을 받은(effected by the Spirit) 206
　안에서의 정의(justice within) 340-344
　와 부활(and resurrection) 336, 341
　와 아름다움(and beauty) 353-358
　와 인간관계(and human relationships) 344-353
　와 하늘과 땅(and heaven and earth) 334
　이스라엘 이야기의 주제로서(as theme within Israel's story) 131-135
　주의 만찬에서 기념된(celebrated within the Lord's Supper) 234-235
선교(mission) 308-319
설교(preaching) 228, 286
성, 인간관계에서의(sexuality, within human relationships) 59-62, 347-353
성경(Bible) 79, 263-266
　구성(construction) 266-269
　권위(authority) 280-285
　번역(translations) 269-274
　영감(inspiration) 274-280
　읽기(reading) 151, 228-232, 285-290
성경(scriptures) 10
　유대교의 경전(Jewish scriptures) 289
　해석(interpretation) 290-300
성령(Spirit)
　과 교회의 임무(and the church's task) 188-198
　기도에서의 참여(participation in prayer)

245-246
삼위일체에서의(within the Trinity) 212, 213
의 활동(activity) 10, 139, 199-208
주제(theme) 198
성육신(incarnation) 179-182
성전(Temple) 128-129, 138-139, 179, 201
과 새 창조(and new creation) 334
에 대한 예수의 공격(Jesus' attack on) 167
하나님의 전으로서의 그리스도인(Christians as God's temple) 198, 199, 202
성전(예루살렘)[Temple(Jerusalem)] 103-104
성 정체성(gender identity) 59-62
세례(baptism) 318-326, 336-338, 347
세례 요한(John the Baptist) 155, 164, 323
속죄 신학(atonement theology) 341
순례, 기독교적 삶에서의(pilgrimage, within the Christian life) 336
승천(Ascension) 190
시편(Psalms) 230-232, 245

아름다움(beauty) 69-72
과 새 창조(and new creation) 353-358
과 진리(and truth) 73-76, 85-86
에 대한 환희(delight in) 8
자연에서의(within nature) 71, 75-77
아파르트헤이트(Apartheid) 22, 33, 190
악(evil) 98, 332, 343
안식일 준수(sabbath observance) 199
언약(covenant) 118-119, 136-137, 267
역사와 과학(history and science) 174
영성(spirituality) 8, 48-50, 206, 208-210
과 예배(and worship) 224-226
에 대한 굶주림, 갈망(hunger for) 37-48, 49-52
영지주의(Gnosticism) 100, 59-62, 273
예배(worship) 10, 223-226
개인 예배(personal worship) 239
교회에서의(within the church) 319, 322
구원에 대한 경축으로서의(as celebration of salvation) 227-229
에서의 성경 읽기(scripture readings within) 228-232
요한계시록에서의(within Revelation) 218-223, 224
주의 만찬(Lord's Supper) 232-238
예수 기도(Jesus Prayer) 255-256
예술(arts) 355-358
오순절, 기독교 신학(Pentecost, christian theology) 202
왕, 이스라엘 이야기의 주제(king, theme within Israel's story) 127, 129-133
외경(Apocrypha) 269-270
요한계시록, 에서의 예배(Revelation, worship within) 218-223, 224
용서(forgiveness) 315-317
우상 숭배(idolatry) 225
유대교(Judaism)
와 정의에 대한 열정(and the passion for justice) 26
영성(spirituality) 48
하나님의 대한 믿음(beliefs about God) 107-111
유대 사람, 하나님의 일꾼으로서의(Jewish people, as God's agents) 9
유배, 이스라엘 이야기의 주제(exile, theme within Israel's story) 120-124, 136-137
유업(inheritance) 191-192

유월절(Passover)  121, 166-169, 201, 324
은유적(metaphorical)  291, 292-299
은혜, 의 방편(grace, means of)  285
이사야서(Isaiah)
    고난받는 종의 주제(theme of the Suffering Servant)  136-137, 164
    와 새 창조(and new creation)  78-80, 131-135
    와 하나님의 나라(and God's kingdom)  154-155
이스라엘(Israel)
    기독교를 위한 역할(role for Christianity)  113-126
    열두 지파와 예수의 제자들(twelve tribes and Jesus' disciples)  157
    이야기의 주제(story's themes)  120-139
이슬람(Islam)  26, 49, 289
이신론(Deism)  101, 105-106, 246-248, 332-333
이야기(story)
    기독교에서의(within Christianity)  89, 93
    사용(use)  83-84
    성경에서의(within the bible)  79, 151, 282-283, 284
    진리(truth)  84
인간, 하나님과의 관계에서의(humanity, in relationship to God)  63-65, 94-104, 225-226
인간관계(human relationships)  8, 53-59, 206
    에서의 성(sexuality within)  59-62
    에서의 죽음(death within)  63-66
    와 새 창조(and new creation)  344-353
    창조된 질서에서의 죽음(death within the created order)  63-66

인자(Son of Man)  296, 297-298

자연, 아름다움(nature, beauty)  71, 74-80
'자연적'과 '초자연적'('natural' and 'supernatural')  196
재발견(rediscovery)  337
정경(canon)  268, 271-273
정의(justice)  8
    에 대한 열정(passion for)  15-19, 24-35
    와 불의(and injustice)  19-26
    토라에서의(within Torah)  129
    하나님의 의도(God's intention)  340-344
죄(sin)  316, 333, 357
'주'('the Lord')  109-111
주기도문(Lord's Prayer)  105, 241-244, 251
주의 만찬(Lord's supper)  232-238
죽음, 인간관계에서의(death, within human relationships)  62-63
지혜(Wisdom)  138-139, 179, 204-206
진리(truth)  51-52
    와 아름다움(and beauty)  73-74, 85-86
    와 창조(and creation)  81-84

창조(creation)
    에서의 인간관계(human relationship within)  63-66
    에서의 진리(truth within)  80-82
    와 세례(and baptism)  323
    하나님을 예배하는 일(worship of God)  218-223
    하나님의 활동(God's activity)  77-80, 104
창조 이야기, 해석(creation stories, interpretation)  292, 296, 298

최후의 만찬(last Supper)  166-168, 324
출애굽 전승(Exodus tradition)  190-192, 323, 324
친교, 교회에서의(fellowship, within the church)  319-322
친절, 인간관계에서의(kindness, within human relationships)  345, 346
칠십인역(Septuagint)  115, 269
칭의(justification)  206-207, 317

Q 자료(Q)  152

토라(Torah)  129-130, 138, 179, 199-202, 267

포기(renunciation)  336-337
폭력(violence)  341
플라톤(Plato)  75-76

하나님(God)  9-10, 89-94, 210-213
  계시(revelation)  9, 48, 277
  과 창조(and creation)  77-80, 104
  그리스도인이 아버지로서 부르는 호칭(아빠)[Christians address as Father(Abba)]  208
  나사렛 예수를 통한 역사(works through Jesus of Nazareth)  147
  말씀(word)  138
  성육신(incarnation)  93
  아브라함과의 언약(covenant with Abraham)  116-119
  에 대한 영지주의적 이해(gnostic understandings about)  150
  에 대한 유대교의 믿음(Jewish beliefs about)  107-111
  예배(worship)  218-225
  의 나라(kingdom)  154-160, 169, 176, 178-179, 185-188, 320
  이름(name)  107-111, 135
  인간과의 관계에서의 위치(location in relationship to humanity)  94-104
  형상(image)  64, 182-184
하나님의 아들(son of God)  179
하늘(heaven)  94-96, 147, 190, 218-223
하늘과 땅(heaven and earth)  97-106, 146, 201
  과 새 창조(and new creation)  335-336
  과 성경적 권위(and biblical authority)  285
  과 예수의 부활(and Jesus' resurrection)  177
  과 주의 만찬(and the Lord's Supper)  237-238
  성령의 사역에서의 하나됨(unification in the Work of the Spirit)  194, 198
할례(circumcision)  199, 306
황제, 예수에 대해 사용된(emperorship, language used of Jesus)  316
회개(repentance)  316
회복, 이스라엘 이야기의 주제(restoration, theme within Israel's story)  120-124, 136-137
회의론, 영성의 억압(scepticism, suppression of spirituality)  39-42, 49, 51-52
히브리서, 유대 희생 제사의 종식(Hebrews, ending of Jewish sacrificial system)  199
힌두교 경전(Hindu scriptures)  288

옮긴이 김재영은 총신대학교와 미국 커버넌트 신학교를 졸업한 후 컬럼비아 신학교와 에모리 대학, 트리니티 복음주의 신학교, 칼빈 신학교 등에서 조직신학과 역사신학, 윤리학을 공부했다. 역서로 「현대인을 위한 교회사」, 「신론」, 「그리스도의 위격」, 「이 텍스트에 의미가 있는가」, 「현대를 위한 구약 윤리」, 「제일신학」(이상 IVP), 「성경신학적 설교 어떻게 할 것인가」(성서유니온선교회), 「세상의 포로된 교회」(부흥과개혁사), 「미국제 영성에 속지 말라」(규장) 등이 있다.

**톰 라이트와 함께하는 기독교 여행**

초판 발행_ 2007년 10월 10일
초판 14쇄_ 2023년 5월 25일

지은이_ 톰 라이트
옮긴이_ 김재영
펴낸이_ 정모세

펴낸곳_ 한국기독학생회출판부
등록번호_ 제2001-000198호(1978.6.1)
주소_ 04031 서울시 마포구 동교로 156-10
대표 전화_ (02)337-2257  팩스_ (02)337-2258
영업 전화_ (02)338-2282  팩스_ 080-915-1515
홈페이지_ http://www.ivp.co.kr  이메일_ ivp@ivp.co.kr
ISBN 978-89-328-1564-0

ⓒ 한국기독학생회출판부 2007

책값은 뒤표지에 있습니다.
무단 전재와 복제를 금합니다.